Ines Siri Trost

AF238605

Die Raunächte

und die Arbeit mit den Erzengeln

sowie den Wesen der Elementaren Reiche und der Zwischenreiche

spirit RAINBOW Verlag

Ines Siri Trost

Die Raunächte
und die Arbeit mit den Erzengeln sowie den Wesen
der Elementaren Reiche und der Zwischenreiche

Mit weiteren Bausteinen des Michaelischen Schulungswegs

spirit
RAINBOW
Verlag

Impressum

Erstausgabe 2018
Spirit Rainbow Verlag
UG haftungsbeschränkt
© Ines Siri Trost

Es ist nicht gestattet, die Texte, Bilder und Fotografien dieses Buches inklusive der Bilder auf dem Einband der Vorder- und Rückseite des Buches, zu kopieren oder durch andere Mittel zu vervielfältigen, einzuscannen, mit dem PC ausschnittweise oder ganz weiter zu verarbeiten, zu verändern oder ab zu fotografieren. Es ist nicht gestattet, die Texte oder Bilder dieses Buches über das Internet zu verschicken oder zu veröffentlichen ohne ausdrückliche und schriftliche Erlaubnis der Verfasserin und Urheberin Ines Siri Trost.

»Engelsiegelblume« ist der urheberrechtlich geschützte Titel der von mir, Ines Siri Trost, gemalten Bilder, die in diesem Buch abgebildet sind. Eine Engelsiegelblume ist das Bild des Resonanzleibs eines Engels, so, wie er sich durch mein Herz offenbart hat. Daneben ist »Engelsiegel« auch eine von mir geschützte und eingetragene Marke beim Deutschen Patent und Markenamt mit gekennzeichneten Inhalten und trägt rechtmäßig das Zeichen ®.

In früheren Schriften taucht die Bezeichnung »Engelsiegel« gleichbedeutend mit der dann später verwendeten Bezeichnung »Engelsiegelblume« auf. Ines Siri Trost, 2017

Bildnachweis (Umschlag)
Umschlaggestaltung: unter Verwendung des Bildes von Ines Siri Trost:
Unter Mitwirkung des Erzengels Eliasee, Engel der Innigkeit,
Mischtechnik auf Holzkasten, 30 x 30cm, 2016.

Bildnachweise (Fotografien)
Alle in diesem Buch veröffentlichten Fotografien wurden von Ines Siri Trost selbst erstellt.

Satz, Druck und Vertrieb:
Druck & Verlagshaus Mainz
Süsterfeldstr. 83
52072 Aachen

 www.spirit-rainbow-verlag.de

Konzeptionelle Gesamtgestaltung:
Ines Siri Trost
www.atelier-2.net

ISBN 10: 3-940700-85-1
ISBN 13: 978-3-940700-85-8

*Danke an alle meine Begleiter und an alle Menschen,
die mir ihre Fragen stellen, deren Beantwortung durch die Engel und
viele Vertreter der feinstofflichen Reiche zu den Erkenntnissen
und dem Schulungsweg geführt haben und immer wieder neu führen,
welche in diesem Buch erstmalig dargelegt werden konnten!*

*Ich danke insbesondere meinem Mann, Hans-Jörg Hertel.
Unsere gemeinsame Forschungsarbeit auf unseren Reisen
und in unserem alltäglichen Arbeitsleben sowie unsere Gespräche
und unser Austausch hierüber bilden den Nährboden
des hier Geschilderten!*

*Danke für diesen Erkenntnisweg
und den Weg einer Schulung im übersinnlichen Wahrnehmen,
der hier, mit dieser Niederschrift, in seinen Bausteinen und Stationen
als Anregung und Empfehlung sowie
als Grundlage zur eigenen Übung weitergereicht werden darf!
DANKE*

Inhalt

Die Wochenthemen der konkreten Arbeiten am Land:
Ein immerwährender Jahreskalender aus der Keimzelle der Raunächte

9

11

Der Morgenspruch des Erzengels Michael, Engel des Herzensmuts

Für die Menschen

Mein Herz öffnet sich
Dankbarkeit und Liebe will ich singen
Sonne ziehet ein in mein Herz
und verbindet mir Weltenliebe mit Liebeswillen
Liebesgeben, Liebesdenken, Liebesfühlen in mir
mein Herz erstrahlet und erblühet
eine Sonne, eine Blüte
die sich mutig zeigt und öffnet
denn ich weiß es behütet
und lege es in deinen Schutz, Erzengel Michael
lege es in den Schutz der göttlichen Vorsehung
um den ich bitte und für den ich danke
so will ich voll Hingabe und Dankbarkeit an die Arbeit gehen
so will ich voll Hingabe und Dankbarkeit meine Befreiung leben
und annehmen
zur Entfaltung der Liebe und des Lichtes

so sei es

Gehe ich einen bewussten Weg mit den Engeln durch den Jahreslauf, so sind es in besonderer Weise die Raunächte, in denen sich das Wirken der Erzengel offenbart. Die Raunächte sind eine Zeit zwischen den Jahren, eine Zeit, in der die Tore zur geistigen Welt ganz und gar offen sind und Schöpfungswirken Erden-Menschenschicksal webt. Es ist eine Zeit, in der die lichtvolle Durchdringung all unserer Reiche – der Engelreiche, des Menschenreichs, der Reiche der Zwischenreichwesen, der Elementarwesenreiche und der Reiche der Sternenwesen – ihre allumfassend wirkende Präsenz offenbart, in der wir genau daran mitzuwirken ganz offenkundig eingeladen werden, und in der diese Durchdringung einen Höhepunkt erlebt, der bewusst mit Herz und Hand ergriffen werden muss.

Hier stehen Heerscharen von Engeln bereit, den Menschen mit seinem Tun und Wirken ganz eng zu begleiten. Hier vollzieht sich die Wende des großen Atems der Erde zwischen ihrem Einatmen und wieder Ausatmen. Als hielte sie den Atem an. Wir arbeiten emsig in vollkommener Stille. Wir sind durch den Tiefpunkt der längsten Nacht im Jahr gegangen. Sie markiert den Höhepunkt des Einatmens unserer Mutter Erde. Dieser Höhepunkt ist nicht punktuell zu verstehen, sondern als eine »Hoch-Zeit«, genau wie der Wendepunkt hier eine Zeitspanne der Wende beschreibt, eine »Wende-Zeit«. In dieser Wendezeit ist Stille, ist die Zeit dazwischen. Hier liegen die Raunächte, bevor die Erde wieder auszuatmen beginnt in das neue Jahr hinein, in den Frühling und den Sommer, bis zum Höhepunkt ihres verströmenden Ausatmens, den längsten Tag im Jahr am einundzwanzigsten Juni sowie der gesamten Schwellenzeit der Johannifesteszeit, die um den vierundzwanzigsten Juni herum gefeiert wird.

Auch hier liegt ein kurzes Innehalten und eine Zeit der Wende zwischen Aus- und Einatmen der Erde. Die »Sommer-Wende-Zeit« dehnt sich als Festeszeit bis zum Schnitterinnenfest, das traditionell am zweiten August gefeiert wird. Der längste Tag im Jahr zur Sommersonnenwende markiert den physischen Wendepunkt zwischen Aus- und Einatmen der Erde. Der Johannitag markiert den spirituellen Wendepunkt zwischen Aus- und Einatmen der Erde. Die seelische Wendezeit im Atemrhythmus der Erde beginnt bereits vor dem einundzwanzigsten Juni, also in der Nähe der Sommersonnenwende, und verebbt irgendwann im Nachklang des Johannifestes im Schein des Schnitterinnenfestes. In den drei Tagen zwischen der Sommersonnenwende und dem Johannitag ist der Nachklang des langen Ausatmens noch deutlich spürbar und das neue, lange Einatmen bereitet sich vor.

Analog geschieht das im Winter. Die physische Wende zwischen Einatmen und Ausatmen der Erde wird mit der längsten Nacht im Jahr zwischen dem einundzwanzigsten und dem zweiundzwanzigsten Dezember spürbar, der spirituelle Wendepunkt mit dem Weihnachtsfest um den vierundzwanzigsten Dezember. Die seelische Wendezeit beginnt auch hier schon vor der längsten Nacht im Jahr und findet ihren Übergang in ein klares Ausatmen der Erde erst mit den Tagen, an denen man im Januar dann irgendwann nach den Raunächten ein klares Licht aus der Erde strömen sieht.

Nun kann man sich fragen, wie kann das sein? Ist es nicht so, dass erst das Geistige wirkt und dann das Physische reagiert? Nun, gemeint ist mit dem »geistigen Wendepunkt«, jener Wendepunkt, der sich im Kosmos vollzieht, also bis in Sternenweiten hineinwirkt. Es ist tatsächlich so, dass die Erde selbst hier den ersten Schritt, die Einladung geht, dieses Wunders! Ihr geistig-seelisches Wesen hat es beschlossen und führt es nun durch. Ihr geistig-seelisches Wesen hat es natürlich auch im Geiste vorbereitet, um es physisch zu manifestieren. Doch es ist bedeutsam, dass der erste Schritt dieser Wendezeiten von der Erde ausgeht und einen Wiederhall im Kosmos bewirkt! Und nun geschieht an diesem Punkt im Jahr etwas Grandioses, das jedes Mal neu eine unglaubliche Gnade ist: die Erzengel greifen ein und schenken uns eine Zeit zwischen den Zeiten, eine Zeit der fundamentalen Toröffnung. Dies ist eine grandiose Schöpferzeit. Diese Zeit sind die Raunächte.

Erzengel sind Torengel. Die Raunächte sind eine Torzeit. Alles, was wir in dieser Zeit denken, fühlen und tun, greift in hoch potenziertem Maße als Schöpfung!

In dieser Zeit treten die Erzengel sehr eng an unsere Seite. Sie laden uns ein, in höchstem Maße mit ihnen zusammenzuarbeiten. Es ist ihre Zeit mit den Menschen, ihre Arbeitszeit mit ihnen, in der Keimzellen für das ganze Jahr gelegt werden.

Torengel, also Erzengel, sind Engel mit mannigfaltigen Aufgabenfeldern. Diese Engel bewegen sich durch alle Engelsphären und halten sich dort auf, bis hin zur Sphäre des göttlichen »Throns«, des Urgotteswirkens. Es ist ihnen zu verdanken, dass dieses Urgotteswirken in unseren Menschenherzen jeden Tag neu seine Heimat findet und von dort direkt in unser Handeln fließt. Erzengel können vielerorts gleichzeitig anwesend sein und mit vielen Menschen gleichzeitig arbeiten. Sie arbeiten extrem gerne und wirkungsvoll mit uns Menschen, und dieses Zusammenarbeiten hat gewisser Maßen eine Hoch-Zeit in den Raunächten. Es ist wirklich wie eine Hochzeit zu verstehen: ein festliches Verbinden, ein Ja-Sagen zum gemeinsamen Weg und Wirken, ein Feiern unserer Gemeinsamkeit, ein sich bewusstes Entscheiden, miteinander einen Weg zu gehen!

Und all dies wird bekundet im freien Willen durch des Menschen tägliches Tun. Täglich steht hier Arbeit an, täglich feiern wir in den Raunächten ein Hoch-Zeits-Fest der geöffneten Herzen.

»Arbeit« ist bei vielen Menschen mit »Mühsal« gedanklich verknüpft und Begriffe wie Fremdbestimmtheit oder Plackerei schwingen mit. Ich hoffe, dass sich dieses Verständnis von »Arbeit« hier wandeln darf. Mit »Arbeit« ist mein tägliches Tun beschrieben, in dem durchaus ein Bemühen liegen darf, ein Vorankommen, ein Fleiß und auch eine gute Portion Anstrengung, aber eine, die ich mir selbst setze aus freiem Willen und in aller Selbstbestimmung. Arbeit ist selbstverständlich und als solche freudevoll, denn sie füllt und gestaltet mein Leben. Arbeit beschreibt Handlungen, Taten, bewusst gelebte Prozesse, die bis ins Physische hinein verändern, verwandeln, bewirken. Das ist etwas Herrliches und Ausdruck größter Freiheit. Dies ist der Weg des Menschen!

In den Raunächten nehmen uns die Erzengel direkt in ihre Schule, eine Schule des Schöpfertums.

Dies als bewusste, selbstbestimmte und gleichzeitig in voller Ergebenheit und Hingabe gelebte Arbeit zu ergreifen, darum geht es in diesem Buch.

Es ist ein Stück gelebte Be-Freiung, ein Stück auf dem Weg zur Freiheit. Und so sagen die Engel selbst:

»Freiheit und Frieden, das sind zwei enge Geschwister, bei denen eins durch das andere ist.«

Viele Menschen kennen die vier Erzengel Gabriel, Michael, Raphael und Uriel. Diese vier sind in der Tat Erzengel, die sehr dicht an der Seite der Menschen sind seit langer Zeit. Beim Erzengel Uriel und Michael geht diese Begleitung zurück bis an den Anfang der Zeit, als der Mensch auf diesem, unserem Heimatplaneten Erde begann zu inkarnieren. Die zwei anderen begleiten den Menschen zwar ebenfalls seit Urbeginn an, treten allerdings erst seit bestimmten Ereignissen in der Bewusstseinsgeschichte der Menschheit aktiv in ein Mithandeln ein. Diese vier sind den Menschen weitläufig die vertrautesten. Es gibt allerdings noch viele Erzengel, die bisher weniger bekannt sind, und deren Mitwirken auch teilweise erst jetzt aktiv im täglichen Handeln des Menschen in jüngster Zeit für diesen selbst bewusst wahrnehmbar wird. Bis zu dem Zeitpunkt, da sie sich mir direkt vorstellten innerhalb der vergangenen ca. fünf Jahre, kannte ich sie auch nicht.

Sie haben Namen, die ihr Wirkensfeld beschreiben. Mit diesem Namen haben sie sich mir meist zuerst vorgestellt. So hat sich mir z. B. auch der Erzengel Gabriel zuerst mit dem Namen »Engel der Herzensfreiheit« vorgestellt. Darüber hinaus haben alle Erzengel alte Namen, die auf einer Lautebene einen Seelenklang hervorrufen und so einen Raum schaffen, in dem sich der Engel angesprochen fühlt. Erst später im Laufe unserer Zeitrechnung sind ihnen die Namen von Menschen gegeben oder erlauscht worden, die wir heute kennen.

Ich möchte hier in diesem Buch dreizehn Erzengel vorstellen mit ihren Mantren und Botschaften als Anregung, sich auf ihr Wirkensfeld einzustimmen und einzulassen in ein Hineinlauschen in ihre Arbeitsfelder, ein Hineinfühlen und ein aktives Mitarbeiten als Mensch hier auf Erden. Darauf warten die Engel und sie freuen sich über unsere Hände und Taten und über unsere geöffneten Herzen, welche sie als Tore erkennen, die sie in unsere Menschenwelt einladen.

Die dreizehn Erzengel, die ich hier vorstellen möchte, können in die dreizehn Nächte und Tage der Raunächte geleiten und begleiten. Wie lange und wie weit ein Engel mit einem geht, das ist ein ganz individueller Weg und eine beidseitige Entscheidung. Vielleicht braucht es viele Jahre, bis man das Gefühl hat, etwas von dem einen oder anderen Engel erlebt und verstanden zu haben. Auch die Reihenfolge hier ist keinesfalls als vorgegebene Abfolge zu verstehen, kann aber in der Weise die Raunächte begleiten, dass man in der hier vorgeschlagenen Reihenfolge jeden Tag und jede Nacht einen Engel in seine Arbeit mitnimmt.

Dies hier ist ein Arbeitsbuch! Es steht im Zusammenhang mit dem Buch »Die Monatssprüche des Michaelischen Schulungswegs und die Festeszeiten in Begleitung der Engel durch das Jahr« sowie mit meinem ersten Buch »Die Blumen der Engel«. Dort sind bereits folgende Erzengel mit Wort und Bild vorgestellt: der Erzengel Gabriel, Engel der Herzensfreiheit, der Erzengel Michael, Engel des Herzensmuts, der Erzengel Raphael, Erzengel Jeremiel, Engel der Liebe und der Erzengel Camael, Engel der alles überwindenden Kraft und Katharsis. Ihre Botschaften und Schwingungsbilder habe ich deshalb hier zurückgehalten, um weitere Erzengel erstmalig mit ihren Mantren und Botschaften sowie in ihrem Resonanzleib zu zeigen. Trotzdem sind jene fünf Erzengel, die bereits durch meine ersten beiden Bücher sprechen und erscheinen durften, so wichtige und enge Begleiter, dass ihre Mantren noch einmal für die Gesamtheit der mir bisher erschienenen Erzengel auch hier zu finden sind. Da alle drei Bücher im Gesamtwerk des Michaelischen Schulungswegs stehen, die der Erzengel Michael anleitet, und die in einem großen Zusammenhang einer Wahrnehmungssensibilisierung und einer Sinnesschulung stehen, führen hier auch weitere Worte des Erzengels Michael und seiner Helfer in bestimmte Themen ein. Diese gehen über die Zeit der

Raunächte hinaus und haben Verbindungen in das ganze Jahr hinein, für das die Raunächte die Keimzelle sind!

Den »Resonanzleib« eines Engels in Form der hier gezeigten Bilder habe ich in früheren Büchern oft als »Schwingungsbild« des feinstofflichen Leibes eines Engels bezeichnet. Ich malte ihn stets, wie er sich mir offenbart hat und wie ich ihn in meinem Herzen erleben und mit meinem Herzen schauen durfte. Diese Bilder sind geistige Piktogramme. In ihnen verbergen sich und durch sie offenbaren sich gleichermaßen in Farbe und Form die Wirkensfelder der Engel, ihre kosmische Weisheit, ihre Handlungsthemen und Schöpfungskräfte. Für diese Schwingungsbilder ist mir der Name »Engelsiegel« gegeben worden, die ich heute »Engelsiegelblumen« nenne. Sie sollen den Menschen als direkte Werkzeuge und Tore zur aktiven und bewussten Kommunikation und Arbeit mit den Engeln dienen und sind ein Geschenk der Engel selbst.

Die Raunächte

Spruch für die erste Hälfte der Raunächte

Stille
die Erde atmet ein
mein Atem hält inne
das Heilige hat in mir
seinen geschützten Raum
die Heil bringende Handlung
findet durch die Gemeinschaft
in meine tägliche Arbeit
Lausche
der Kosmos atmet aus
ich darf sein Klingen hören
würdig empfangen und wohlig vermehren
so öffnet sich mein Herz
entlässt den Schutz der Wandlung
durch mein Wirken in die Welt
und ich als Teil all dessen
bin reich beschenkt
und danke

VON DEN GEISTERN DER RAUNÄCHTE

Spruch zur Jahreswendezeit

Stille in mir
dort beginnt es zu klingen
und schwingen
will singen ein Lied
der Welt
der Schöpfung
zur Öffnung all unserer Herzen
so fließe Liebe, Wandlung, Heilung
so leuchte Herzenslicht
mit Erdenlicht
erstrahle hell
ein neuer Stern gebiert sich
jetzt

Spruch für die zweite Hälfte der Raunächte

Die Erde atmet aus
ein innig Leuchten
schenkt sie dem Kosmos
und allen Wesen
die es mit offenen Herzen
empfangen können
so öffne ich mein Herzensauge
und seh das Wunder
das ich täglich mitgestalte
und danke, liebe, schöpfe, singe

In den Raunächten 2016 bat ich die Geister der Raunächte und den Erzengel Michael zu mir zu sprechen über diese Zeit und was wichtig ist, hier zu tun. In den aufeinanderfolgenden Tagen haben sich mehrere Botschaften für mich eingestellt von verschiedenen geistigen Wesen, die mit den Geschehnissen dieser Tage hier wiedergeben möchte.

Die Namen der Wesen

Da in den folgenden Mitteilungen und Botschaften immer wieder von den Elementarwesen und den Zwischenreichwesen die Rede ist und deren Namen abweichen von den bisher üblichen oder irrtümlicher Weise gebräuchlichen, ist es wichtig, einmal eine saubere Klärung zu vollziehen: Ich möchte hier zum eindeutigen Verständnis der folgenden Mitteilungen eine kurze Übersicht geben über die Namen der Wesen der unterschiedlichen Reiche, das heißt über ihre herkömmlich, ihre irrtümlich und ihre derzeitig von ihnen selbst gewollten und von mir hier verwendeten Namen:

Gnome: Elementarwesen des Erdreichs. Sie sind eher kleine Wesen, erscheinen weise und haben eine Gutmütigkeit, welche ihnen eine Ruhe und Gemütlichkeit schenkt.

Undinen: Elementarwesen des Wassers. Sie sind wendig, elegant und zu weilen blitzschnell. Sie haben etwas Lachendes an sich, ihre Stimmen sind hell und meist glasklar, die tiefen, raunenden gibt es allerdings auch, doch auch sie haben eine durchdringende Klarheit.

Salamander: Elementarwesen des Feuers. Auch sie sind blitzschnell, ausdauernd. Sie können Begeisterung anfachen und strahlen etwas Anregendes aus, sehr Bewegliches. Sie dienen der Verwandlung und gehen schnell in Übergänge, lehren uns, loszulassen.

Sylphen: Elementarwesen der Luft und des Lichtes. Sie sind von überstrahlender Schönheit, Leichtigkeit und Lichthaftigkeit, zart, beweglich, feingliedrig, zuweilen wirken sie fast zerbrechlich. Wie ein Windhauch so flüchtig können sie uns erscheinen.

Diese Namen für die Elementarwesen dieser vier Hauptelementarbereiche sind herkömmlich sowie derzeit aktuell üblich. Die Wesen scheinen sie so auch zu akzeptieren und wissen, dass sie vom Menschen so genannt werden. Sie sind alle eher kleine Wesen im Verhältnis zum Menschen. Die Undinen und Salamander kommen öfters auch größer vor. Als ausgezeichnete Einzelwesen gibt es auch sehr große, riesenhafte Wesen eines jeden Elementarreiches, die jedoch nicht zu verwechseln sind mit jenen, welche tatsächlich als »Riesen« benannt wurden. Diese, von denen jetzt hier die Rede ist, Elementarwesen als auserwähltes Einzelwesen von einer riesenhaften Größe, die manchmal so groß sind, dass sie ganze Landschaften oder Meere erfüllen und hüten, diese Wesen tragen einen Eigennamen und sind dem Menschen wohlgesonnene, liebevolle Hüterwesen im elementaren Bereich.

Zwischen den Elementarreichen und dem Reich der Menschen gibt es »Zwischenreiche« oder »Parallelwelten«, die von Zwischenreichwesen bevölkert sind. Zu allen diesen Zwischenreichwesen wird im Laufe der Texte noch viel beigetragen, zu ihren Aufgaben, ihren Fähigkeiten, ihren Wirkensbereichen und ihrer Erscheinung. Hier soll diese Auflistung erst einmal einer groben Übersicht am Anfang dienen, um mit den für die Leser doch wahrscheinlich ungebräuchlichen Namen der Zwischenreichwesen vertraut zu werden. Diese sind wie folgt:

Almen und *Almas* (Einzahl: Alme und Alma) sowie die *Allbringe* (Einzahl: ein Allbring): Eine Alme und eine Alma ist das weibliche Geschöpf des Volkes, das man traditionell als »Zwergenvolk« bezeichnete. Eine Alme bleibt in ihrem Volk, eine Alma geht zu den Menschen und zeigt sich ihnen, arbeitet mit ihnen.

Ein Allbring ist des Volkes männlicher Vertreter. Der Name »Zwerg« zwingt diese Geschöpfe in eine fürchterliche Sklavenrolle, die sie unbedingt ablegen müssen, um weiterhin existieren und einen neuen und freien Zugang zum Menschen und zu einer Zusammenarbeit mit diesem finden zu können!

Allerich: Der weise Führer der Allbringe und Vermittler zwischen dem Volk und seinem König. Ein Allerich ist auch ein Berater des Königs.

Alberich: Dies ist der König der Allbringe.

Allmiene: ist eine jugendliche Alme.

Allminne: ist eine kindliche Alme.

Allrune: ist eine kräuterkundige Alme, die in ihrem Volk bleibt.

Allraune: ist eine kräuterkundige Alma, die mit den Menschen arbeitet.

Alle hier zuletzt genannten Wesen sind Zwischenreichwesen des Reiches zwischen dem Elementarreich der Gnome und dem Menschenreich. Hierzu siehe insbesondere in diesem Buch im Kapitel »Wochenthemen...« (»Von den Almen«, S. 161) die Mitteilungen aus der vierten Juniwoche (»Von den Allbringen und ihren Völkern«, S. 155) sowie die Mitteilungen aus der dritten Juliwoche.

Allmeria: ist die Königin eines Volkes von Allbringen und Almen bzw. Almas usw. Die vielen unterschiedlichen Völker der Allbringe und Almen wurden bisher immer entweder männlich, also von einem Alberich oder weiblich, von einer Allmeria, regiert und geprägt. Sie hatten unterschiedliche Qualitäten und Ausrichtungen in ihr Leben, unterschiedliche Aufgaben und Arbeitsbereiche. Allmerien und Allberiche achteten sich gegenseitig und ihre jeweiligen Völker und standen in regem Austausch, wobei es meistens so war, dass eine Allmeria besonders einem Allberich vom Herzen her sehr verbunden war und dies unter Nachbarvölkern so üblich war. Nun ist es auch bei diesen großartigen Geschöpfen an der Zeit, ihre Dualität zu überwinden, in dem sie ihre Trennung aufheben und zukünftig gemeinsam, Seite an Seite ein Volk regieren!

Allegorien (Einzahl: Allegoria) und *Allgarte* (Einzahl: Allgart): Diese sind Zwischenreichwesen der Reiche aller Elemente mit ihren Wesen und dem Reich der Menschen. Sie sind riesenhaft groß und werden deshalb irrtümlicherweise als »Riesen« bezeichnet. Allgart darf auch mit »d« am Ende geschrieben werden. So drückt es eine weichere Natur dieser großartigen Hüterwesen aus. Hierzu siehe auch die Mitteilungen der vierten Juliwoche in den Wochenthemen, sowie die Botschaft des Allgarts vom Pfaffenstein aus dem Kapitel »Ein Reisebericht« (siehe Seite 280 sowie die »Wochenthemen«, 4. Juliwoche, S. 165).

Riesen: Dies sind riesenhafte Elementarwesen, welche den Allgarten ähnlichsehen, aber keine Allgarten sind! Dies sind Wesen, die als Elementarwesen in eine riesenhafte Ausformung hinein gewachsen sind und zwar ohne die zuvor erwähnte Auszeichnung in ein Einzelelementarwesen hinein, das sich riesenhaft über eine ganze Landschaft spannen kann oder ein Meer und dann auch einen Eigennamen bekommt. Diese riesenhaft ausgebildeten Elementarwesen fallen damit aus ihrer ursprünglichen Aufgabe innerhalb ihres Wirkensbereiches heraus und auch aus ihrer Haltung des Dienens innerhalb ihres ursprünglich zugewiesenen Bereichs. Sie erheben sich über ihre Art hinaus und gehen in eine stärkere Dichte, erscheinen in einer deutlicheren Leiblichkeit. Sie haben einen starken Eigenwillen entwickelt, der dem Menschen und der Schöpfung sehr schaden kann und lebensvernichtend wirken kann. Diese riesenhaft erscheinenden Elementarwesen wurden in der Vergangenheit oft als »Riesen« bezeichnet und beschrieben als solche ausschließlich männlichen Geschöpfe. In den Märchen begegnen sie uns z. B. oft als wilde »Sturm- oder Eisriesen«. Irrtümlicher Weise wird dieser Name »Riese« auch für die Allgarten verwendet, die weder Elementarwesen sind, noch dem Menschen oder dem Leben gegenüber zerstörend wirken. Das Gegenteil ist der Fall. Sie sind, wie alle Zwischenreichwesen, dem Menschen wohlgesonnen und hüten einen ganz bestimmten Bereich der Schöpfungsweisheiten. Mit der ihnen angehafteten irrtümlichen Bezeichnung »Riese« tun wir ihnen Unrecht und halten die hartnäckige Verwechslung aufrecht zwischen diesen beiden völlig unterschiedlichen Wesensarten von Riesen (riesenhafte Elementarwesen ohne Eigennamen, die aus dem Dienen herausgefallen sind) und Allgarten (Zwischenreichwesen).

Man kann sich dieses »Herauswachsen« dieser Gnome, Undinen, Salamander oder Sylphen etwa mit dem Bild eines Wildtriebs einer Rose verdeutlichen, der riesenhaft lang über seinen Rosenstock hinausschießt, sich seiner Aufgabe und Ursprungsbestimmung entfremdet und keine schönen Rosenblüten mehr hervorbringen wird.

Es scheint mir, sie übernehmen eine undankbare Rolle. Sie sorgen für Widerstand, der den Menschen jedoch letztendlich aufrüttelt und im besten Fall wieder zu sich bringt in seinem Kurs als Schöpferwesen und Gestalter dieser Erde in Demut und Verantwortung.

Nixen und **Nöggs:** Dies sind Zwischenreichwesen zwischen dem Wasserelementarbereich und dem Menschenreich in ihrer weiblichen und männlichen Wesensart. Nixen wurden auch als Meerjungfrauen oder Wasserfeen bezeichnet und nehmen diese Bezeichnungen vom Menschen ihnen gegenüber gerne an.

Allfee, Allfaa und **Albe:** sind Zwischenreichswesen zwischen dem Licht- und Luftelementarbereich und dem Menschenreich in ihrer weiblichen und männlichen Wesensart. Eine Allfee ist allgemein als »Fee« bekannt und akzeptiert auch diesen Namen, mit dem sie die Menschen schon seit Jahrtausenden benennen. Allerdings betrifft das, wenn man genau ist, nur jene ihres Volkes, die auch wirklich mit den Menschen zusammenarbeiten. Diese bekamen zusätzlich zu »Allfee« den Namen »Fee«. Er macht sie menschlicher. Allfaaen (pl. von Alfaa) und Alben sind beides je unterschiedliche Vertreter der männlichen Wesensart dieses Volkes. Die Allfaaen sind stärker in ihrer Sternenanbindung orientiert, die Alben in ihrer Erdenanbindung und ihrer Sinnlichkeit. Alben waren diejenigen, welche auch die Zusammenarbeit mit den Allbringen aufgenommen hatten und dies bis heute halten. Diese Zusammenarbeit ist im Schöpfungsplan vorgesehen und zum Erhalt der Erde unbedingt notwendig. Ursprünglich geschah sie beidseitig unfreiwillig und wurde akzeptiert. Heute wollen beide Seiten die weiterführende Zusammenarbeit freiheitlich und freudig aufnehmen.

Alba: Eine Alba ist eine Allfee, welche die Zusammenarbeit mit den Almen, den Almas und auch den Allbringen aufgenommen hat und dazu von ihrem Volk auserkoren wurde. Dies kam nur äußerst selten vor. Es gab und gibt nur sehr, sehr wenige Albas, während es eine Vielzahl von Alben gibt. Albas sind absolut ausgezeichnete Persönlichkeiten, sind Lehrerinnen und weise Führerinnen.

Zu diesen Geschöpfen finden sich unter anderem wichtige, weiterführende Hinweise in den Mitteilungen der dritten Maiwoche aus den Wochenthemen.

Botschaften und Mitteilungen

der Geister der Raunächte und des Erzengels Michael:

Botschaft vom 26.12.2016

»Siehe, diese Zeit steht in einem tiefen und untrennbaren Zusammenhang zur Karzeit. In der Karzeit nimmt die Erde ganz ihr Licht in sich hinein, in den Raunächten strömt sie es aus. Es geht ein Licht in diesen Tagen von der Erde aus, das weit hin im Kosmos zu sehen ist. Und wer mitten darinnen steht, ist im Augenblick des Wandels. Um die Osterzeit herum hingegen, verhüllt sie sich förmlich unseren Blicken aus dem Kosmos, nimmt ganz ihr Licht in sich hinein bis zu einem absoluten Tiefpunkt. Dieser Umkehrpunkt ist das Mysterium von Golgatha. Es ist jede Karzeit neu ein Wagnis, ob der Wendepunkt gelingt.

Mit großen Augen schauen die Elementarwesen in dieser Zeit auf den Menschen, auf den es ankommt in seinem Handeln, mit seinem täglichen Tun. Auf jeden Einzelnen kommt es an, ob die Erde bestehen bleibt, die Erde, ihre und des Menschen Heimat! Der Mensch, der jetzt seine Herzenskräfte ganz in sich verspürt und weckt, kann sie zur Raunachtszeit gemeinsam mit dem Erdenlicht erstrahlen lassen.

Es geht um die Wandlung der Herzkräfte des Menschen. Mitfühlen soll er mit aller Kreatur mit allem Lebendigen, was ihn umgibt. Durch sein Herz sollen Seelenkräfte strömen und sprechen. Dies lehrt die Karzeit.

Durch sein Herz soll das Geisteslicht im Seelenkleide strahlen, soll Erdenlicht durchgeistigt, liebend, wärmend, klärend sich ergießen. Dies lehrt die Raunachtszeit. Und jetzt, in dieser Zeit, schauen die Sternenwesen mit großen Augen auf die Menschen, voll wartender Erwartung, denn sie erkennen an, dass der Mensch mit seinem Herzenslicht die Erde, seine Mutter Erde, zum Erdenstern verwandelt.

Und der Mensch darf anerkennen, dass Mutter Erde diese Wandlung mit ihm gemeinsam vollzieht. Dies geht tatsächlich nur gemeinsam. Die Erde ist ein großartiges geistiges Wesen, eine Seele, ein liebendes Seelen-Geist-Wesen, das mit oder ohne den Menschen ihre Entwicklung gehen wird. Doch sie hat den Menschen eingeladen, mit ihr gemeinsam ein Stück ihrer Entwicklung zu gehen. Dies ist ihr großartiges Geschenk an den Menschen. Und der Mensch, ebenso großartig mutig, hat sich darauf eingelassen, hat es angenommen.

Nun erleben beide etwas im gemeinsamen Weg, das beide zu einer Lichtgeburt befähigt, die nur gemeinsam möglich ist. Dieses sanfte, weiche, zarte, liebevolle, durch und durch heilsame Licht, das mit seiner unendlich klaren, von innen sich ewig erneuernden Qualität von der Erde ausströmt, ist jenes Weihelicht, das Erden-Menschen-Weihelicht, das aus der gemeinsamen Herzentfaltung und Herzöffnung von Mensch und Erde hervorströmt. Es strömt in den Raunächten und zieht von dort aus seine Echos, das ganze Jahr hindurch.

Auf seinen Kern soll der Mensch schauen in der Karzeit, den Liebes-Lichtes-Schöpferkern, ganz innen in seines Wesens Kern.

Sich öffnen darf er in den Raunächten und verschenken von seinem neugeborenen, nur in Gemeinschaft auserkorenen Liebesschöpferstrahlen.

Es ist nun so, dass von je her in der Zeit der Raunächte die Dualität komplett aufgehoben wurde. Gaia und Sophia haben in dieser Zeit ihre Hochzeit. Jeder Mensch kann dies in seiner Seele erleben! Der Brauch des Erderührens trägt das alles in sich: der Mensch rührt mit seinen Händen seine Liebe, sein Licht, seine Herzenskräfte und seine Herzenswärme in die Erde und schenkt sie so der Erde, hält selbst seine Hochzeit mit ihr. Ja, sein Bekenntnis zu ihr wird hier jährlich erneuert in diesem Brauch. So gibt der Mensch sich selbst als Nährboden für die Hochzeit von Gaia und Sophia, die in seinem Herzen stattfindet.

So lange Menschen dieses Bekenntnis, ihr Bekenntnis zur Erde mit der Lichtarbeit des Erderührens jährlich erneuern, haben Erde und Menschen erneut den Boden geschaffen für ihre gemeinsame weitere Entwicklung. Nur, es braucht tatsächlich eine gewisse Anzahl von Menschen hierzu an verschiedenen Orten, damit das Netz, das sie weben, nicht zu grobmaschig wird. Deshalb zählt jeder Einzelne!

Das Erderühren ist ein Bekenntnis des Menschen zur Erde, zum gemeinsamen Weg und zur Erschaffung von Ätherherzen, die durch die liebevolle und lichtvolle Durchdringung all unserer Reiche als Tore der Liebe und des Lichtes nur im gemeinsamen Wirken und Begegnen geschaffen werden.

Sternenwesen wirken hier mit, welche die Erde und die Menschen schützend begleiten.

So, wie die Elementarwesen die großen Erinnerer der Erde sind und alles erinnern, was jemals auf der Erde geschehen ist, so sind die Sternenwesen die großen Erinnerer im Kosmos. Sie erinnern alles, was jemals im Kosmos geschehen ist. Durch ihr Erinnern bieten sie die Möglichkeit der Heilung und Verwandlung sowie die Möglichkeit der Entwicklung.

Es gibt einen Bereich und dessen Lebewesen, die sowohl zum Menschen als auch zu den Elementarwesen und den Sternenwesen eine Verbindungsmöglichkeit und Verständigungsmöglichkeit haben: Das sind in besonderer Weise die Allfeen, die Allfaaen und auch die Alben! Die Allfeen sind dies mehr als ihre Artverwandten der anderen Zwischenreiche wie die Nixen oder die Nöggs, welche das Zwischenreich zwischen den Wasserelementarwesen und den Menschen beseelen und beleben, mehr auch als die Allbringe und die Almen, mehr auch als die Allgarten und die Allegorien, welche hauptsächlich das Zwischenreich zwischen den Erd- und Feuerelementarwesen und den Menschen beleben und beseelen, und mehr auch als die Leprachans, welche als Hausgeister gerade zu einer fünften Zwischenreichswesensgattung herausgebildet werden.

Die Allfeen, Alfaaen und auch die Alben sind in ihrer großartigen Fähigkeit, eine Verbindungs- und Verständigungsmöglichkeit herzustellen zwischen den drei Bereichen: dem Reich der Menschen, den Reichen der Elementarwesen und den Reichen der Sternenwesen gleich gefolgt von den Nixen, die sich ebenfalls darin üben und es schon sehr gut verstehen. Grundsätzlich gilt, dass alle Zwischenreichswesen die Fähigkeit der Verständigungsmöglichkeit zwischen den Reichen haben, nur sind die Allfeen und die Alfaaen diejenigen mit der längsten, gründlichsten und erfolgreichsten Praxis! Ursprünglich waren sie für die Vermittlung zwischen den Licht und Luftelementarwesen und den Menschen verantwortlich, bis sie ihre Vermittlungs- und Verständigungsunterstützung auf weitere Bereiche wie die der Sternenwelten in Verbindung zu den Menschen ausdehnen durften. Die Allfeen, die Allfaaen und auch die Alben nehmen auch gerade in dieser Verständigungsschule der licht- und liebevollen Durchdringung all unserer Reiche und in der Ausbildung von Ätherherzen die Leprachans in die direkte Übung! Die Leprachans sind ein auserwähltes Volk eines weiteren Zwischenreichs, das Zwischenreich der ›Hausgeister‹, welches eine zukünftig tragende Funktion in der Erlernung einer Verständigungsgabe zwischen Menschen und ihnen selbst und zwischen Menschen und der Elementaren Welt übernehmen wird!

Übt euch also im Umgang mit den Allfeen, den Allfaaen, den Alben und den Leprachans! Freut euch ganz besonders in der Zeit der Raunächte über jeden Frühnebel oder sonstige Nebel, in denen die Allfeen, die Allfaaen und die Alben ganz dicht an euch Menschen herankommen!

Hier sind einige Bräuche für die Raunächte bzw. Arbeiten für diese Zeit:

- Hängt blaue und weiße Bänder in die Bäume. Tut dies mit dem Impuls im Herzen, die Allfeen, Allfaaen und Alben zu ehren und die Gemeinschaft in unserem gemeinsamen Wirken bewusst aufzunehmen! Weiß und blau, das sind die Farben der Raunächte, was das Allfeenwirken anbelangt!«

Damit fühlen sich in besonderer Weise auch das Blaue und das Weiße Allfeen-, Allfaaen- und Albenvolk angesprochen, die ihren ursprünglichen Sitz im hohen Norden haben und gerade und immer häufiger gerne Besuche in eurer Gegend, hier im Ruhrgebiet machen und die ortsansässigen Allfeen, Allfaaen und Alben, die pfirsichblüt-rosa farbenen des Ruhrlands um Wetter und Sprockhövel bis Wuppertal herum wieder wecken!

- *»Zündet Kerzen an und tragt sie zu Orten, wo ihr Allfeen, Allfaaen und Alben wahrnehmt und sie ehren wollt.*
- *Singt und bewegt euch und folgt eurer Freude in der Natur!*
- *Samenpflege: Setzt eure gesammelten Samen, euer Saatgut wenigstens einmal in dieser Zeit den Sternen aus. Stellt es des Nachtens ins Sternenlicht unter freiem Himmel bei sternklarer Nacht.*
- *Lauscht den Bienen,*
- *lauscht den Tieren,*
- *lauscht in die Natur.*
- *Fragt euren Stern und dessen Begleiter für euch, was sie euch zu sagen haben.*
- *Wendet euch den Erzengeln zu.*
- *Findet heraus, ob ihr eine Allfeenschwester, einen Allfaaenbruder oder einen Albenbruder habt und ruft sie! Geht mit ihnen bewusst durch diese Zeit und seid bereit, auf sie zu hören. Das bedeutet unter Umständen für viele Menschen, ihr Leben zu ändern. Wenn ihr sie ruft ohne diese Bereitschaft, werden sie sich nur noch mehr zurückziehen!*
- *Arbeit mit Johanniskraut, am besten mit dem, welches um Johanni herum erblüht und in dieser Blüte geerntet wurde: Bringt es in unterschiedlicher Form als Präparat oder als Essenz auf die Erde und in die Landschaft.*
- *Gebt einen Tropfen bzw. einen Fingertip Johanniskrautöl an eure Bäume und zwar genau an den Wurzelhals. Tut dies in Gedanken, dem Baum die Wärme des Sommers zu schenken.*
- *Arbeitet daran, eure Schädelplatten zu dehnen bzw. beweglich zu machen, damit die Nähte zwischen ihnen wieder etwas weiter werden. Durch die Schlitze, die dann entstehen, soll in dieser Zeit das Licht der Gestirne einwirken können, das Sternenlicht sowie das Licht des eigenen inneren Sterns heraustreten, damit es sich vereine mit den Himmelssternen!«*

Anleitung zur Herstellung von Präparaten, Essenzen und Urtinkturen

Für alle die, welche noch nie Essenzen oder Präparate selbst hergestellt haben, gebe ich hier in knapper Form meine eigene Arbeitsweise weiter, die jeder für sich ergänzen und nach eigenem Ermessen ausprobieren darf.

Eine Essenz stelle ich normaler Weise mit dem Kraut, dessen Wirkung ich zum Einsatz bringen möchte, an einem sonnigen Tag in Quellwasser eingelegt in der direkten Einwirkung der Sonne her. Meistens stelle ich noch das Siegel des Engels der Herzöffnung oder des Engels der Heilung darunter. Eine andere Form von Essenz stelle ich aus ein paar Tropfen Urtinktur auf ein Glas oder eine Flasche Quellwasser und in Spiralformen verwirbelt her. Eine Urtinktur wird hergestellt aus dem frisch geernteten Kraut, das randvoll in ein durchsichtiges Glas gefüllt und mit vierzigprozentigem Alkohol aufgegossen wird. Ich nehme z.B. Doppelkorn aus deutscher Brennung. Zugeschraubt stellt man das Glas dann mindestens sechs Wochen an einen sonnigen Platz. Dies gilt für Urtinkturen von Blüten und Blättern. Bei Wurzeln handhabe ich es manchmal auch anders, meine Intuition sagt mir, dass diese Pflanzenteile auch gut in eine Urtinktur hinein reifen, wenn sie außerhalb des prallen Sonnenlichts stehen.

Ein Präparat für das Land kann eine Art homöopathisiertes Pulver sein, hergestellt aus Asche, einem Mineral oder aus der Trocken- oder Frischsubstanz eines Krauts in einer Trägersubstanz, z.B. Heilerde oder gerührte Erde, die auch eine Form von Heilerde ist. Diese rühre ich mit meinen Händen in einer Schale. Die zu rührende Substanz für das Präparat besteht aus ca. neun von zehn Teilen der Trägersubstanz in pulverähnlicher Form, wie z.B. Heilerde, und einem Teil der Substanz, die man potenziert zur Wirkung bringen möchte, also dem Kraut, dem Mineral oder der Asche. Meine Rührzeit beträgt ungefähr eine Stunde. Dies entspräche in der Herstellung eines homöopathischen Mittels einer D1.

Ein Beispiel:
Ich möchte ein Johanniskrautpräparat in Pulverform aus der frischen Pflanze herstellen. Ich nehme also einen Teil frischen Krauts und neun Teile Trägersubstanz. Als Trägersubstanz für die Innere Einnahme beim Menschen eignet sich z.B. Milchzucker oder Kieselerde. Als Trägersubstanz für die äußere Anwendung für den Menschen und auch für das Land eignet sich in besonderer Weise Heilerde,

also die in den Raunächten gerührte Erde, am allerbesten ist hierzu der Lehm. Jetzt verreibe ich in einem Tiegel mit einem Stößer das frische Kraut unter ständigem Kreisen. Dabei kann ich meinen Rhythmus und mein Kreisen auch wechseln, z. B. viermal innerhalb einer Stunde, ca. alle zwölf Minuten. Das heißt konkret: Zwölf Minuten rühren, drei Minuten abklopfen und ruhen lassen; dann das Ganze dreimal wiederholen. Meine kreisenden Bewegungen führe ich rechts herum aus. Die Rechtsdrehung hat eine aufschließende Wirkung. Je nach spontaner Eingebung ändere ich sie auch manchmal in Lemniskaten Bewegungen ab. Bei der letzten von den vier Runden nehme ich auch Linksdrehungen mit hinein, um dabei bewusst die Information mit hineinzugeben, dass die Wirkung des Präparats hierin bewahrt und in seiner Substanz konserviert bleibe.

Ich möchte hier noch einmal auf die Allfeen, die Allfaaen und die Alben zu sprechen kommen, weil sie hier so oft erwähnt wurden und weil ich in der gesamten Raunachtszeit ihre starke Anwesenheit und Präsenz spüre! Dies dient auch einem weiterführenden Verständnis bezüglich der grundsätzlichen Hinwendung zu Ihnen selbst sowie der Elementaren Welt, zu der sie vermitteln.

Die Allfeen, Allfaaen und Alben waren stets die Toröffner und die Torhüter zwischen der Welt der Elementarwesenreiche und der Welt der Menschen. Wenn sich ein Elementarwesen der Licht- und Luftreiche in das Reich der Menschen begab zur Zeit von Atlantis, wo dies noch möglich war, und sich für eine kurze Zeit in einem menschenähnlichen Körper verstofflichte, dann war dies eine Allfeen-, Alfaaen- oder Albengestalt, die ihm von diesen selbst für die Dauer seines Wirkens bei den Menschen geschenkt wurde. Sie war der Schutz und die Vergewisserung, zurückzufinden. Manchmal dauerte die Zeit als Allfee bei den Menschen lange an, wenn es die Aufgabe erforderte, manchmal war es wie ein kurzes Aufblitzen.

Wollte ein Wasserelementarwesen, eine Undine, eine Wasserfeengestalt annehmen und damit ein Zwischenreichwesen werden für die Dauer ihres Wirkens, so war es das Geschenk der Wasserfeen oder auch der Nixen, welche ihr eine Leiblichkeit aus ihrem Reich schenkten für ihr Wirken bei den Menschen. Wir müssen wissen, dass die Menschen zur atlantischen Zeit noch die Fähigkeit hatten, Nixen, also Wasserfeen, und andere Feen zu sehen, so wie sie sich gegenseitig als Menschen wahrnahmen. Sie hatten die Möglichkeit, mit ihnen Kontakt aufzunehmen und mit ihnen zu arbeiten, da sie selbst noch in ihrer Leibesorganisation sehr viel offenporiger und feinstofflicher veranlagt waren, also nicht so verdichtet in ihrer physischen Leibesorganisation wie wir Menschen es heute sind.

Es gab bisher vier Zwischenreiche, die alle eine Art Zwischenstufe zwischen Menschen und Elementarwesen darstellen und doch eine völlig eigene Wesensgattung sind. Noch einmal: Zwischenreichwesen sind KEINE Elementarwesen! Sie werden oft mit diesen in einem Atemzug genannt, in ein Reich »gepackt«, und das verfälscht die Sachlage! Sie haben andere Lebens- und Wirkensbereiche und stehen in einem völlig anderen Verhältnis zum Menschen! Sie alle haben gemeinsam, dass sie von dem atlantischen Menschen noch sehr leicht wahrgenommen werden konnten, dass sie in ihrem Umgang mit den Menschen bekannt waren und dass sie vom Menschen in einer ihnen eigenen Extremform der menschenähnlichen Gestalt wahrgenommen wurden. Es waren die Allfeen, Allfaaen und Alben, die Nixen und Nöggs, die Allgarte und Allegorien und die Allbringe und Almen. Sie sind immer noch jene Zwischenreichwesen, welche Vermittler zwischen den Reichen sind und welche ihre je typische menschverwandte Erscheinungsform haben, damit wir sie besser als uns wohlgesonnen erkennen und als unsere Mitarbeiter, als unsere Brüder und Schwestern: die Allfeen, Allfaaen und Alben zart und durchlichtet, schön und anmutig, die Nixen und Nöggs sinnlich und betörend bis ebenfalls zart und durchlichtet, sowie schön und anmutig, die Allgarte und Allegorien groß und kräftig bis geradezu übermäßig riesig, die Allbringe und Almen klein und drollig, knollig, knorrig und verschmitzt, lustig und humorvoll.

Traditionell haben Elementarwesen aus den Licht- und Luftreichen ihre menschverwandte Gestalt eines Zwischenreichwesens von den Allfeen, Allfaaen oder den Alben geschenkt bekommen, die Elementarwesen des Wassers von den Nixen und Nöggs, die Elementarwesen der Erde und des Feuers von den Allgarten und den Allegorien oder von den Allbringen und Almen. Die Allgarte haben hier eine Sonderposition inne. Tauchen sie am häufigsten im Erd-, Stein- und Wasserbereich auf, so sind sie doch in allen Elementen zu Hause. Es gibt auch Luft- und Windallgarte, und sogar Lichtallgarte! Das Gleiche gilt für die Allegorien.

Was die Zusammenarbeit des »Seite an Seite« der Zwischenreichwesen mit den Menschen anbelangt, haben die Allfeen, Allfaaen und Alben die längste Erfahrung und Sicherheit. Sie sind hier zu Hause, gleich gefolgt von den Nixen. Die Allfeen hatten schon immer ein tiefes Anliegen, wirklich mit den Menschen zusammenzuarbeiten und gemeinsam in eine Schulung einzutreten, einen Entwicklungsweg. Sie hielten ihnen die Treue und halten sie immer noch. Es gibt viele Albenbrüder und Allfeenschwestern unter ihnen, die zu manch einem Menschen gehören. Die meisten Menschen heute haben ihre Allfeenschwester, wenn sie eine haben, vergessen. Es wäre ein Segen, wenn sie ihre eigene feinstoffliche Wahrnehmung soweit sensibilisieren könnten, sie wieder wahrzunehmen, ihren Namen zu erfahren, den nur sie als ihre Menschengeschwister kennenlernen dürfen.

Allfeen, Allfaaen und Alben, aber mehr noch die Allfeen, haben schon immer gerne mit den Menschen zusammen gearbeitet. Von einer wirklichen Zusammenarbeit, in der beide Reiche voneinander lernen und dieses Lernen bewusst aufgesucht wird, kann man eigentlich auch nur bei der Begegnung von Mensch und Allfee sowie von Mensch und Alfaa und Albe sprechen. Alfeen sind bei den Menschen ein- und ausgegangen und sie waren willkommen. Bis die große Zeit des Vergessens kam mit dem Ausklingen der atlantischen Zeit und dem, was wir heute den »Untergang« von Atlantis nennen, denn Naturkatastrophen, Land-überflutungen und Landverschiebungen gingen damit einher. Dies geschah ungefähr zwölftausend Jahre vor Christi Erscheinen in der Welt und wird in der Bibel als die »Sintflut« beschrieben.

Botschaft vom 27.12.2016

Der Erzengel Michael spricht:

»Siehe, die Raunächte sind eine Zeit, in der du dich ganz der Erde zuwenden sollst, deinen Bund mit ihr erneuern darfst. Gleichzeitig ist es die große Zeit der Wandlung und eine Sternenzeit!

An Ostern geht die Wandlung durch den Tod. Es wird von einem Leben Abschied genommen und in ein neues hineingeboren! In den Raunächten geschieht die Wandlung mitten im Leben aus einem Bekenntnis zum Leben, es ist kein Abschied, kein Neubeginn außer der, den jeder jeden Tag und jede Nacht geht. Es ist kein absoluter Schnitt wie Tod und Neugeburt. Es ist die folgerichtige und schrittweise Verwandlung, die Transformation, in der Metamorphose der Schöpfung, der gelebten, täglichen Schöpfung. Es ist eine fundamentale Hinwendung zum Leben. Um dies zu tun, wird dir eine Zwischenzeit geschenkt: die Zeit der Raunächte. Hier hält die Zeit ihren Atem an. Sie wird gleichsam gedehnt, und du stehst mitten im Leben, dem unendlichen, dem zeitlosen, dem ewigen, mitten darinnen. Und es ist so, als wäre dies der einzige Seinszustand, den es überhaupt gibt, für immer. Dieser Seinszustand heißt Leben. Jetzt. Immerdar.«

Das Erderühren:

Die Geister der Raunächte sprechen durch einen von ihnen:
»Eines der Echos, von denen ich gestern sprach, ist jenes, wenn die Frauen an verschiedenen Orten der Welt, eine jede zu ihrer Zeit, wenn sie in ihrem Blutsstrom steht, in der Kraft ihres Blutes, Erde rührt. Dies, was du heute Morgen endlich begriffen hast, dass dies zu allen Zeiten so getan wurde, dass die Frauen

am Ort ihres Rückzugs in der Natur Erde rühren, ist ein kraftvoller, mächtiger Brauch und ein starkes Echo der Arbeit des Erderührens in den Raunächten. Es stärk das Netzwerk aller Menschen, die Erde rühren. Es stärkt das Webstück, das Hochzeitstuch von Mensch und Erde, das gewoben wird im Erderühren.«

Nun möchte ich, weil in den Gesprächen mit den feinstofflichen Begleitern immer wieder darauf Bezug genommen wird, auf den Brauch des Erderührens eingehen, der sonst, wenn er in den Mitteilungen auftaucht, für die Leser vielleicht unverständlich bliebe.

Ich habe diesen wunderbaren Brauch von meinem Mann in den Raunächten 2014/2015 kennengelernt, der ihn wiederrum durch seinen Lehrer Eckehardt Wroblowsky (der bereits verstorben ist) erfahren durfte, sowie in vielen Gemeinschaften, welche durch ihr Handeln die Erinnerung an diesen Brauch wachhielten und ihn alljährlich im eigenen Tun erneuerten. Ihnen allen sei an dieser Stelle ein Dank von Herzen ausgesprochen!

Mit dieser Arbeit kamen viele Erinnerungen aus früheren Leben in Form von inneren Bildern zu mir, mit denen für mich persönlich ein großer Heilungsstrom einsetzte. Ein unendlich tiefes Gefühl »zu Hause zu sein« und mit dieser Arbeit etwas in jeder Millisekunde meines Tuns durch und durch Sinnvolles zu tun, etwas Zeitenverbindendes, Zeitloses, Ewiges.

Ich trat in einen Raum, der mit wenigen Kerzen erleuchtet war. Jeder hatte seinen Arbeitsplatz im Raum, rührte mit der bloßen Hand Erde in einer Schale oder hatte sie gerade ausgebreitet vor sich auf einem Brett und besprühte sie leicht.

Die Arbeit verlief andächtig, schweigend und getragen von einer feierlichen Stimmung. Leise Verständigungen liefen nur zur Sache selbst. Mitgebrachte getrocknete Kräuter wurden hin und wieder angezündet und ihr wohlriechender Rauch über die Erden gestrichen. Auch stand eine Schale von getrockneten, herrlich duftenden Kräutern bereit, um sich von dort zum Einreiben der eigenen Hände immer wieder etwas zu nehmen. Der ganze Raum wurde so im Laufe der Arbeit immer mehr erfüllt vom Duft einer herrlichen Mischung wohlriechender Kräuter und Erde.

An manchen Tagen, an denen wir uns so in der Dämmerung zu jener Arbeit trafen, erklangen auch Klänge oder ein Spruch wurde gesprochen zu Beginn der Arbeit. Jeder nahm sich die Zeit, die er brauchte und verließ den Raum, wenn er fertig war. Im Laufe dieser Tage erfuhr und erlebte ich Folgendes zu und mit dieser Handlung:

Jeder hatte seine Erde dabei von einem Ort, für den er arbeiten wollte und/oder mit dem er oder sie eine besondere Verbindung hat. Diese Erde wurde am

ersten Advent eingeholt, zum Ausatmen und Trocknen unter einem Dach ausgebreitet und kurz vor Heiligabend gesiebt bis auf einen Millimeter Maschenab-
stand. In diesem Zustand ist sie vorbereitet, um dann in den Raunächten in den
Dämmerungszeiten mit der bloßen Hand gerührt zu werden. Vor jedem Rühren
wird sie einmal ausgebreitet und mit eigens dafür hergestellten Präparaten in
wässriger Lösung, ähnlich einer Essenz zart besprüht. Man kann Hornkiesel dazu
nehmen oder ein paar Tropfen Johanniskrauturtinktur in Wasser aufgewirbelt.
Mit letzterem schenkt man der Erde aus dem Pflanzenreich die ganze Wärme
und Sonnenkraft des Sommers. Durch den Hornkiesel wird ihr Formkraft und
Lichtwirken geschenkt, ein Wärmelichtwirken, das in den Ätherleib der Erde hinein wirkt. Die Formkräfte des Hornkiesels regen die Mineralien und Metalle in
der Erde an, sich auf ihre Grundstruktur und Urausrichtung ihrer eigenen Form-
gestaltungskräfte zu besinnen und sich darin zu stärken. Sie helfen den Mineralien und Metallen, genau jene Kräfte zu bewahren und neu anzuregen. Hornkiesel verbindet die Erdenformkräfte mit ihren Sternengründen, also jenen Kräften,
die aus den Sternen auf die Gestaltungskräfte der Erde Einfluss nehmen. Dann
schenke ich der Erde durch meine Wärme und meine Liebe im Rühren die Men-
schenliebe. Während die Erde sich langsam in dieser Arbeit anwärmt, wird sie
feiner und samtiger, seidig, weich und eine echte Herzensverbindung entsteht.
Sie schließt sich auf und öffnet sich.

Am zweiten Tag schon hatte ich das Gefühl, die Erde erkennt mich wieder
und ich sie. Wir wurden richtig gute Freunde und hatten uns viel zu erzählen
während der Arbeit. Ich lauschte in sie hinein. Doch große Strecken über war ich
absolut gedankenlos, absichtslos, mein Kopf war wohltuend ausgeschaltet. Mein
Fühlen war ganz wach, meine Herzenskräfte hoch aktiv.

Jeder darf zu dieser Arbeit Geschenke mitbringen wie Klänge, Kräuter, ein
Gedicht, einen Spruch. Manchmal ging ich mit meiner Schale Erde unter freien
Himmel und rührte dort weiter. Die Gemeinschaft stärkte mein Tun. So rührte eine Gruppe von Menschen die dreizehn Raunächte hindurch immer in der
Dämmerung, beginnend mit der Morgendämmerung am 25.12. Sonntags und
donnerstags sollte es immer, dem Brauch nach, die Morgendämmerung sein. Die
anderen Tage dazwischen sind frei zu wählen.

So wie die Raunächte eine Zeit der Wandlung und der Zwischenzeit sind,
sind die Dämmerungen eine Zwischenzeit und eine Zeit der Wandlung. Bewusst
konnte ich also mit meiner Arbeit an der Erde einmal von der Nacht in den Tag
und ein anderes Mal vom Tag in die Nacht gehen. Ich erlebte bewusst die Wandlung und die Zeit dazwischen. Mit der Dämmerung tauchte ich ein in ein Zwischenreich.

Die Raunächte sind die dreizehnte Zeit im Jahr nach den zwölf Monaten, und sie dauern dreizehn Nächte an. Davon hat Dornröschen zu berichten: die dreizehnte Fee muss eingeladen und geachtet werden, dann würde sich ihr Wunsch wie die Wünsche der anderen zwölf Feen als ein Segen erweisen. Die Zeit unserer unmittelbaren Vergangenheit hat die dreizehnte Fee in ihrer Kraft und Eigenart nicht erkannt. Die Zwölfheit ist die göttliche Schöpfung. Gehe ich auf den Menschen zu, so bewege ich mich in die Dreizehn, welche die göttliche Harmonie und das vollkommene Gleichgewicht aufbricht und so den Menschen als Mitschöpfer fordert. Er ist so aufgefordert, sich selbst an der Schöpfung zu beteiligen und das Gleichgewicht immer wieder neu herzustellen. Das ist ein Teil seiner Entwicklung und seiner Freiheit, seiner Botschaft der Freiheit. Wenn die dreizehnte Fee ausgeschlossen wird, muss sie Widerstand setzen, der die Menschen aufwachen lässt. Irgendwann werden sie aufwachen aus dem Dornröschenschlaf und wieder beginnen, ihre Ordnung aus Freiheit und Notwendigkeit herzustellen.

Die Raunächte in ihrer Qualität einer Zwischenzeit bilden eine Schwelle des Übergangs. Innerhalb dieser Schwelle geschieht die Wandlung des großen Atemrhythmus der Erde. Es geschieht die Wende vom Einatmen der Erde, das in der Stille noch um die Weihnachtstage herum fühlbar ist, hinein in das neue Ausatmen, das sich in der zweiten Hälfte der Raunachtszeit ankündigt und das dort einsetzt. Von da an baut es sich immer kräftiger auf bis zu Johanni hin, wo zeitlich die zweite Schwellenzeit des Übergangs im Atemrhythmus der Erde liegt. Mit dem Atmen der Erde können wir ein Lichtströmen erleben. Auf die Qualität dieses Lichtströmens zu achten, in seiner kosmischen Anbindung und seiner Wandlung durch das Jahr, ist eine schöne Übung, die unsere eigene kosmische Anbindung und Wandlung stärkt.

Am letzten Tag des Erderührens wird die Erde in einem weißen großen Tuch von zwei Menschen geschwenkt, die einen gemeinsamen Rhythmus im Grundmuster der »8« finden. Die Erde rollt in den gelenkten Bahnen im Tuch hin und her und wird dabei von einem Dritten mit Baldrianblütenessenz besprüht, hergestellt aus Baldrianblütenurtinktur und Quellwasser. Dadurch wird der Erde noch einmal eine Wärmeätherhülle gegeben.

Der Segen dieser Arbeit des Erderührens wird dann am Tag der größten Lichtfülle als Geschenk der Erde zurückgebracht und wieder aufs Land gestreut! Der Tag der größten Lichtfülle ist kein kalendarisch festgelegter Tag. Er muss erspürt werden. Er liegt zwischen Ende Januar und Anfang Februar, zwischen der Lichtmesszeit und der Festeszeit der lichten Erde. An diesem Tag strömt die Erde selbst ein sanftes, unendlich mildes und klares Licht aus. Die Qualität dieses

Erdenlichts ist so ergreifend und eindeutig, dass kein Zweifel besteht ob dieses Tages oder dieser Tage, denn manchmal erscheint es in dieser Zeit in ähnlicher Weise an mehr als nur einem Tag.

Von meinem Mann weiß ich, dass seit je her bewusst Geschenke der Erden, die nun durch das Rühren Heilerden geworden sind, gemacht werden, um bewusst bestimmte Orte miteinander zu verbinden. Früher, in der Zeit als diese Handlung noch stärker verbreitet war, wurden, um den Osten auf die kommende Kulturepoche vorzubereiten, in der die geistige Erneuerung vom Ostern ausgehen wird, Wagenladungen voll dieser Erde dorthin gefahren. Auf den alten Hellwegen fuhr die Körperschaft der Hanse in ihrer Kultur schaffenden Zeit die Erde nach Osten als Weihegeschenk.

Heute freue ich mich über jeden, der diese Arbeit an der Erde in einer Gemeinschaft an seinem Lebens- und Arbeitsort aufnimmt, denn hier halte ich mich wortwörtlich an die Ansagen der Engel: *»Auf jeden Einzelnen kommt es an!«*

Als ich im Jahr 2016 am ersten Weihnachtsfeiertag noch in der Nacht mit freudiger Erwartung des Erderührens aufwachte und mich gemeinsam mit meinem Mann wie auch die Jahre zuvor darauf vorbereitete, da setzte auf einmal meine Regelblutung ein. Es war eindeutig eine Woche vor ihrer Zeit und ich war überrascht und fast geschockt, denn im letzten Jahr habe ich mich in dieser Zeit vom Erderühren zurückgezogen, wollte ganz bei mir sein und nicht mit dieser Kraft an die Erde gehen. Meine erste Reaktion war nun eine Enttäuschung, denn ich hatte mich so auf das Erderühren gefreut! Da kam mit donnerklarer Deutlichkeit die Ansage: *»Du hast deshalb genau heute deine Regelblutung bekommen, weil die ersten Tage deiner Berührung der Erde aus dem Bienenkreis genau in dieser Kraft, in der du jetzt stehst, geschehen soll! Gehe an deine Arbeit!«*

Ich war so erleichtert! Ich war froh und dankbar und fühlte mich so beschenkt, endlich aus meiner Unwissenheit herausgeholt worden zu sein! Jetzt kamen die Erinnerungen und die vielen Bilder von Frauen, die genau an diesen Tagen ihrer großen Kraft irgendwo und irgendwann da saßen und Erde gerührt haben. Ich hätte die Welt umarmen können in diesem Moment! Diese Frauen sorgen für das wichtige »Echo« an diesen Tagen, das »Echo« zu der Arbeit in den Raunächten in der Gemeinschaft von Menschen, die diese Arbeit verbindet.

Nun sprach der Geist der Raunacht weiter über alte Bräuche und Arbeiten in dieser Zeit der Raunächte:
»Du selbst bist auch Saatgut! Stell dich also ebenso wie deine gesammelten Samen in einer sternklaren Nacht heraus, besser noch: lege dich flach auf den Boden!«

Ich empfing die Bilder von nackt auf dem Boden liegenden Menschen. Das muss wohl in einer südlicheren Gegend sein … Das ist mir eindeutig für den Winter bei uns zu kalt und ich werde die angezogene Variante testen!

»Erlebe deinen eigenen Körper hierbei als Universum, in dem auch Sternenlichter kreisen. Lass deine eigenen Körpersterne durch die Himmelssterne beschleunigen, erkraften und dynamischer werden. Spür der Verbindung nach von deinen Körpersternen zu den Himmelssternen.

Stell dir dein Herz als Sonne vor. Um diese Sonne kreisen viele Sterne in deinem gesamten Brustraum und Körper bis hin zu den Extremitäten. Da gibt es die Handsterne, die Fußsterne, den Scheitelstern. Jedes deiner Körpertore, deiner Chakren, ist mit einem leuchtenden Himmelskörper verbunden, den du einen ›Stern‹ nennen darfst!

Die Übung ist: Poliere deine Körpersterne! Lass sie strahlen, leuchten, lachen! Stärke neu ihre Verbindung zu den Himmelssternen!«

Die menschliche Seele ist wie ein Schillern eines farbig leuchtenden Kaleidos-kops und jedes einzelne leuchtende Teilchen in ihr hat seine ureigene kosmische Anbindung. Nur das fühlende, von Liebe durchwebte menschliche Herz hält alle diese Teilchen beisammen. Es ist also eine Herzqualität, welche die Seele als Grundmuster hat und auch für ihre Weiterentwicklung sorgt! Deshalb ist die Zeit für die Seele, während sie inkarniert und im Erdenleib leben darf, eine wahre Wohltat. Hier ruht sie sich aus, heilt und stärkt die Einheit und Verbindung all ihrer Teilchen, stärkt sich selbst als Entität. Dies tut sie durch die Herzqualität des menschlichen Herzens, das im inkarnierten Erdenmenschen eine ganz fun-damentale Wurzelqualität und Liebesqualität ausbilden kann! Diese braucht die Seele im Kosmos dringend als reine Geist-Seele, wenn sie zwischen den leib-lichen Inkarnationen rein in der geistigen Welt lebt.

Die Herzqualität der Hingabe und Liebe, so, wie sie in all ihren Facetten in einem Leben hier auf der Erde gelebt werden kann, ist eine wahre »Tankstelle« für die Einheit und Ganzheit, die Vollkommenheit der Seele, die sich daran stärkt für ihren Weg im Geiste. Würde ihr diese Erden-Herz-Erfahrung fehlen, so wür-de sie regelrecht auseinander stieben in der Welt zwischen den Inkarnationen in alle ihre leuchtenden Einzelteilchen. Die menschliche Seele braucht die Inkarna-tion im Menschenleib und Menschenkörper immer wieder neu, um sich in ihrer Einheit zu stärken! Dies ist ein Weg. Der Weg hat eine Entwicklung. Die vielen Erdenleben sind ein Teil in dieser Entwicklung auf diesem Weg. Erst, wenn die menschliche Seele so stark in ihrer Einheit geworden ist, dass sie unerschütter-lich geworden ist und unantastbar im reinen Geiste, braucht sie sich nicht mehr als Erdenmensch zu inkarnieren! Dann kann sie als seelisch-geistiges Schöpfer-wesen in eine weitere Daseinsform und -stufe übergehen!

Jede Engelsiegelblume ist ein Abbild des Resonanzleibs eines Engels. Ich sage hier bewusst: »Leib«, denn die feinstoffliche Erscheinung des Engels, in der er sich mir offenbart, ist für mich leiblich und leibhaftig erlebbar, sichtbar in einer riesengroßen Farblichtkugel, die ich deutlich in einander umspannenden Farbschichten, Farbsphären sehen kann. »Sehen« nicht mit meinen physischen Augen, obgleich diese dennoch an der Gesamtwahrnehmung der Erscheinung des Engels beteiligt sind, sondern mit meinem geistigen Auge.

Diese geistige Schau der Offenbarung eines Engels übersetze ich in ein zweidimensionales Bild in Farbe und Form. Dieses nenne ich »Engelsiegelblume«. Den Titel »Engelsiegel« für diese Art von Abbild habe ich schon sehr früh in meiner Arbeit empfangen und benutzten dürfen. Ich habe es damals als Schwingungsbild der Resonanz eines Engels in meinem eigenen Herzen begriffen.

Ein Siegel will geöffnet werden. Es verbirgt Geheimnisse, die es erst offenbart, wenn der Mensch den Schlüssel zu dem Siegel hat. Dieser Schlüssel ist sein eigenes Herz, das er öffnet. Das geöffnete Menschenherz öffnet diese Siegel und lässt sie erblühen wie eine Blume. Gleichsam öffnen diese Siegel das Herz der Menschen. Sie sind alle fundamentale Herzöffner. Die Hinzufügung »Blume« verweist darüber hinaus auf das sich Veränderbare, das Sich-in-Wandlung-Befindliche. Nichts ist hierbei statisch zu verstehen. Es verweist auf die Seelenhaltung der Hingabe und der Demut, die ein Mensch einnimmt, der von den Engeln in einen Offenbarungsstrom hineingenommen wird. So wie eine Blume ganz dem Licht hingegeben ist, und sich in ihrer Hingabe und Zuwendung zu ihm von ganz alleine öffnet, so ist es auch mit dem menschlichen Herzen, das sich dem göttlichen Licht, dem himmlischen Licht und den Engeln in Hingabe und Dankbarkeit zuwendet und von diesem und von diesen geöffnet wird.

Die Engelsiegelblumen sind zur Bild-, Gebets- und Bewegungsmeditation, mitgeteilt vom Engel selbst. Das heißt konkret, dass dieses Abbild des Resonanzleibs auf unterschiedlichen Ebenen in eine meditative und geistige Arbeit mit hineingenommen werden kann. Als Bildmeditation kann das Bild als Ganzes in eine innere Bewegung genommen werden. Ebenso kann jede einzelne Farbe der Engelsiegelblume innerlich im Bild durch alle eigenen Chakren wandern. Dabei spürt man dem nach, wo welche Farbe besonders gebraucht wird. Unser feinstoffliche Leib »trinkt« diese Farben und nährt sich von ihnen.

Für eine Bewegungsmeditation kann man die Fließform als eine Choreografie begreifen. Man könnte z. B. alles eurythmisch in farbigen Gewändern, welche die Farben der Engelsiegelblumen aufgreifen, laufen und so im Äther gestaltend wirken! Das heißt, dass solch eine Übung sowohl auf den eigenen Ätherleib als auch auf den Ätherleib des Ortes und des Umfelds einwirken wird!

Engelsiegelblumen sind geistige Piktogramme, durch die sich das Wirkensfeld des Engels entfalten kann. In ihnen ist die Botschaft des Engels und sein Mantra bildhaft gespeichert. Diese entfalten sich und kommen durch uns ins Wirken auf unserer Herzensebene im Miterleben des Bildes.

Zu jedem Engel gehört ein spezifisches Farbspektrum. Dieses teilt sich uns aus dem Astralplan mit und spricht zu unserem eigenen Astralkörper. In jeder Farbe wird ein Thema, eine Grundbotschaft offenbar.

Das, was hier zweidimensional in der kleinen Bildfläche in Farbe und Form festgehalten wurde, entspricht meiner Wahrnehmung des Engels, der sich sphärisch, sehr groß, zuweilen raumfüllend oder noch größer offenbart. Dabei ist die leuchtende Farbqualität nur mit der eines Regenbogens zu vergleichen, was mit irdischen Augen wahrnehmbare Erscheinungen unserer Erde anbelangt. Um diese Farben, die eigentlich reines Licht sind, in ein stoffliches Bild zu wandeln, damit sie für die Augen der Menschen sichtbar werden und in ihren Seelen ein Klangbild entstehen kann, was dann, so hoffe ich, in ihre eigenen Begegnungen mit dem jeweiligen Engel führen darf, habe ich aus vielen Jahren als Malerin eine gute Vorübung mitgebracht, mir Farben eigens für diese Aufgabe herzustellen und sie aufzutragen. Ich habe eine sehr eigene Technik und Methode des Anrührens von Farbpigmenten in Bienenwachs und Pflanzenölen entwickelt, in Verbindung mit Seide und anderen lichtsteigernden Substanzen wie z. B. Asche als Grundierung.

Die Fließform, die in den Engelsiegeln zu sehen ist und von mir mit Graphit in die Farbräume hineingezeichnet wurde, teilt sich aus dem Ätherplan mit und ist in meinem eigenen Ätherkörper als »Übersetzung« in dieser Weise angekommen. Während ich die Farben als Offenbarung wahrnehme und schauen kann, muss ich mich vom Engel selber führen lassen, um die Fließformen, wie eine innere Bewegung, in die mich der Engel mitnimmt, zu ertasten. Hierzu spricht der Erzengel Michael:

»Das, was du Ätherfließform in unseren Siegeln nennst, ist eine Resonanz im Ätherischen, die unsere Arbeit, unser Mit-Euch-Sein in euren menschlichen Sphären bis hinein in euren eigenen Ätherkörpern auslöst. Wir Engel haben kei-

nen Ätherkörper, aber wir kommunizieren mit ihm, richten ihn aus und lassen uns selbst von Ätherschwingungen berühren. Eure eigenen Ätherschwingungen können also umfassendere Ätherschwingungen berühren. Durch sie arbeitet ihr mit eurem Körpermeister zusammen!

Die Ätherfließform in unseren Siegeln ist also als Impuls zu verstehen und als ein Zusammenwirken unserer Engeldaseinsform und eurer menschlichen Bereitschaft, dies in eurer Ätherwesen aufzunehmen. Es ist eine Ätherbotschaft! Diese Fließform soll ständig innerlich im Atmen und in der Bewegung gehalten werden. Wenn ihr also äußerlich damit in Bewegung arbeitet, eurythmisch, ist das großartig!

Würde man die Fließform in Ton formen, ist es für den Prozess gesprochen auch großartig, denn es bringt eure eigenen Ätherkräfte ins Fließen. Wenn dann im fertigen Ergebnis eine ähnliche Abbildung der Fließform aus dem Siegel als Relief erscheint, ist es nur wichtig, auch diese wieder als weiteren Impuls zur Meditation und zum inneren In-Bewegung-Setzen zu nehmen und nicht etwa zu sagen: ›Das ist der Engel soundso‹, sondern: ›Dies ist eine Momentaufnahme der Fließform, die zum Wirken des Engels soundso gehört‹, diese dann zu nehmen und in eigener Resonanz weiterzuentwickeln!

Die Fließform aus dem Siegel wird euch geschenkt zur Belebung und Ausrichtung eures eigenen Ätherleibs, der sich ebenfalls in Fließformen erspüren und ertasten lässt. Wir Engel können uns des Äthers bemächtigen und ihn für eine stoffliche Erscheinungsform nutzen, um uns euch Menschen sichtbar und spürbar zu machen, um uns selber etwas stofflicher, dichter und gehaltener zu machen. Die Fließform unserer Siegel, unseres feinstofflichen Körpers, wie du sie malst, zeigt tatsächlich die Bewegung, das Fließen, das Strömen und Pulsieren unseres feinstofflichen Körpers. Auf dieses Fließen und Strömen reagiert eurer Ätherkörper! Deshalb sollte es nicht für alle Ewigkeit festgehalten werden, als fixes Abbild, denn die Lebensform des Ätherischen ist die Bewegung, die sich ständig metamorphosierende Form. So sollt ihr auch, wenn ihr künstlerisch mit den Ätherfließformen arbeitet, nur zu Übungszwecken die Form im Siegel zeichnen, schwingend, fließend, strömend nachbilden. Ihr sollt nicht das Ansinnen haben, die Form des Siegels exakt zu bewahren. Nimm sie als Impuls für neue innere Bewegungsströme, dann wird es zu deiner eigenen weiterentwickelten Arbeit, bei welcher der Engel mitgeholfen hat.«

Alle Mantren der Engel, die nun neben den Engelsiegelblumen folgen, sind ebenso wie diese Offenbarungen der Engel selbst.

Das Mantra des Engels ist zum lauten Sprechen gedacht. Empfehlenswert für das Sprechen der Mantren sind die Zeiten früh morgens nach dem Aufwachen und abends vor dem Einschlafen. So können einen diese Engel mit ihren Siegeln und Mantren das ganze Jahr über in einem selbstgewählten Turnus begleiten, auch wenn hier in diesem Buch die Anregung gegeben wird, in den Raunächten in eine intensive Arbeit und Wahrnehmung mit den Erzengeln in jener Form zu gehen, dass ich jeden Tag-Nacht-Rhythmus von einem der hier vorgestellten dreizehn Erzengeln begleiten lasse und ihn bitte, mich mit in sein Wirkensfeld zu nehmen.

Das laute Sprechen ist hierbei so wichtig, da die tönende Stimme ein Schwingungsfeld schafft, das seinen Abdruck im Äther lässt. So können es unsere geistigen Helfer leichter verstehen und »abholen«, um dann gemeinsam mit uns selbst an der Konkretisierung und weiteren Verankerung dieses Schwingungsfeldes bis ins Körperliche hineinzuarbeiten. Deshalb ist das laut gesprochene Wort bereits die erste Stufe einer konkreten Manifestation. So arbeiten wir gemeinsam mit den Engeln an ihrem Wirkensfeld, tauchen in ihre Kraft und wecken diese Kraft in uns. So bringen wir diese Kraft auf und in die Erde. Dies geht nur, indem wir sie durch unser Herz fließen lassen. So können diese Worte sich nur durch unsere Herzenskräfte entfalten, durch das menschliche Herz empfangen und weitergegeben werden.

Die Erzengel

Engelsiegelblume

Resonanzleib des Engels – aufgemalt von Ines Siri Trost im Herbst 2016

Das Mantra:
— vom Engel mitgeteilt —

Ich kehre ein in mein Herz
den heiligen Raum der Freiheit
der Öffnung der Hingabe
Friede sei mit mir und der Welt
und dies ist mein Schutz
in meinem täglich Wirken
ahnendes Fühlen
fühlendes Schauen
erkennendes Wandeln
verwandelnder Neubeginn
in jedem Augenblick
jeder Begegnung
fruchtbar und frei
inniglich
ewiglich

so sei es

Begegnung im Herbst 2016
Die Farben seines Schwingungsfeldes sind von innen nach außen in konzentrischen Sphären angeordnet: ein helles Gelb, das sich in ein immer kräftiger und wärmer werdendes Gelb verwandelt, bis es am Rand seines Felds in ein grünliches Gelb übergeht, dann folgt ein Ring von gelblichem Grün, Türkis, dunkel Türkis und wieder etwas hellerem Türkis. Jetzt wird alles von einem kräftigen, doch schmalen Ring von Ultramarin-Violett umspannt. Danach folgt ein ebenso schmaler zarter Ring von Fliederviolett, der in ein Rosa-Pfirsichblüt übergeht. Darum spannt sich ein gelbliches Grün, ein helles Türkis, ganz außen Himmelblau, in dem rosa Strahlen gebündelt und fächerhaft auftreten.

Der Engel spricht:

»Siehe ich begleite das innige Tun. Innigkeit beginnt im Herzen und hat mit dir, ganz und gar persönlich mit dir und deiner Wahrhaftigkeit zu tun, deiner Hingabe, deiner Liebe, deiner Weisheit, und dein Herz, das dies lebt, ist geschützt! Dafür sorge ich. Das begleite ich. Wenn dies genau so lebt und keimt, aus dem Herzen, rein und frei, dann ist der Schutz stark – sehr stark. Nur so entfaltet sich jede Begegnung mit den Wesen der Natur. Sie können sich nur einem innig fühlenden Menschen offenbaren, d. h. einem Wesen, das sein Herz öffnet und selber ganz darinnen ist, sich nicht zerstreuen lässt, ablenken lässt, ein Wesen, das den Rückzug in völliger Beweglichkeit und Freiheit kennt und inneren Frieden lebt im Einklang mit der Natur. So ist die Arbeit an und mit der Erde und den Wesen, die sie aufnehmen, mein liebstes Tun und Wirken und ich begrüße sie alle.

Es erstrahlt Schönheit von diesem Tun. Ihr schafft in ihm das, was ihr das Paradies auf Erden nennt. Anmutig, freudevoll erstrahlend, glänzend in einem friedvollen, zarten und lieblichen Schönheitserwecken öffnen sich die Tore unseres Zusammenwirkens. Damit meine ich die Tore zwischen den Reichen, die sich nur durch und während einer Aktivität von arbeitenden, tätigen Wesen öffnen können. Dann strömt Friede ins Herz. Dann öffnet sich ein Samen der Glückseligkeit, dann ist Einklang und Einmut, und das lässt die Menschen und Wesen von innen heraus in ihrer ganzen Schönheit erstrahlen.

Es geht also um die tätige, mit Innigkeit gelebte Handlung, die tägliche Arbeit, die bewusst all unsere Reiche verbindet. Es wirken doch in allem all unsere Reiche mit, ob Menschen mit Menschen arbeiten, also im Sozialen, denn dort wirken auch Elementarwesen, Engel und Sternenwesen mit, oder ob Menschen mit Tieren arbeiten. Auch dort wirken ebenfalls viele Wesen aus unterschiedlichen Reichen mit. Und dies ist im Übrigen ein völlig vernachlässigter Bereich im Menschenreich. Ebenso, wenn es um das Arbeiten und Ausarbeiten von Gesetzen, Strukturen und ähnlichen Dingen geht. Die Frage ist doch immer: Wie ist hier die Anbindung in das Menschliche und an das tägliche Leben im Weben des Miteinanders? Prädestiniert als Premiumfeld der Toröffnung zwischen den Reichen ist die Arbeit in der Natur, mit und an der Erde. Der Mensch, der dies vergessen hat, hat seinen Ursprung vergessen und die Verbindung zu seinen Quellen abgetrennt, nicht nur für sich selbst, auch für andere, und das ist das Schlimme! Wehret euch diesem Verfall! Geht und arbeitet am Land und nehmt die Muße dabei mit! Innigkeit lässt sich erfühlen und erstarken in all dem Wirken hier: mit Muße! Betrachtet das Wachstum einer Pflanze: den Keim zum Spross zur Blüte, den Flug einer Biene oder die Bildung einer Ameisenstraße oder das sich Öffnen einer Kastanienschale und das Herausfallen der glänzenden, reifen Kastanie. Inniglich bei der Arbeit sein heißt, ganz darinnen sein ohne Ablenkung, ohne Zerstreuung, ganz im Herzgeschehen: Herzfühlen, Herzdenken, Herzhandeln mit Freude. Innigkeit und Hingabe sind wie Bruder und Schwester, sind zwei Zweige desselben Stroms, oder, noch präziser formuliert: sie bedingen einander: Hingabe geht nur inniglich und Innigkeit geht nur hingebungsvoll.

Sie ergänzen sich, denn die Hingabe hat den sich öffnenden, empfangenden Anteil, die Innigkeit den aus sich heraustretenden Anteil! Sie schwingen mit einander wie...«

Ein inneres Bild zeigt sich mir hier: zwei Achter, die sich in der Mitte durchkreuzen. Bei dieser Fließform kann man im Überschneidungspunkt in der Mitte jederzeit eine neue Richtung einschlagen und in ein anderes Blütenblatt dieses »vierblättrigen Kleeblatts« schwingen. Man kann aber auch die jeweiligen Achter nehmen. Dann wird alles von einer Kreislinie umschlossen.

»Eure Arbeit am Land ist ein Geschenk für das Land. So kann auch gesagt werden: Deine Arbeit am Menschen ist ein Geschenk an und für den oder die Menschen!

Doch achtet bei allem, was ihr tut, darauf, dass die Muße bleibt, die Anmut in eurem Tun, die Innigkeit. Dann erstrahlt ihr darin und euer Strahlen steckt an.«

Engelsiegelblume

Resonanzleib des Engels – aufgemalt von Ines Siri Trost am 02.09.2010

Das Mantra:
— vom Engel mitgeteilt —

Ich grüße dich, Erzengel Uriel-Galahim
der du mich lehrst
im Schutz der Zeit voranzuschreiten
der du mich lehrst
dass Zeit ewig ist
jetzt und immerdar
ein einziger Strom der Gegenwärtigkeit
du legst schützend deinen Mantel um mich
der ewig fließende, strömende
und in deinem Schutz
bin ich wach
ganz wach
für das Licht und die Liebe in meinem Herzen
für die Ruhe und Stille
die im Urbeginn liegt
dem Urbeginn des ersten Augenblicks
des bewussten Seins
diese Urkraft des ersten Augenblicks
des bewussten Seins
liegt geborgen als Kraft der ewigen Erneuerung
der immerwährenden Verjüngung
aus Ewigkeit
in meinem Herzen
allgegenwärtig bist du
der Strom des ewigen Schutzes
einem Flügelschlag gleich
der spürbar wird im unendlichen Raum des Kosmos
umhüllt mich, umströmt mich
und ruft mich auf
hier zu sein
in der Liebe
im Licht

voll Urvertrauen
bin ich geborgen
um deine Begleitung bitte ich
Engel des Behütens und Bewahrens
und danke dir
so sei es
so sei es
so sei es

Begegnung vom 03.09.2010
Die Farben seines Schwingungsfeldes sind in konzentrischen Kreisen angeordnet von innen nach außen: Rosa, Gelb, Blau. Das Blau ist vornehmlich ein Indigo, in das ein Königsblau hineinschwingt.

Als sich mir am Vortag der Engel der aufblühenden Blume als allererster Engel in dieser Form jemals gezeigt hatte, war der Erzengel Uriel schon im Hintergrund mit anwesend und offenbarte sich ebenfalls in Bild und Wort. Er sprach auch für seinen, wie er ihn nannte, »Bruder«, den Engel der aufblühenden Blume. Seine eigene Botschaft und die des Engels der aufblühenden Blume fließen teilweise ineinander, denn so wie er selber sagt: sie arbeiten beide sehr eng zusammen.

So ist ein Teil seiner Botschaft bereits in meinem ersten Buch »Die Blumen der Engel« beim Engel der aufblühenden Blume zu lesen.

Ich bin diesen beiden Engeln so unsagbar tief dankbar und verbunden, denn sie sagen mir als erste schon das, worum es bei allen Engelbotschaften von allen Engeln immer wieder in unterschiedlichen Aspekten geht: Es geht um die Herzöffnung! Es geht darum, den Weg des geöffneten Herzens zu gehen, so wie es in dem wundervollen tibetischen Mantra *Om mane padme hum*, das ich Ostern 2012 kennenlernen durfte, in einer sich unendlich wiederholenden Melodie gesungen wird. Wörtlich übersetzt heißt es: »Siehe das göttliche Juwel in der Lotusblüte.« Taucht man aber tiefer in den traditionell tibetischen, religiösen Raum ein, so wird deutlich, dass der geöffnete Lotus immer die geöffnete Herzblume meint, in der wir Gott und uns selbst begegnen und sich Weisheit und Mitgefühl einen. Darum geht es! Das Göttliche und unser Selbst verschmelzen in diesem heiligen Ort des geöffneten Herzens, der geöffneten Herzblume, und es ist der Weg des Menschen! Diese Botschaft empfing ich durch die mir zu allererst leibhaftig erschienenen Engel, den Engel der aufblühenden Blume gemeinsam mit dem Erzengel Uriel.

Als sich mir nun an eben diesem Tag zum zweiten Mal der Erzengel Uriel näherte, spürte ich, wie sich hier ein mächtiger Engel zeigte. Seine Farben sind außen Indigoblau, innen Gelb und ganz innen Rosa, leuchtend und zart zugleich. Ich wusste erst nicht, wer er war, denn am Vortag sprach er aus dem Hintergrund und stand nicht so klar erkennbar in seinem eigenen Farbspektrum vor mir. Seine Farben schwangen immer wieder in die Farben des Engels der aufblühenden Blume mit ein. So begann ich:

»Ich grüße dich, wer bist du?«

Erzengel Uriel: »Ich bin der große Behüter und Bewahrer und ich lebe in der Stille. Bei mir ist Ruhe. Komm näher. Trete in die Stille ein.«

Ich trat ein und wurde wie umspült von einer wohligen, welligen Ruhe, Stille. Die Stille war unendlich tief und gehaltvoll.

Engel: »Was hörst du?«

Ich: »Ich höre einen Wassertropfen, eine Quelle, ein wohliges Glucksen und Plätschern.«

Engel: »Tauche ein in die Quelle. Tauche tief ein.«

Ich tauchte tief in die Quelle ein. Unten begegnete mir die Quelle als Wesen. Sie war weiblich; etwas sehr Zartes und Liebevolles ging von ihr aus, und mit großer Klarheit sah ich ihre Hände, die sich mir entgegenstrecken. Sie trugen einen Tropfen, der wie eine leuchtende Perle in der Muschel in ihren geöffneten Händen ruhte. Es war ein Lichttropfen. Sie reichte ihn mir, diesen wunderbaren Lichttropfen, der direkt in mein Herz schlüpfte und mit ihm ein Leuchten und unsagbare Freude. Mein Herz erstrahlte.

Ich bedankte mich bei der Quelle und tauchte mit Leichtigkeit wieder auf. Als ich meinen Kopf aus dem Wasser streckte, erlebte ich ein einziges Leuchten, so als wäre mein Haupt eine Sonne und würde in die Welt hinaus strahlen. Ebenso strahlte mein Herz und die ganze Welt, alles strahlte und leuchtete.

Engel: »Wenn du etwas bewahren willst, führe dasjenige oder denjenigen zur Quelle. Es ist die Urquelle. Licht und Leben werden sich daraus ergießen und das Wasser dich schützend und klärend umspülen. Du kannst jederzeit hierherkommen, immer wieder.

Ich bin Galahim

Du darfst jetzt malen gehen!«

Dies war das erste Mal, das der Engel seinen Namen aussprach neben seiner Benennung als *»Bruder des Engels der aufblühenden Blume«*. Erst im Nachklang offenbarte sich der Engel als Erzengel Uriel. Er sagte, er wäre aber bei den Menschen etwas in Vergessenheit geraten.

Wie ich diese Zeilen, die ich am 03.09.2010 handschriftlich festhielt, zwei Jahre später am Computer abtippte, war ich doch etwas verwirrt: Wie kommen diese beiden Namen »Uriel« und »Galahim« zusammen? Ich ging also anhand des Siegels mit dieser Frage noch einmal zu jenem Engel und er erklärte mir:

»Siehe ich bin der, der dir schon einmal erschienen ist. Damals habe ich gesagt, ich bin ›Galahim‹. Das ist mein alter Name, den mir die Menschen gegeben haben. Es ist ein Kraftname, der an den Ursprung der Zeit zurückgeht.
Wenn du ihn aussprichst mit einem geöffneten Herzen, berührst du mich
auf einer tiefen Ebene. Die Tiefe liegt bei dir als Mensch, wir Engel können
sowieso immer nur ganz oder gar nicht in Beziehung, in Begegnung treten.
Das Oberflächliche oder Teilweise ist eine menschliche Eigenschaft! So wisse, ›Galahim‹ ist eine Verbindungsebene, die ihr Menschen mit mir geschaffen
habt, die sehr tief geht. Ja, es ist richtig, ich bin ein Erzengel. Alle Erzengel
haben alte Kraftnamen: ›Gabriel‹, ›Michael‹, ›Uriel‹, das sind neuere Namen,
die ihr uns gegeben habt. Siehe, es sind nur Namen. Ich habe mich mit dem
Namen ›Engel des Behütens und Bewahrens‹ vorgestellt und dies ist einer
meiner Wirkensbereiche, einer meiner Aspekte. Nenne mich ›Galahim‹ und
du rufst den Aspekt und die Handlungsebene des Behütens und Bewahrens
auf. Dies ist eine Schutzebene, die Teil meines Wirkensfeldes als Erzengel
Uriel ist.«

Damals, bei meiner ersten Begegnung mit ihm, war mir sofort klar, dass der
Weg, den er mich führte, der Weg zur Quelle im Ort der Stille, eine innere
Übung ist so wie die Imagination der aufblühenden Blume im eigenen Herzen, die jeder Mensch als inneres Bild immer wieder in sich aufrufen darf, um
Kraft zu schöpfen. Die »Quellenmeditation«, wie ich sie hier nennen möchte,
und die Imagination der aufblühenden Blume im eigenen Herzen sind beides
kräftige, stärkende innere Reisen, die wir meditativ in Versenkung oder einfach
nur als kurzes Bild mitten im Alltag in unserem Wachgeschehen denkend und
fühlend in uns lebendig werden lassen können. Es sind Kräfte der Erneuerung,
Urbilder, Urkräfte, Wahrheiten des Lebens und so real wie meine Hände oder
meine Füße!

Engelsiegelblume

Resonanzleib des Engels – aufgemalt von Ines Siri Trost im April 2016

Die Mantren:
— vom Engel mitgeteilt —

Im Herzen die Liebe
in Licht erstarkend
geschützt und getragen
im geistigen Urgrund
der mich sicher
meine Wurzeln
fühlen lässt
und wachsen lässt

so sei es

Ich tauche ein in meinen Strom
wage es, mit ihm zu fließen
mich zu ergießen
über Schwellen hinaus
um zu leben
das Wunder der Schöpfung
im Neuerstehen
in Liebe und Licht

so sei es

Dunkelheit, in deiner Wärme
atme ich
Dunkelheit, in deinem Schutz
gebäre ich
das Licht der Verwandlung
und weiß es sicher getragen
auf dass es gebiert die Liebe
die ewige
in der ich selber bin

so ist es
ich danke von Herzen

Seine Botschaft

Begegnung im April 2016
Die Farben des Schwingungsfeldes des Erzengels Phanuel sind von innen nach außen in konzentrischen Sphären angeordnet: ein zartes, durchlichtetes Rosa, das innen seine hellste Färbung hat, einer Öffnung gleich, dann ein lichtes Gelb, das mit warmen Gelbstrahlen durchzogen ist, und in dem rosa Keime liegen. Die warm-gelben Strahlen durchleuchten den violetten Ring, der sich um das Gelb legt und scheinen sogar bis in den großen, blauen Bereich hinein, der sich nun mächtig um alles legt und von Ultramarin, über Preußisch-Kobalt bis hin zu Türkis aufgliedert. Es gibt für sich stehende, keimähnliche fliederviolette Erscheinungen im Blau in der Nähe des violetten Rings und gelbe, punktuelle Flicker im Außenbereich der türkisen Strahlen.

Der Engel spricht:

»Siehe ich bin jener, der das Licht und die Liebe in der Dunkelheit hütet.
Hüte du dich, nicht unrechte Namen für mich und für den Bereich, in dem ich wirke, zu nutzen, denn das Aussprechen von Namen hat eine große Kraft: so ist Dunkelheit in keinster Weise die Abwesenheit von Licht, so wie es die Finsternis ist!
Dunkelheit birgt viel Licht. Es ist das, wie Menschen es nennen, ›innere Licht‹; das Licht, welches sich auch am Ende eines Tunnels zeigt; das Licht, das in jedem Keim schlummert, der aufblühen wird. Es ist ein sanftes, weiches Licht, das dich, Mensch, mit deinem Ursprung verbindet. Es ist lieblich, zärtlich, unantastbar, heilig und wie Vater und Mutter. Es ist deine Kraft, Vater und Mutter wirken zu lassen und dich selbst als Kind anzunehmen, Kind sein zu dürfen. Das heißt nun auch: wachsen zu dürfen!

Ich bin jener, der die Menschen durch die Dunkelheit führt, wenn sie ihr Licht mit unserem, dem der Engel, verbinden wollen. Für einige Seelen ist dies wie ein Tunnelerlebnis im Moment des Todes ihres physischen Leibes.
Es gibt allerdings auch die Situationen, in denen sich beim Tode des physischen Körpers für eine Seele sofort nur Licht offenbart, ohne Tunnelerlebnis, sodass die Seele gleich im reinen Licht darinnen steht.
Viel markanter ist der Weg durch ein Stück Dunkelheit, so erlebt es die menschliche Seele zumindest, wenn sie sich neu inkarniert: der Weg aus den kosmischen Welten, ihrem rein geistig-seelischen Zustand zur Erde hin und in einen leiblichen Körper hinein.

Ich bin dann jener, der die Schicksalsfäden wieder aufnimmt und weiter-
spinnt, der den Seelen Zuversicht zuspricht und ihnen ein Gefühl von zu Hause
einpflanzt, damit sie auf genau ihr zukünftiges zu Hause sicher zusteuern kön-
nen, jenen Ort und jene Eltern finden, welche herfür auf der Erde einen guten
Start bieten und der sich neu inkarnierenden Seele helfen, sich in ihrem urei-
gensten Strom zu entfalten.

Ich bin auch jener Engel, der die Seelen immer wieder an ihren ureigenen
Strom ihrer Herkunft erinnert! Auch dann, wenn sie es vergessen haben. Das
sind dann Situationen, in denen die Seele aus ihrem kontinuierlichen Entwick-
lungsstrom herausfällt. Menschen werden krank in solchen Zuständen, erst
ihre Seele, dann ihr Körper. Wir Engel sprechen allerdings nicht von ›seelisch-
krank‹ – jetzt habe ich im letzten Satz wie ein Mensch gesprochen – wir sa-
gen auch nicht: ›Krankheit hat seelische Ursachen‹, so wie ihr Menschen es
ausdrückt. Die Seele kann nicht krank sein, sie kann nur verirrt sein, verwirrt,
blockiert, verhindert, es können ihr ›die Flügel gestutzt‹ sein, sodass sich eine
Krankheit körperlich manifestieren kann. Die Ursache liegt dann aber nicht in
der Seele, sondern in Fremdkräften, welche die Seele einengen. Du, Mensch,
sollst dir immer das innere Bild einer vollkommenen Seele erhalten, die reinen
Lichts und reiner Liebe ist, so wie es dir mein Schwingungsbild im Kern zeigt:
ein Rosa, von Licht umhüllt, Rosa und Gelb, helles Gelb also!
Und weil die Seele vollkommen ist, macht sie dich auf ein Ungleichgewicht
aufmerksam, das vorherrscht, wenn du krank wirst!
Sie zeigt dir ihre Blockaden und Eingeschränktheiten genau! Du, Mensch,
darfst wieder lernen, an ihre Vollkommenheit zu glauben und daran zu arbei-
ten, ihre Einschränkungen zu beseitigen! Es gibt in der Tat Seelen, die sehr ge-
schwächt wurden durch die vielen Einschränkungen, die sie erfahren mussten.
Diese Seelen müssen wieder gestärkt werden. Auch dies geht im ersten Schritt
gut mit den Farben Rosa und hellem Gelb, durch Liebe und Licht.

Ich bin ein Torengel für die Menschen. Ich begegne ihnen also als einer jener
Engel, die ihr Erzengel genannt habt. Ebenso bin ich in den Sphären zu Hause,
in die ihr die Serafim eingegliedert habt. Wir Engel stellen uns ja durchaus auf
eure menschlichen Einteilungen ein. Unsere Freiheit erlaubt uns das. ›Freiheit‹
ist hier im Sinne von ›Können‹ zu verstehen, Souveränität durch spielerisch
angewandtes, sicheres Schöpfertum. Wir stehen hier im Dienst, vor allem im
Dienste des Menschen, der eine völlig neue Qualität von Freiheit für den allge-
meinen kosmischen Entwicklungsplan für all unsere lichtvollen Reiche bringt:

Zunächst einmal kann er von uns Engeln lernen und Freiheit im Sinne von spielerisch gelebtem Können in einer Handlungssouveränität innerhalb seines Aufgabenfelds ausüben. Dann hat der Mensch aber die unsagbar große Freiheit, aus seinem Aufgaben- und Handlungsfeld herauszutreten und sich immer wieder neu willentlich in völlig ungekannte ›Felder‹ und ›Welten‹ zu begeben.

Es gehört Willen und Mut dazu, und wir Engel schützen ihn dabei! Einer jener, der besonders an diesem mutigen, willentlichen Schritt in neue Welten für den Mensch beteiligt ist und ihn mit seinem Schutz begleitet, ist der Erzengel Michael! Wir beide, er und ich, wirken an den beiden ›Polen‹, den zwei ›Enden‹, sich gegenüberstehenden und sich ergänzenden Bereichen innerhalb dieser Entwicklung der menschlichen Seele zur Freiheit hin. Wir wirken darin Hand in Hand: stehe ich in jenem Bereich, der den Menschen an seine Wurzeln erinnert, an seine Heimat, an seinen ureigensten Ursprung, so begleitet der Erzengel Michael die Seelen in neue Welten, erinnert sie, dass Entwicklung nur möglich ist, wenn sie sich trauen, Ungekanntes, Ungewohntes zu ergreifen. Beides ist wichtig, um in Entwicklung zu gehen: das Sich-zu-Hause-fühlen um zu erstarken und das Sich-ins-Ungekannte-wagen um den Moment der Freiheit in eine neue Dimension, die Dimension der Schöpfung im Sinne der sich durchdringenden Reiche, zu erlangen – durch Verantwortung und Gnade! Dies ist die segensvolle Freiheit, die alle Wesen des Kosmos für ihre Entwicklung und die Entwicklung ihrer Heimat brauchen und für die der Mensch ein Bindeglied, eine Keimzelle darstellt, von der aus er in den Kosmos getragen wird!

Während die Engel sich zwar innerhalb der unterschiedlichen Aufgabenfelder der jeweiligen Engelssphären frei bewegen können, bleiben sie doch in ihrer Engelwelt zu Hause. Ihr Wirken auf der Erde ist wie ein Besuch. Er dient dem Menschen und geht auch nur mit und durch ihn. So bleiben die Engel immer in der Engelwelt zu Hause und die Elementarwesen bleiben in ihrer Elementarwesensphäre. Der Mensch aber ist in all diesen Welten zu Hause, ja wirklich **zu Hause**. Das mach dir mal deutlich! Er ist ein Verwandlungskünstler und dies ist seine fundamentale Freiheit! Menschsein heißt, mehrere Beheimatungen zu haben: er ist in der Engelwelt ebenso zu Hause wie in der Elementarwesenwelt und in der für ihn bereiteten Erdenwelt und er ist gerade dabei, auch zu erkennen, dass er überdies eine Beheimatung in der Sternensphäre und eine gewisse Verwandtschaft zu mindestens einem Sternenvolk hat!

Die Bienen sind übrigens jene Wesen, welche helfen, genau jene Verbindung zu den Sternen-Sphären für den Menschen aufrechtzuerhalten. Das ist eine ihrer derzeit wichtigsten Aufgaben! Sie stellen das Sternenbewusstsein für den Menschen wieder her, das für ihn ebenso wie seine Beheimatung durch Verwandtschaft im Elementarwesenreich sehr in Vergessenheit geraten ist.

Ich bin nun jener, der hilft, diese vielfältigen, lichtvollen Durchdringungen all unserer Reiche durch den Menschen zu begleiten!

Ich bin auch jener, der jedem einzelnen Menschen dabei hilft. Das ist eine unglaublich schöne Aufgabe, die mir große Freude bereitet, denn die Seelen der Menschen entfalten sich hierbei einer Blume gleich. Und ihr Duft strömt weit hinaus und nährt im Äther die Lichtwesen, jene, die ihr ›Sylphen‹ und auch ›Lichtfeen‹ genannt habt. Letztere stellen im Lichtäther eine Verbindung zwischen Licht-Elementarwesen, den Sylphen, und den Engelwesen her. Ihr Menschen stellt im irdischen Plan eine Verbindung von Elementarwesen und Engeln dar. Manchmal sind jene lichten Feengestalten, die von Menschen wahrgenommen wurden, für Engel gehalten worden.

Ich will noch einmal auf jene Begleitung blicken, die ich den Menschen schenke, ganz besonders in meinem Wirken als ›Serafim‹. Ich helfe, Erinnerungen an frühere Leben zu schaffen. Ich verwehre auch den Blick in frühere Leben, wenn der Mensch noch nicht in der Verantwortung steht, damit umgehen zu können. So bin ich gleichzeitig jener, der den bewussten Strom des Schauens der eigenen Entwicklung durch die Leben enthüllt und verhüllt. Mal ist das eine wichtig, mal das andere! Ich arbeite also auch mit jenem Engel zusammen, der sich dir als ›Engel des Erdenichs‹ gezeigt hat, und der auch in frühere Erdenleben Einsicht schenken kann! Eine Schlüsselinkarnation liegt für viele der heute lebenden Menschen in der Zeit des ausgehenden Atlantis. Diese beiden Zeiten, das ausgehende Atlantis und heute, liegen in einem tiefen Zusammenhang. Beides sind Zeiten großer Umbrüche und Veränderungen, beides Zeiten, in der die lichtvolle Durchdringung all unserer Reiche gewollt ist und ins Bewusstsein der Menschen kommen soll!

Ich bin Zeitenverbinder.

Ich kann die Erde erbeben lassen.

Ich kann die Erde zusammenhalten!

Immer gehe ich mit dem Menschen. Ich bin mit seinem Schicksalsweg innigst verbunden. Der Mensch kennt mich und ich kenne und liebe ihn. Der Mensch kennt das Licht in der Dunkelheit und den Liebeskeim, der in ihr schlummert und ihre Wärme für sein Wachstum trinkt.

Ich geleite die Seelen von der rein geistigen Welt in die irdische Welt und zwar insbesondere jenes Stück, in dem ihr schon die Erdensphäre erreicht habt

und in ihren Dunstkreis schreitet. Dann geselle ich mich zum Erzengel Michael, der für den gesamten Weg ein wichtiger Begleiter ist. Michael geleitet die
Seelengeistwesen auch vor allen anderen wieder zurück in die rein geistig-see-
lische Welt. So wirken wir gemeinsam, und wir beide begleiten die Menschen-
seelen sehr eng auf der Erde. Michael tut das aktiv ich tue dies still und sanft.
Michael weckt auf, ich sorge oft für euren Schlaf, auch jenen Schlaf, in den ihr
fallt, bevor ihr auf die Erde kommt. Michael geleitet euch wach. Ich geleite euch
wiegend, singend, ihr dürft auch hin und wieder schlummern, träumen und vergessen. In dieser Epoche eurer Entwicklung braucht die Menschenseele noch
beides. Sie darf das wache Träumen kultivieren. Das ist tatsächlich sehr heilbrin-
gend für die menschliche, inkarnierte Seele.«

Engelsiegelblume

Resonanzleib des Engels – aufgemalt von Ines Siri Trost im Mai 2016

Die Mantren:
— vom Engel mitgeteilt —

Liebe öffne mein Herz
für die Zartheit, die das Leben nährt
Liebe stärke mein Herz
für den Mut, den das Leben gebiert
Liebe lehre mich
immer bei mir zu sein
damit ich stark und zart das Leben schütze und gebäre
voll Zuversicht, voll Freude
im Sinnesreigen, Sinnerkennen
so wird Begegnung Sinnerleben
Sinnesschaffen
so tret' ich ein ins Liebes-Schöpfertum

so sei es

In meinem Herzen ist Licht
ist Liebe
in meinem Herzen
ist der Ursprung des Seins
mein Herz ist ein Tor der Schöpfung
so webet fühlend Licht
und öffnet neue Tore
neues Sein
im Innern und im Außen
und dazwischen
mutig liebend

danke

Begegnung im April und Mai 2016
Die Farben des Erzengels Amael sind von innen nach außen in konzentrischen Sphären angeordnet: ein helles, strahlendes und lichtes Gelb, das zart in ein warmes Orange übergeht. Das Orange schwingt ins Pfirsichblüt und steigert sich zu einem kräftigen, satten und dunklen Orange. Dieses schwingt wieder in ein zartes, warmes Pfirsichblüt-Orange zurück, das sich nun nach außen hin immer mehr aufhellt und in ein helles, von Licht durchwirktes Rosa schwingt. Dieses verdichtet sich bis ins Magentafarbene. Alles wird ganz außen von einem satten und leuchtenden Gelb umrahmt, in dem zwölf orangefarbene, dreiblütige Flämmchen mit rosafarbenen Feuerkrönchen sitzen. Im Zentrum wird die Zwölfheit, die dem Schwingungsbild innewohnt, ebenfalls farblich noch einmal durch zwölf orangene Punkte, die wie Keime im inneren Orangering sitzen, hervorgehoben. Innerhalb des Rosas, das von Licht-Weiß durchwirkt ist, schimmert ein ganz zartes, strahlenförmiges Flieder-Blau mit, so zart, dass es nur durch die eigene innere Aktivität des Betrachters erlebt werden kann.

Der Engel spricht:

»Was heißt ›liebend‹?

Liebend ist ein Seinszustand, der alles durchdringt, und er ist ein fundamentales ›Ja‹! Liebe heißt Ja sagen. Liebe lebt ganz im Seinszustand des Jas und hebt jede Dualität auf.

Wie ist das mit der Begegnung zu verstehen? Der ›Andere‹, das ›Gegenüber‹ wird also nicht mehr als ›anders‹ oder ›gegen‹ verstanden. Er/sie oder es wird aufgenommen in den eigenen Schwingungsleib. Freilich geht das auch, ohne dabei das Eigene zu verlieren. Das ist die hohe Kunst: Das Eigene sogar im Erleben des Anderen noch deutlicher erkraften zu lassen, erstarken, erleuchten, und das Andere/den Anderen mit in sein Leuchten zu nehmen. Das ist die Übung: durch sein eigenes Leuchten das Leuchten des Anderen abzutasten. Durch das Abtasten des Leuchtens kommen beide Leuchten, das eigene und das des anderen, in Schwingung. Es entsteht ein Resonanzraum. Dieser schafft ein neues Leuchten, das eine dritte Qualität ist zu den zwei Ursprungsleuchten. Dieses dritte Leuchten, das die liebende Begegnung ist, schafft ein sanftes Licht, ein Licht der Wärme, der Entfaltung und der Zuversicht, ein Licht der Seelennahrung und des Schöpfertums, ein Licht des Liebeslebens und des Neubeginns. Dieses Licht bleibt im Äther.

Auch wenn die zwei, aus deren Resonanz es entstanden ist, wieder auseinander gehen.

›Die zwei‹, das können zwei Menschen sein oder ein Mensch und ein Elementarwesen, ein Mensch und ein Bien, ein Mensch und jedwedes andere Wesen, das ein Leuchten hat, ein inneres, lichtvolles Leuchten, das kann sogar ein Mensch und ein Ort, eine Landschaft, sein! Alles im Miteinander einer liebenden Begegnung schafft neue Lichträume, Lichtkörper, Lichtäther, je nach Art der Begegnung. Es können sogar Licht- und Wärmewesen geschaffen werden. Begreifst du, welche Schöpferkraft hierin liegt?!

Der Herzensraum ist jener Ort der Kraft dieser Schöpfung. Trittst du als Mensch in eine liebende Begegnung, so geht das nur mit geöffnetem Herzen. Begegnen sich zwei geöffnete Herzen, so wird ein neuer Herzraum geschaffen, ein Ätherherzraum. Dieses Ätherherz ist dann die Wiege für neue Licht- und Wärmewesen, die geboren werden durch die liebende Begegnung.

Begegnung ist eine Tätigkeit.

Befindet sich diese Tätigkeit innerhalb des gerade beschriebenen Seinszustands des Liebens oder der liebenden Aufmerksamkeit, der liebenden Hingabe, der liebenden Wachsamkeit, so können durch diese liebende Seelenqualität der Begegnung erst ein Ätherherz und dann Lichtwesen geschaffen werden, deren erster Nährboden dieses Ätherherz ist.

Liebende Begegnung ist Herzraumarbeit, ist Schöpferarbeit, ist Licht- und Wärmewesengeburt, ist Wärmeätherschöpfung.

Umgekehrt ist Herzraumarbeit die Voraussetzung für liebende Begegnung. Damit meine ich, bereits bestehende Herzräume zu erfühlen und sich im ›Ja‹ zu üben, den eigenen Herzraum mutig zu öffnen und dabei ganz bei sich selbst zu bleiben. Je mehr du den eigenen Herzraum öffnest, umso mehr kannst du den eines anderen erfühlen. Tut er gleichzeitig dasselbe, entsteht ein Ätherherz, die Wiege neuer Licht- und Wärmewesen, die aktiv dazu beitragen, das Licht und die Wärme bis ins Physische auf der Erde zu stärken, zu halten, zu mehren.«

Energieflussübung Herzraum

Es gibt drei Übungen, welche mir der Erzengel Amael zeigte, um in die Wahrnehmung und Stärkung des eigenen Herzraums zu kommen. Gleichzeitig sind es die Übungen zur Öffnung, Ausbildung und Nährung des Herzchakras. Sie können einzeln oder im Fluss hinter einander in dieser Reihenfolge durchgeführt werden. So empfiehlt es der Erzengel Amael.

I. Übung, um die Kräfte des Ursprungs und der Verwandlung im Herzen ins miteinander Schwingen zu bringen, den Herzraum zu weiten und Übung des Segnens

Die rechte Hand liegt mit der Handinnenfläche auf dem Herzen mit den Fingern schräg nach oben. Die linke Hand liegt auf dem Rücken auf der Herzhöhe ihr genau gegenüber und mit der Handinnenfläche zum hinteren Raum geöffnet.
Ich baue eine Verbindung zwischen den beiden Handflächen auf und fühle die Wärme, die hin und her fließt. Dabei nehme ich bewusst aus dem hinteren, dem kausalen Raum, Impulse auf. Es sind Impulse der Schöpfung, der Urbedingungen des Lebens wie Liebe und Licht, Zartheit und Geborgenheit. Dort kann ich viel von dem erfühlen, was mich ausmacht und was in alles, das lebt und sich entwickelt, geflossen ist. Ich kann die Urkraft des Lebens erfühlen … Alles, was ich an Urkraft aus diesem hinteren, dem »begründenden« Raum in meiner Handinnenfläche empfange, lasse ich durch sie hindurchströmen, durch mein Herz in die rechte Hand hinein. Diese nimmt all dies auf und gibt nun ihrerseits etwas zurück: einen Willensimpuls zum Handeln, eine Freude, die im Tun begründet liegt. So einen sich beide Schöpferimpulse im Herzen. Es entsteht ein Resonanzraum zwischen beiden Händen. Dieser schwingt ganz im Augenblick, in der Gegenwart. Vergangenheit und Zukunft werden ersetzt durch »was mich ausmacht« und »wie ich wachse«. Beides schwingt auf beiden Seiten hin und her.
Wenn ich diesen Resonanzraum zwischen beiden Händen spüre, hebe ich die rechte Hand von meiner Brust, bis der Arm einen Bogen vor mir bildet.
Ich weite damit den Herz-Resonanzraum.
Nun nimmt die linke Hand bewusst das Geschenk des Ursprungsraumes auf, umschließt es sanft, während sie sich im Bogen nach vorne bewegt und auf die rechte Hand legt. Beide Arme bilden nun vor der Brust einen Halbbogen und die Hände liegen aufeinander, die rechte Hand innen. Ich lasse bewusst das Geschenk des Ursprungsraumes von meiner linken Hand durch die rechte in den erweiterten Herzraum, den meine Arme vor meiner Brust bilden, fließen und in mein Herz.
Nun führt der rechte Arm die rechte Hand im Bogen nach hinten. Dort legt sie sich mit dem Handrücken auf Herzhöhe auf den Rücken. Nun wiederhole ich den Vorgang mit der rechten Hand, der zuvor durch die linke Hand und den linken Arm ausgeführt wurden, bis beide wieder ineinander und im Bogen der gespannten Arme vor der Brust liegen. Die linke Hand liegt nun innen.
Ein drittes Mal wiederhole ich den Bogen mit der linken Hand nach hinten auf den Rücken. Diesmal sende ich bewusst ein Herzgeschenk durch meine Hände in den hinteren Raum.

Jetzt vollziehen beide Hände und Arme den Bogen noch zweimal gleichzeitig, dann noch einmal die linke Hand allein, sodass jetzt wieder beide Hände ineinander vorne liegen. Ich verweile bewusst einen Augenblick in dieser Stellung. Dann öffne ich sie kraftvoll und schnell und führe meine Hände mit geöffneten Armen in die Weite, die Handinnenflächen erst leicht nach oben, dann sich wendend nach unten zur Erde geneigt. Mit der schnellen Öffnung geschieht die Öffnungsgeste sehr bewusst und aktiv, so kann ich ein Geschenk des Himmels in meinen geöffneten Arme empfangen und davon weiter fließen lassen zur Erde, in dem ich meine Hände nun mit ihren Innenflächen zur Erde neige und zu ihr eine Verbindung aufbaue. Ich segne die Erde. Dabei fühle ich wie durch das Zentrum meines Handrückens Licht vom Himmel zur Erde strömt.

II. Übung zur Öffnung und zum Schutz des Herzraumes

Beide Hände nehmen miteinander vor dem Herzen eine Gebetshaltung ein, die Fingerspitzen zeigen nach oben. Langsam öffnen sich beide Hände. Sie bewegen sich auseinander bis sie die erste Schwelle des eigenen Herzraums fühlen (etwa eine Handlänge voneinander entfernt). Dort verweilen sie kurz. Dann bewegen sie sich weiter bis ich die zweite Schwelle des eigenen Herzraums fühle (etwa drei Handlängen auseinander). Dort verweile ich wieder. Dann lasse ich die Hände ins Schwingen kommen durch sanftes wie modellierendes Hin- und Herbewegen. Ich setze diese Bewegungen auch im hinteren Raum fort und stelle mir dabei Flügel vor, die gleich meiner Arme vor dem Herzen auch hinter dem Herzen diese Bewegungen vollziehen. In dem Moment, in dem ich das tue, werde ich merken, dass sich meine Ellenbogen stärker in den hinteren Raum heben und senken.
Ich lasse diese Bewegung in die Geste der erhobenen Arme übergehen. Dann führe ich Arme und Hände zum Herzen zurück und lasse meine Hände vor dem Herzen eine Mandorlaform bilden. Als Abschluss lege ich beide Hände unter dem Herzen zu einer Schale ineinander.

III. Übung, den Herzraum mit der Welt und die Welt mit dem Herzraum zu verbinden; Versöhnungsübung

Beide Hände ruhen nebeneinander, die Fingerspitzen schräg nach oben zueinander geneigt auf dem Herzen. Ich verbinde mich in Liebe mit meinem Herzen. Wenn die Liebe groß genug ist, etwas davon abzugeben und sie fließen zu lassen, gehe ich in eine eurythmische »L«-Bewegung über, *ich umschreibe also einen großen Kreis um mich herum mit ausgestreckten Armen.* Dabei nehme ich die Kräfte des Himmels und der Erde wieder mit zu meinem Herzen und schenke gleichsam Himmel und Erde von dem Licht und der Liebe, die durch mein Herz fließen. *Ich nehme beide Hände übereinanderliegend wieder zu meinem Herzen.* Ich fühle die Innigkeit mit mir selbst und der Welt. Ein leichtes und von Herzen kommendes Verneigen durch Kopf und Oberkörper verströmt eine Kraft der Vergebung, des Friedens und der Hingabe. Diese Geste bestätigt den Weg des Herzens.

Eurythmische Übungen

Weiterhin macht uns der Erzengel Amael noch einmal sehr deutlich darauf aufmerksam, welche enormen Ätherkräfte im Laufen seiner Fließformen freigesetzt werden können, wie sie im Siegel aufgezeichnet sind. Diese Anregung ist im Vorspann zu allen Siegelblumen gegeben: Die gezeichneten Fließformen im Bild sind wie eine Choreographie zu verstehen und sie mit einer Gruppe von Menschen gleichzeitig eurythmisch zu erarbeiten. Ebenso kann man die Formen auch allein für sich im Raum abschreiten und im Nachklang einmal in sich hineinspüren,

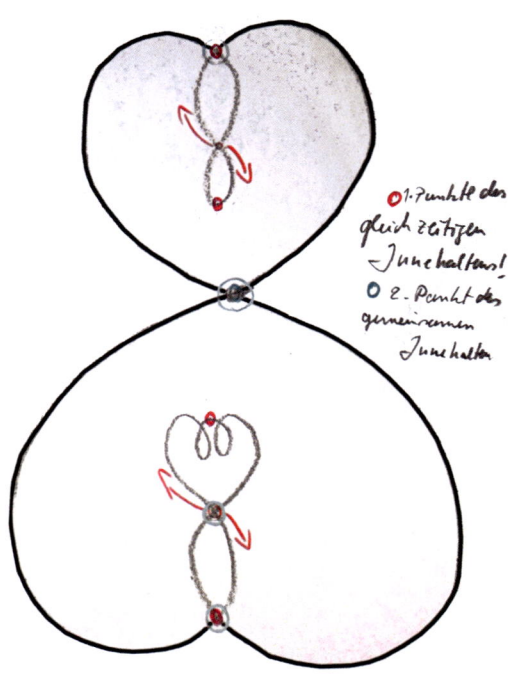

welche Resonanz es im Innern und im Erleben des eigenen Umfelds auslöst! Ich möchte hier anhand nur eines Formelements aus dem Siegel deutlich machen, wie komplex das Ganze mit mehreren Menschen gleichzeitig werden und zu einem großartigen künstlerischen Gesamterlebnis wachsen kann.

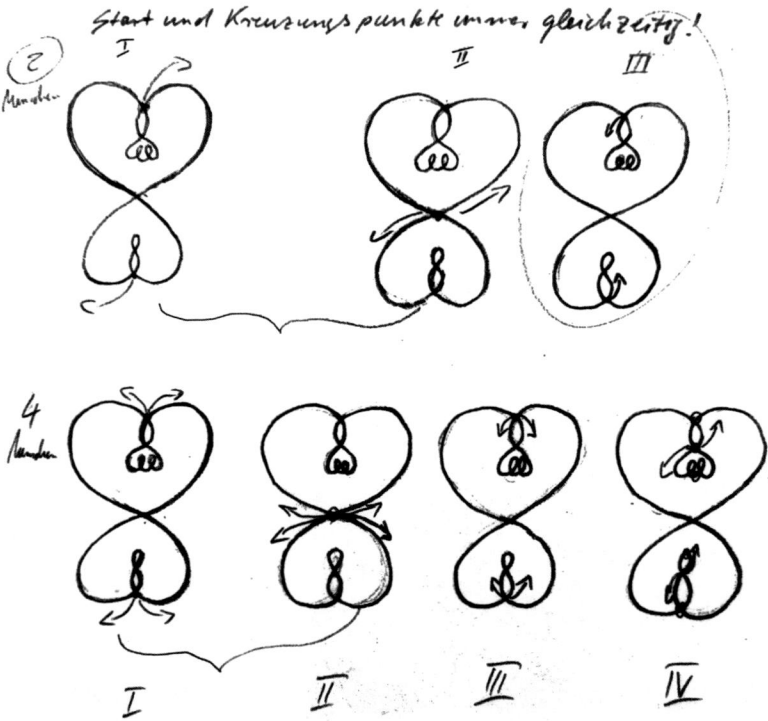

Segmente aus der Fließform des Erzengels Amael als choreographische Anleitung

In diesem Formensegment starten vier Menschen gleichzeitig in Richtung der Pfeile. Hier kann man durch unterschiedliche Tempi der einzelnen Schreitenden den schönen Moment erreichen, dass alle vier Menschen im gleichen Augenblick innehalten und eine Reihe bilden! Den Punkt des ersten Innehaltens kennzeichnen die roten und des zweiten Innehaltens die blauen Punkte. Man muss dies wirklich einmal in einer Gruppe von Menschen ausprobieren, um die enorme Wirkung und Resonanz im Ätherischen dieser Bewegungen am eigenen Leib zu spüren und darüber hinaus wahrzunehmen, wie sich unsere Freunde aus der Elementaren Welt dazugesellen. Durch Übungen dieser Art fühlen sie sich sehr angeregt und eingeladen!

69

Erzengel Siboel Shaha,
Engel der Begegnung

Engelsiegelblume

Resonanzleib des Engels – aufgemalt von Ines Siri Trost am 14.04.2014

Das Mantra:
— vom Engel mitgeteilt —

Begegnung, ich nehme dich an
und ich will dich leben
bewusst und offen im Herzen
hingebungsvoll und dankend
dass du meine Schule bist
der Schöpfung

So sei mein Leben Begegnung
durch Liebe und Licht
Begegnung aus Achtung und Achtsamkeit
und singend will ich der Welt begegnen
lobend, preisend ihre Schönheit
und dankend für eben dies
für die Begegnung mit dir
oh, Schöpfer
in mir

Begegnung vom 14.04.2014
Die Farben des Schwingungsfelds des Erzengels Siboel Shaha sind von innen nach außen in konzentrischen Sphären: ein helles Gelb, dann Himmelblau in Weiß übergehend, umspannt von einem kräftigen Violett, das von Brombeere bis Blauviolett reicht und außen in ein fast Ultramarinblau übergeht. Dieses Blau-Violett ist außen von Weiß durchstrahlt.

Der Engel spricht:

»Siehe, du kennst mich gut, lasse fließen die Liebe im Herzen und alles, alles offenbart sich dir in seiner Qualität des Wunders und des Wunderbaren! Jeden Augenblick als ein Geschenk des Himmels zu begreifen, indem ein Wunder geschehen kann, ist die Grundvoraussetzung dafür, dass eine Augenblicksbegegnung sich ereignen kann, und das ist das, was ihr Menschen Wunder nennt. Eine Augenblicksbegegnung ist eine Initialzündung und ein Tor zur und aus der Ewigkeit, ein Funken Unendlichkeit. Jeder, der eine solche Initialzündung – sprich: ein Wunder – schon einmal erlebt hat, trägt diese Botschaft in seinem Herzen gespeichert: Alles ist ewig! Auch die irdische Endlichkeit im Leiblichen ist in seinen mannigfaltigen Verwandlungsstufen ein Ausdruck der Unendlichkeit, der Unsterblichkeit der Seele. Dann öffnen Wunder für euch Menschen den Blick in die Ewigkeit.

Wenn du dich also auf Initialzündungen, auf ›Augenblicksbegegnungen‹, einlässt, dann erlebst du das Wundervolle in der Schöpfung und das Zeitlose, ich müsste besser sagen: das Zeitvolle. Was heißt es wirklich, einem Stein zu begegnen, einer Blume, einem Reh, einem Raben, einem Baum, einem anderen Menschen?

Siehst du, es ist der Raum dazwischen, den du mit deiner Seele belebst, der zum lebendigen Schwingungs- und Schöpfungsraum wird. So sind diese Initialzündungen Momente der Einweihung, der Initiation. Wenn du den Funken, der dir da geschenkt wird, der da zu dir überspringt von deinem Gegenüber, und den Raum dazwischen als Erleuchtungsraum ergreifst, als Initiationsraum, wenn du diesen Funken in dein Herz lässt, dann merkst du folgendes: der Raum dazwischen wird von Herz zu Herz aufgebaut. Es sind zwei Öffnungen dafür nötig: die geöffneten Herzen zweier Menschen oder das geöffnete Herz eines Menschen und ein geöffnetes Ätherherz eines Elementarwesens, das sich um einen Stein kümmert, um eine Blume, um einen Baum … Zwei geistige Tore müssen sich auftun: deines und das der geistigen Verankerung deines Gegenübers, damit eine Initiation, eine Einweihung, eine Initialzündung, die auch als Erleuchtung zu verstehen ist, stattfinden kann.

Das geht nur ganz oder gar nicht. Halbe Einweihungen gibt es nicht, genauso wie es keine halben Initialzündungen gibt – entweder funkt es oder nicht!

Meine Aufgabe ist es nun, in jedem Moment für die Menschen die Voraussetzung für solche Initialzündungen zu schaffen, jede Begegnung in ihrem Potential zu einer Initialzündung werden zu lassen. Ob die Menschen es nun begreifen oder nicht, liegt einzig und alleine an der Tatsache, ob es ihnen gelingt, ihr Herz zu öffnen und den ›Raum dazwischen‹ als Schöpfungsraum zu begreifen, als Raum, in dem alltägliche Wunder geschehen und alle Wandlung und Neuschöpfung möglich ist!

Merkst du etwas? Begegnung ist ein Schöpfungsprinzip! Es ist die Voraussetzung, dass die Schöpfung sich entfalten kann, wachsen kann, gedeihen kann. Deshalb seid ihr Menschen Mitschöpfer, weil ihr täglich Begegnung übt. Je mehr der Mensch Begegnung übt, desto mehr ist er Schöpfer. Bewusste Begegnung aber heißt: den Raum des Herzens zu etablieren und zu begreifen, dass die Initialzündung im Raum dazwischen stattfindet, also der Funken, der hin- und hergeht zwischen zwei Polen, zwischen zwei geöffneten Herzen, sich in deren Mitte entzünden kann, und dadurch die Leere erfüllt. Der Raum dazwischen lässt wundersam Neues entstehen, Ungeahntes, etwas, das die eigenen Grenzen überschreitet.

Überschreitet eure Grenzen! Übt Begegnung! Die wache hingebungsvolle Begegnung ist das Erprobungsfeld eines Schöpfers, ihr Menschen seid Schöpfer in Ausbildung und die Begegnung ist euer Übungsfeld und die Initialzündungen, die gelungenen Ergebnisse, sind die Belohnung einer erfolgreichen Übung in Begegnung oder im Schöpfertum oder im ›das Leben mit Wundern füllen‹. Ich spreche hier natürlich nur von Begegnungen der liebevollen Hingabe nur solche können Initialzündungen hervorrufen, das heißt, zu euren alltäglichen Einweihungserlebnissen werden. Die Erde ist eine so wundervolle Übungsebene für das Schöpfertum und ihr Menschen seid auserwählt dies zu üben! Denn wisse, ihr seid es: **ihr seid Schöpfer!** Und wisse: jeder Mensch übt sein Handwerk durch das tägliche Tun, in Hingabe und Liebe, durch die Öffnung und das tastende hingebungsvolle Erahnen der Öffnung. Wenn eine Initialzündung im Raum dazwischen stattfinden darf, versprüht diese so viele Funken, dass jeder, der in ihrer Nähe steht, davon eine Portion abbekommt! Das ist so wundervoll!

Begreife das Leben als Raum der Begegnung und du ergreifst es als Raum der Schöpfung!

Und jetzt noch etwas:

Sage dir bei allem, was du so am Tag machst: ›Ich freue mich, dass ich jetzt das und das tue!‹ Dies könnte dir auch helfen, Unnötiges aus deinem Leben auszusortieren, also alles das, was dich von einem bewussten Leben, d. h. bewussten Schöpfertum, abhält. Ich meine es genauso, wie ich es sage.

Wenn du als Lehrerin in die Schule gehst und nicht mehr sagen kannst: ›Ich freue mich, dass ich jetzt in die Schule gehe!‹, dann lass es lieber oder ändere deine Haltung, deine innere Einstellung dazu, oder verändere etwas an den Inhalten, die dazu gehören, erlaube dir z. B. nur noch das zu unterrichten, was dir selber Spaß macht. Du weißt das ja alles schon und tust es auch!«

Der Engel schmunzelt.

»*Aber es ist wichtig, es hier aufzuschreiben! Denn es sollen und werden immer mehr Menschen bewusst und frei in Verantwortung der Schöpfung gegenüber danach handeln!*

Wozu seid ihr denn sonst auf der Welt?

Ja, siehe, das ganze Leben ist Begegnung, jeder Schritt, den du tust, ist eine Begegnung mit Mutter Erde. Wenn mehr Menschen das verinnerlicht hätten, dann würden sie weniger Autofahren und mehr laufen, mehr schreiten, denn sie würden fühlen, wie heilsam und wundervoll diese Begegnung ist, und sie würden spüren, welche Schritte oder Tritte, welche Spuren hinterlassen. Sie würden aufhören, Mutter Erde wehzutun durch ihre Tritte. Mutter Erde bräuchte sich nicht mehr so aufzubäumen, wie sie es hin und wieder tun muss, um ihre ungezogenen, selbstsüchtigen Kinder aufzurütteln. Sie schreit manchmal sehr verzweifelt. Aber verzweifelt nicht! Ihr, die ihr ihre Rufe hört, verwandelt es in ein Singen, dann wird alles geheilt. Im Singen spinnt ihr die Begegnungsplattform und durchwebt sie mit Liebe und Hingabe. Arbeitet an der Öffnung der Herzen und ›träumt‹ euch in eine Begegnung. Das ›Träumen‹ ist die Vorstufe der Realität in der Physis, die eure Erde fordert. Das ist die Erdenschulung, alles immer im Schwingen zu halten zwischen Physis und reiner Schwingung ohne Physis. Es ist die Schulung, jegliche Physis von ihrer gesunden Schwingung durchdringen zu lassen, damit sie nicht abstirbt und so zu einem Energieloch wird. Da greift das Teuflische ein, das Böse! Solange es schwingt, kann die Liebe weben und wo die Liebe webt, ist Licht und wo das Licht ist, hat das Böse keinen Anker! So singt und schwingt und tönt, wo ihr nur könnt, denn das ist der Anker des Lebens, der Liebe und des Lichtes und die träumende Vorbereitung zu Initialzündungen, die alle Ebenen des Menschseins ergreifen, sowie de-

ren Erfüllung. Ja, ich könnte auch sagen: vor und nach einer Initialzündung zu singen, zu schwingen, zu tönen, das ist genau das Richtige! Es ist Vorbereitung und dankbare Erfüllung zugleich.

Deshalb singt, ihr Menschen, singt euch in eure Begegnungen!

Ich bin einer, den ihr Menschen in die Sphäre der Engel ordnen würdet, die ihr ›Seraphime‹ nennt, und ich trete auch als Erzengel ›Siboel Schaha‹ auf, später auch ›Saboal‹ genannt.«

Engelsiegelblume

Resonanzleib des Engels – aufgemalt von Ines Siri Trost am 28.12.2013

Die Mantren:
— vom Engel mitgeteilt —

Übervoll will ich mich füllen
mit Sonne
mit Liebe
mit Licht
mit Freude
mit Lachen
dass mein Lachen die Welt erhellt
meine Freude jedes Wort berührt
mein Licht die Finsternis vertreibt
meine Liebe die Herzen erfüllt
meine Sonne alles begleitet
mein Tun
mein Fühlen
mein Denken
so will ich's gestaltend und erschaffend
schenken
der Welt
und Mutter Erde
den Himmel
damit der fruchtbare Austausch
im Fließen bleibt
lebenserhaltend
lebenserschaffend
alle Zeit

So sei es

Spielend ergreife ich die Welt
denn spielend will alles gelingen
spielend lasse ich erfüllen mein Herz
vom Hin -und Her des Erden-Himmelswebens
das mir zuruft aus Sternenweiten:
du bist ein Kind des Himmels und der Erde
und der Sonne und der Sterne
die dich begleiten ewiglich

so bin ich gekommen aus Sternenweiten
vorbei am Wächter der Erde, dem alten Mond
auf diese Erde
und fruchtbar soll sie sein, die Erde
und heil
so wie auch ich heil und fruchtbar sei
dazu verhelfe mir mein tägliches Spiel
in Liebe und Licht
mit der Sonne im Herzen

So sei es
ich danke von ganzem Herzen

Begegnung vom 28.12.2013
Die Farben des Schwingungsfelds des Erzengels Jehudiel sind von innen nach außen in konzentrischen Kreisen angeordnet. Die Mitte bildet eine lichte Öffnung, die in ein helles, strahlendes Gelb übergeht. Dieses Gelb überstrahlt von dort aus alle weiteren Farben: erst ein weites Türkis, das von Himmelblau durchzogen ist, dann das Spektrum des Regenbogens und schließlich mischt es sich in den violetten Außenbereich, der ebenfalls von Rosa und reinem Licht durchstrahlt wird. Auffallend ist der Ring aus allen Regenbogenfarben, der sich um das türkisliche Himmelblau legt. Alles sieht so fröhlich, lachend und spielerisch aus, dass mein Herz lacht und springt vor Freude, wenn ich nur diese wundervolle Erscheinung, dieses Bild des Resonanzleibs des Engels, anschaue!

Der Engel spricht:

»Siehe, ich bin gekommen, um dir zu sagen, dass du von den Kindern lernen sollst, denn sie kennen das Spiel.

Das Spiel ist eine heilige Tätigkeit, eine heilige Handlung. Gemeint ist nicht das Spiel mit künstlichem Spielzeug – das ist eine teuflische Verdrehung, denn hier mischt sich etwas ein, was dem ursprünglichen Spiel ganz und gar fremd ist. Gemeint ist ein Spiel, das entsteht, wenn die Kinder sich selbst überlassen sind, wenn ein Kind ganz in Ruhe gelassen wird und von sich aus beginnt, zu spielen. Dann lauscht es in sich hinein und ist auf's Intimste mit sich und dem Universum verbunden. Wenn seine eigene Mitte die Verbindung zu den Sternen spürt, dann entsteht jenes Spiel, das ich meine. Siehst du, und das brauchst du für alles im Leben: für die Kommunikation, für das gute Gelingen eines Geschäfts das ehrliche, wahrhaftige, wirklich erfolgreiche Geschäft meine ich, wenn es um Waren, Produkte geht, die die Menschen im Herzen glücklich machen, und solche Waren gibt es wahrhaftig wenig!

Eigentlich ist fast alles künstlich Hergestellte sehr überflüssig. Oh, das ist eine der Handlungen, welche die Erde, die gute Mutter Erde, fast zum Ersticken gebracht haben. Wer wahrhaft spielt, weiß, dass Mutter Erde alles für uns bereit hat, und dass wahrer Überfluss, die überquellende Freude im Herzen ist, die aus der kosmischen Einbindung herrührt, die ein Mensch in seinem irdisch-kosmischen Herzen fühlt, die Gewissheit, ein himmlisches Wesen hier auf Erden zu sein. Siehst du, und diese Gewissheit haben Kinder! Sie sind Schöpfer! Sie sind göttliche Wesen, wie es im Kern alle Menschen sind und bleiben wür-

den, ließen sie die schädlichen Einflüsse des materiellen Überflusses nicht zu! Deshalb spielen Kinder auch am ursprünglichsten, wenn sie draußen in der Natur sind: mit Sand, Stöckchen und Steinen, mit Tieren und Gräsern, sie bauen, sie schöpfen, sie gestalten – und Gestaltung ist Lebenskraft! Beides ist so fundamental miteinander verbunden! Gestaltung heißt ›Leben schaffen‹, heißt das Leben zu erneuern und zu erhalten. Dies tut die kindliche Kraft in dir, jene Kraft, mit der dich die Sterne ausgestattet haben. Spür also zu den Sternen, zu DEINEM Stern, und entdecke DEIN SPIEL!

Spielen heißt weben, hin und her zwischen Sternen und Menschenherz. Spielen heißt Lachen, heißt Singen, heißt Tanzen. Spielen heißt, in einen fruchtbaren Austausch treten mit anderen Wesen, und den Humor dabei zu pflegen. Dabei wären wir wieder bei einem Basiselement, das alles im Leben durchziehen sollte: der Humor!

So pflege die Freude, das Lachen, das gemeinsame Lachen!

Ich möchte noch einmal auf den Gedanken des erfolgreichen ›Geschäfts‹ oder einer erfolgreichen Kommunikation zurückkommen: Ein wahrer Geschäftsmann hat Freude daran, zu schenken, er möchte der Welt etwas schenken – von ganzem Herzen –; dann wird es gelingen, dann wird er reich zurückbeschenkt werden, dann gelingt sein Geschäft, seine Kommunikation, die bei einem Geschäft bis ins Materielle gehen darf. Ja, ihr könnt mich auch den Engel des gelungenen Geschäfts oder der fruchtbaren Kommunikation oder den Engel der Gestaltung, der lebenserneuernden Schöpfung nennen!

So ist jedes gelungene Geschäft im Materiellen sowie im Seelisch-Geistigen ein Schöpfungsakt und Teil unseres gemeinsamen Gestaltens am Leben! Und das ist etwas Wunderbares! Ja, du darfst mich gerne in Form meines Siegels auf Messen, zu Vorträgen mitnehmen, es wird dann noch leichter, spielender gehen, in solch einen gelungenen, fruchtbaren Austausch zu treten.«

Ich fühle dieses wunderbare Engellächeln!

»Du brauchst nur dein Vorhaben auf jene Attribute hin zu prüfen, und du wirst in deinem ›Geschäft‹, das heißt in deiner Herzensarbeit, erfolgreich sein!

Prüfe also:

Willst du mit deinem Produkt etwas schenken?

Ist es reinen Herzens gegeben?

Schafft es Freude?

Liegt in ihm das Potential, die Menschen zu befähigen, selbst schöpfend und gestaltend damit umzugehen?

Ist es in Folge dessen lebensfördernd?

Hat es Humor? Bringt es die Menschen zum Lachen?

Hüpft ihr Herz, wenn die Kernbotschaft deines ›Produkts‹, deiner ›Dienstleistung‹ sie erreicht?

Wenn sich nur jeder Vertriebler einmal ehrlich nach der Kernbotschaft seiner Produkte, seiner Dienstleistung fragen würde und mit diesen, eben genannten Parametern überprüfen würde, dann wären alle Menschen glücklich, so glücklich wie ein Kind, versonnen im Spiel. Siehst du, da steckt die Sonne drin: im ver-sonnenen Spiel, und wie wenige Worte gibt es noch mit der Vorsilbe »ver«-, die einen positiven Inhalt haben!? Da siehst du wieder die ablenkenden Mächte am Werk, denn im Ursprünglichen heißt diese Vorsilbe »übervoll«, »übersprudelnd«. Der wahre Überfluss ist jener, der die Kraft des Urquells, des Heilseins fließen lässt. So lässt der Versonnene die Sonne fließen, der Verliebte die Liebe. Übe dies mit den Worten meines Mantras!«

Aus einem persönlichen Gespräch mit dem Erzengel Jehudiel am 11.01.2014, in dem es darum ging, die Erinnerungen an etwas Vergangenes, negativ Bindendes loszulassen, möchte ich hier die nachfolgenden Auszüge wiedergeben:

»… Lass sie los, die Erinnerungen! Das sind Phantome, die Erinnerungen an etwas schon Überwundenes, etwas negativ Bindendes, was aber wie gesagt vorbei und abgeschlossen ist, vergangen. Indem du aber die Erinnerung daran wieder zulässt, schaffst du etwas wie eine leere Hülle von dem Eigentlichen. Das nennt ihr Menschen ein ›Phantom‹, leere Hüllen, dennoch mit real spürbarer Auswirkung, die aber schnell wieder aufzulösen sind und zwar nur durch die Kraft des menschlichen Willens! Ihr Menschen schafft also diese Phantome mit euren Erinnerungen an negativ Bindendes selbst!«

Mir wird ein inneres Bild von wirklich geistigen Wesenheiten vermittelt, dunkle »Hüllenwesen«, hohl, schaurig.

»Begreift, dass auch ihr es seid, die diese Phantome wieder auflösen könnt und sollt! Und das geht erstaunlich leicht, spielerisch sozusagen, mit einem Lachen, einem Lächeln. Wenn dein Herz lächelt und deine Seele lacht, sprudelnd lacht, dann bist du zunächst einmal selbst geschützt vor diesen Phantomen und gleichsam löst du sie auf wie ein sprudelnder Bach mit seinem Plätschern. Denn wisse, jeder Mensch hat die Verantwortung, jedes Phantom, das geschaffen wird durch seine eigenen Erinnerungen an negativ bindende Situationen und Kraftfelder, das also durch die negativ bindenden Gedanken des Menschen selbst geschaffen wird, auch wieder aufzulösen. Sonst geistert es im Äther he-

rum und kann jedem Menschen schaden. Es muss und soll ›erlöst‹ werden, ›er‹-löst! ›Er‹ heißt in diesem Fall: ›der Teil der menschlichen Seele, welcher der Sonne gleich ist‹, strahlt so hell und schön, dass sich das Phantom einfach wieder auf-›löst‹!

Deshalb achtet auf eure Gedanken. Achtet darauf, dass es positive Gedanken sind, denn ihr Menschen habt durch die Kraft eurer Gedanken Anteil am Schöpfertum. Ihr seid Schöpfer und schafft ständig durch eure Gedanken am Universum. Gute Gedanken der Menschen – das ist das Licht, das für euch scheint, das ist eure Sonne! Denn das Licht, das aus den guten Gedanken der Menschen entsteht, kann sich sammeln und bündeln und ist dann immer verfügbar und kehrt so zur Erde zurück. Schlechte Gedanken hingegen nähren die Kräfte der Finsternis, die das Licht vernebeln, verdunkeln, wegnehmen.

So achtet auf eure Gedanken!
Und achtet auf eure Worte!
Achtet auf eure Taten!
Und beachtet eure Gefühle!
denn ihr seid Schöpfer!«

Ich bedanke mich von Herzen bei dem Engel!

Erzengel Samuel,
Engel der allumfassenden Weisheit
Engel der kosmischen Erfüllung

Engelsiegelblume
Resonanzleib des Engels – aufgemalt von Ines Siri Trost am 09.11.2013

Das Mantra:
— vom Engel mitgeteilt —

Ich lasse die Blume erblühen
in meinem Herzen
und grüße ihre kosmische Schwester
ich singe Freude und Liebe
und öffne mein Herz
denn es spürt den wohligen Wi(e)derhall
der mir aus dem Kosmos entgegen klingt
und Fülle kann sich entfalten
im Hin- und Her webenden
Liebes-Freude-Leben
So danke ich für diese Erkenntnis

Lieber Engel der kosmischen Erfüllung
ich rufe dich und bitte dich um deine Begleitung
bitte hilf mir, als geistiges Wesen
mein zu Hause in diesem irdischen Körper zu haben
jeden Tag neu
aus voller Kraft und Frische
und ich danke für jeden Tag
da dies mir geschenkt ist
ich bitte dich und danke dir für die Zuversicht
dass dieses Gefühl von ›bei mir zu Hause sein‹
mich begleiten wird alle Tage
und jetzt und immerdar als Kraft
im All-Eins-Sein
die Verbindung der Liebe stärkt
so trage ich in meinem Herzen die Gewissheit
dass sich Tag für Tag
und Leben für Leben
Liebe und Schönheit entfalten

So sei es

Begegnung vom 9.11.2013
Die Farben des Schwingungsfelds des Erzengels Samuel sind von innen nach außen wie folgt in konzentrischen Kreisen angeordnet: ein sattes Rosa in der Mitte, klein, aber von zentrumsfüllender Präsenz. Darum legt sich ein schmaler Ring von klarem, reinem Himmelblau, das wiederum umschlossen wird von einem noch schmaleren Ring aus leuchtendem Gelb. So bilden diese drei Farben eine zusammengehörige Einheit einer Mitte, die sich in diesem Dreiklang zeigt. Danach folgt ein mächtig großer Bereich einer zweiten Einheit von Violett in allen Abstufungen, die fließend ineinander übergehen. Es beginnt mit einem zarten Flieder, das sich aufhellt in ein weißliches Flieder, fast Weiß, das allmählich wieder zu einem kraftvollen Brombeerviolett findet, das einen satten Abschlussbereich dieses Farbfelds bildet. Danach folgt das dritte Farbfeld aus Gelb, das nur an der direkten Berührung des Brombeervioletts zu einem schimmernden, orangelichen Pfirsichblüt wird. Alle drei Farbbereiche werden von rosa, weißen und hellblauen Lichtstrahlen durchwebt.

Eine Anmerkung zu seinem Namen: Bevor mir klarwurde, dass dieser Engel der Engel ist, welchen die Menschen bereits »Erzengel Samuel« nannten, vernahm ich auch die Namen Sehgiel, Saramiel und als »irdischen« Namen stellte sich dann deutlich Samuel, Sangiel ein.

Der Engel spricht:

»Siehe, ich bin einer jener Engel, die sich dir als Torengel gezeigt haben, denn ich arbeite an einem Feld, das Kosmos (während er das sagt, leuchtet sein violetter Bereich stark auf) und Erde (jetzt leuchtet das Rosa im Zentrum auf) innigst verwebt. Denn siehe, die kosmische Erfüllung findet nicht etwa im Kosmos statt, sie findet hier auf der Erde statt. Ihr Menschen braucht die irdische Erfahrung, um kosmische Erfüllung zu erlangen, und das ist das Geheimnis, das ich verkünde:

Siehe, der Kosmos trägt dich. Lasse dich tragen von Mutter Erde, so kommst du erfrischt in ein geistiges Leben ohne irdischen Körper zurück, und beginne ein bewusstes geistiges Leben in deinem irdischen Körper. Darum geht es: ein bewusstes geistiges Leben in deinem irdischen Körper zu leben, denn alles ist eins, und kosmische Erfüllung kannst du nur in deinem Herzen spüren und im Alltag umsetzen, alle Tage heißt es!

Ihr Menschen steht eingebettet in die kosmische Weisheit, welche da ist die alles umfassende Weisheit. Nur durch das Herz als Tor und Empfangsebene gelangt sie in euer Bewusstsein.

Siehe, das Bewusstsein erfährt in seiner Kontinuität einen ›Bruch‹, wenn ihr als Seelen wiedergeboren werdet. Etwas, was zu dem roten Faden eurer Inkarnationen gehört, wird in ›Nebel‹ gehüllt, ihr vergesst, ihr verliert den Anschluss daran, denn ihr sollt frei und neu starten, um immer wieder die ganze, umfassende kosmische Schönheit und Gnade zu erleben, jung und frisch geboren zu werden.

Jetzt habe ich dir das Schlüsselwort gesagt: Schönheit. Achte auf Schönheit in deinem Leben, pflege sie. Achte darauf, was du als schön empfindest, und beteilige dich daran, es zu schaffen! So knüpfst du an deinen Inkarnationsfaden an, an die Kette deiner Inkarnationen und deren Thema und Themen. Du bemerkst dann, dass das Erinnern immer schneller geht und alles wieder im Bewusstsein ist, denn es ist ja nicht weg durch deine irdische Geburt, es ist nur kurz vergessen, ›vernebelt‹, unterbrochen als bewusst Gewusstes, denn das braucht ihr, um geboren zu werden, um rein und vollkommen und gesund geboren zu werden, mit einem vollkommenen Körper und einem erfrischten Geist und einer mutigen Seele, die zum Leben bereit ist, mit aller Kraft aus aller Freiheit heraus.

Erinnert ihr euch im Moment der Geburt ins irdische Leben, kann es zu Behinderungen führen. Im Moment der Geburt und der gesamten Geburtsvorbereitung und des Reifens im Mutterleib dürft und sollt ihr vergessen. Vergessen heißt nur: loslassen, abgeben, euren geistigen Helfern eure Themen anvertrauen und sie ihnen für kurz einmal ganz in die Hände zu legen, damit ihr euren neuen Körper ausbilden könnt.

Sieh die Schönheit in deinem Leben, sieh den Mut und die Freiheit, sieh die Kraft und die Erkenntnis, dass alles Schöne nur aus Liebe kommt. So ist auch die kosmische Weisheit, die dir die Zusammenhänge aller Einzelteile zeigt, eine Weisheit, die aus Liebe wächst, ein Erkennen aus Liebe.«

Der Engel vermittelt mir ein inneres, grafisches Bild, in dem sich vier schlanke Achten übereinanderlegen und sich im Zentrum in einem Punkt kreuzen, ihre Bögen haben mehrere Ausbuchtungen, so wie wenn man die Achter immer und immer wieder nachzieht, so dass ein blumiges, schwingendes Gebilde entsteht.

»Eure Seelenwanderung als Seelenreifung braucht Mutter Erde und ihr braucht die Erfahrung, durch ihren Schoß geboren zu werden. Ihr Menschen seid das Bindeglied zwischen Kosmos und Erde und deshalb tut ihr beiden gut!

Und beide sind eure Heimat. Jedes Leben ist einmalig und erfüllt seinen Platz in eurer Reise. Was bleibt, ist der ewige Augenblick der unendlichen Liebe, die immer weiter trägt, und alles, was jemals aus Liebe geschehen ist, speichert, und in euren Menschenherzen abrufbar macht! Das gibt euch das Gefühl der Fülle und Vollkommenheit, der Erfüllung und Geborgenheit.

So ist kosmische Erfüllung hier auf der Erde für euch erlebbar und kann sich nur in der Symbiose mit Mutter Erde entfalten. Oh, wie erfrischend ist es, für den Kosmos, wenn eine Seele von einer irdischen Inkarnation, in das kosmische Leben wiederkehrt und dieses Empfinden mitbringt, dieses Empfinden der Erfüllung aus Liebe, und in der Liebe, so wie diese Seele sie nur auf Mutter Erde hat erfahren dürfen, in ihrem irdischen Leben. Ja, fehlt diese Entfaltung der irdischen Liebe, welche die kosmische Erfüllung überhaupt erst ermöglicht, so wird das körperlose Leben in der geistigen Welt im Kosmos ziemlich haltlos. Die Seele kann sich dann völlig verlieren. Sich im Kosmos zurechtzufinden bedarf einer irdischen Schulung und Erfahrung, denn diese gibt Halt, speichert das Gefühl von Geborgenheit, Sicherheit, Zuversicht, Mut und das Gefühl, bei sich zu Hause zu sein. Dieses Gefühl brauchen die Seelen ganz, ganz dringend auf ihrem Weg ohne Körper im Kosmos. Erreicht ihr dann einen Grad der kosmischen Erfüllung, so ist es gleichzeitig nicht nur eure Erfüllung, sondern etwas hat erblühen dürfen im Kosmos, wovon alle Wesen dort etwas abbekommen, etwas verändert die Gesamtschwingung, in der wir uns alle bewegen, sie wird voller, reiner, satter, erfüllter, höher, klarer, vollkommener. Es ist, wie wenn eine Blume aufgeht im Kosmos.Eine kosmische Blume erblüht z. B. jedes Mal, wenn ein Mensch auf der Erde sich freut, wenn er lacht und wenn er liebt!

Wenn ein Mensch eine Blume in seinem Herzen erblühen lässt auf der Erde, dann erblüht gleichzeitig eine Blume im Kosmos. Alles hat sein kosmisches Gegenbild, seinen kosmischen Wi(e)derhall!

Lasset die Blumen erblühen in euren Herzen, so erblühen die Blumen im Kosmos!

Wenn es dir gelingt als Menschenseele, dich in deinem Körper angekommen, ›bei dir‹ zu fühlen, dich bei dir selbst zu Hause zu fühlen, dann wirst du auch im Kosmos deinen Weg finden. Das körperliche ›zu-Hause-Gefühl‹, das du nur auf der Erde haben kannst, gibt dir so viel Sicherheit, dass du dich auch im Kosmos zurechtfinden wirst, in dem so viel sich selbstverständlich Alldurchdringendes geschieht. So wirst du dort wirklich ankommen in den vom Lichte getragenen und erfüllten Sphären!

Nimm dies als Aufforderung: tue alles, was nötig ist, dich bei dir selbst zu Hause zu fühlen!

*Du hast dieses wunderbare Lied kennengelernt, das einmal ein Mensch auf-
geschrieben und weitergetragen hat, in dem folgende Worte erklingen:*

Ich lasse los und bin, lasse los und bin, lasse los und bin bei mir zu Haus ...«

Diese Zeile wird als wiederkehrende Melodie immer und immer wieder gesungen. Dieses Lied habe ich in einer Arbeitsgruppe durch mündliche Weitergabe,
d. h. in singender Weise, kennengelernt und weiß daher nicht, welcher Mensch
es ursprünglich aufgeschrieben und in dieser Form in Wort und Melodie weitergegeben hat und ob es irgendwo bereits einmal gedruckt wurde. Ich bin diesem
Menschen sehr dankbar, denn diese Worte haben mich sehr tief berührt und das
Lied hat sich mir sofort eingeprägt.

»Dieses Lied habe ich den Menschen gesandt!

*Das heißt auch konkret, jeder Mann sollte sich in seiner Männlichkeit lieben
und jede Frau in ihrer Weiblichkeit und sich damit befassen!*

*Ich blicke auf alle Inkarnationen und helfe euch, eure Erfüllung darin zu fin-
den.«*

Engelsiegelblume

Resonanzleib des Engels – aufgemalt von Ines Siri Trost am 08.12.2013

Die Mantren:
— vom Engel mitgeteilt —

Ich strebe nach Erkenntnis
ich strebe nach Gewissheit
ich strebe nach Herzensweisheit
denn nur sie verhilft zu Erkenntnis und Gewissheit

Ich strebe nach Ruhe
ich strebe nach Erfüllung
ich strebe nach meiner Glückseligkeit
denn nur sie verhilft zu Ruhe und Erfüllung

Ich strebe nach Bewusstheit im Leben
ich strebe nach Achtsamkeit
ich strebe nach Dankbarkeit
denn nur sie verhilft zu Bewusstheit und Achtsamkeit

Zweite Version:

In mir ist Erkenntnis
in mir ist Gewissheit
in mir ist Herzensweisheit
und sie verhilft mir zu Erkenntnis und Gewissheit

In mir ist Ruhe
in mir ist Erfüllung
in mir ist Glückseligkeit
und sie verhilft mir zu Ruhe und Erfüllung

In mir ist Bewusstheit im Leben
in mir ist Achtsamkeit
in mir ist Dankbarkeit
und sie verhilft mir
zu Bewusstheit und Achtsamkeit

Begegnung vom 8.12.2013
Die Farben des Schwingungsfelds des Erzengels Jophiel-Essentiel sind von innen nach außen wie folgt in konzentrischen Kreisen angeordnet: Ein warmes Rosa erfüllt die Mitte, das von dort aus über alle weiteren Farben strahlt und diese in ein mildes Licht taucht, klar und doch weich. Um das Rosa legt sich ein strahlendes Weiß, das sich ebenfalls in das ausstrahlende Rosa mischt. Diese beiden Herzfarben werden von einem schmalen aber sehr kräftigen und konzentrierten dunkelvioletten Ring geschützt und gehalten. Danach folgt ein breiter Ring von »Siriusgrün«, wie ich es nenne. Es ist ein ganz spezielles Grün, himmlisch schön, von einer unsagbaren Tiefe, ein bläulich schimmerndes Grün, konventionell würde man es wohl am ehesten als »Tannengrün« bezeichnen, aber eines von einem kosmischen Glanz. Um es herum legt sich ein schmaler, kräftiger Ring von Marienmantelblau. Ganz außen ist ein strahlendes und leuchtendes Gelb.

Der Engel spricht:

»Siehe, ich bin der Engel des inneren Friedens. Das ist, was ihr Menschen erreicht, wenn ihr mit der Kraft, die durch mich fließt und unaufhörlich auf die Erde kommt, arbeitet. Wisse, ich bin auch ein Erzengel, – natürlich! Und der innere Frieden ist nur ein Ergebnis dessen, was man mit der Arbeit in meinem Wirkensfeld erreichen kann!
Früher nannten mich die Menschen Ensiel, in anderen Sprachräumen auch Ohim. Mein eigentlicher Name ist Essentiel, den ihr benutzen dürft. Von den später gebräuchlichen Namen hat sich Jophiel bis heute gehalten, die Menschen nannten mich Erzengel Jophiel; auch diesen Namen dürft ihr verwenden.

Rufe mich in meinen Farben, rufe mich in meinem Licht. Siehe, denn wer den inneren Frieden hat, ist voll des Rosendufts, ist voll der Blüten, ist voll der Wonne und Fülle Gottes und hat das Göttliche in sich gefunden und trägt die Gewissheit im Herzen, dass das Leben sich entfaltet wie eine Blume, immer dem Lichte entgegen, denn der eigene Kern, DEIN Kern, ist Licht und Liebe! So erstrahle in dieser Kraft!
Siehe, ich will dir eine Übung hierfür schenken:
Setze dich bequem hin, warm und wohlig muss es sein, mit aufrechtem Rücken und im Lotussitz. Dein Schoß soll wie eine Schale werden, empfangsbereit

für unser kosmisches, göttliches Licht, das wir Engel unaufhörlich auf die Erde senden.

Nun atme ruhig.

Mache dich voll mit jedem Atemzug mit Licht und Liebe!

Meditiere die Farbe Rosa im Herzen.

Das Rosa hellt sich auf und ist ganz sicher eingehüllt in einen kosmischen Schutz von Violett, in dem auch alle Weisheit liegt, die du zum Leben brauchst, durchdrungen, durchwebt vom Rosa.

Dann rufe dein Einssein mit der Natur auf und erinnere dich an den kosmischen Schutz, der sich aufhellt und wie ein marienblauer Mantel immer um dich ist.

Dann kannst du strahlen!

Ganz ins Gelb getaucht strahlst du nun, - soweit es sich eben gut anfühlt!

So habe ich dich mit dieser Übung durch mein Farbspektrum geführt! Tue das, so oft du kannst, und der innere Frieden ist dein! Benutze dazu die Worte meines Mantras:

Töne, lasse deine Stimme ertönen, und verbinde dich über dein Tönen mit dem Kosmos. Erspüre dabei jeden Vokal und in welche Regionen er dich trägt! Besonders wichtig für die Jetzt-Zeit, auch um Mutter Erde zu helfen und sich mit ihr zu verbinden, ist das ›O‹ und in Verbindung damit das ›E‹.

Töne O und Töne E und du wirst Heilung für Mutter Erde und für dich selbst erfahren.

Du wirst deine Verbindung zu ihr stärken und ebenso deine Erdung. Gleichzeitig schwingst du dich in die Schöpfungsebenen des Kosmos auf, die das Verankern Form werden lassen. Du wirst Mitschöpfer, indem du O und E tönst, und durch dich werden Schöpfungsimpulse fließen!

Es geht um Formfindung, darum, dem Geiste die ihm angenehmste Form zu geben, Form und Geist aufeinander einzuschwingen!«

Ich danke von Herzen!

In dem vom Engel zuletzt Gesagten wird seine Zusammenarbeit mit dem »Findeengel«, dem Erzengel Ariel, deutlich.

Engelsiegelblume

Resonanzleib des Engels – aufgemalt von Ines Siri Trost im August 2013

Die Mantren:
— vom Engel mitgeteilt —

Aufrecht stehe ich
aufrecht gehe ich
mit geradem Blick sehe ich
was dein ist und was mein ist
und erkenne dich
und was wichtig ist für dich
denn ich weiß um die Einheit
aller Wesen
und will fließen lassen
die Liebe
von Herz zu Herz

Engel des Respekts, Erzengel Zadkiel, Alim-Atma,
lass mich erfühlen und ergreifen dies:

ich erkenne mich in dir
und danke
du erkennst dich in mir
dies erbitte ich

so sei es

ich danke von Herzen

Begegnung von August 2013

Die Farben des Schwingungsfelds des Erzengels Zadkiel, Alim-Atma sind von innen nach außen in konzentrischen Kreisen angeordnet: ein strahlendes helles Licht als Öffnung in der Mitte, dann folgt ein deutliches Rosa in einem schmalen Ring, der fließend übergeht in ein sattes Magenta, das seinerseits in ein leuchtendes und kräftiges Karminrot übergeht. Hier scheint seine Verwandtschaft zum Erzengel Gabriel durch! Dann folgt ein klares Weiß, das leicht rosa aufschimmern kann und zart ins helle, weißliche Gelb übergeht. Jetzt folgt ein klarer, schmaler und in sich abgegrenzter Ring in warmem Violett, der eine stark schützende Funktion für alle die eben beschriebenen Farben hat, welche er umschließt. Dann, im äußeren Umfeld, durchdringen einander wunderbare strahlende Blautöne, die alles wie der kosmische Mantel der Maria umschließen und in die Unendlichkeit übergehen und aus ihr kommen, beginnend mit einem Indigo-Ultramarin, das in ein Himmelblau-Kobalt übergeht. Alles ist, ausgehend von dem weißen Ring in der äußeren Mitte, von weißen Strahlen durchzogen, mit vier Hauptstrahlen, die im gleichschenkligen Kreuz angeordnet sind. Diese gehen klar und deutlich bis in die Unendlichkeit. Auch hier wird wieder seine Verwandtschaft zum Erzengel Gabriel deutlich, der ebenfalls diese mit schwerthafter Klarheit den Raum durchdringenden Lichtstrahlen in seinem Feld hat. Die Strahlen, die zwischen den vier Hauptstrahlen abgehen, öffnen sich wie ein Trichter, ein nach außen strahlendes Bündel vieler weiterer Lichtstrahlen.

Alle Farben sind von einer unbeschreibbaren Farbtiefe und Leuchtkraft. Es ist eine ergreifend mächtige und wunderschöne, unsagbar kraftvolle und durchdringende Erscheinung von unglaublicher Präsenz und Klarheit, die mich, wie es alle Erzengel gemeinsam haben, in jeder Pore meines Seins demütig und andächtig auf ihre erzengelhafte Weise anstimmen und mich im tiefsten Kern meines Wesens unausweichlich direkt berühren.

Der Engel spricht:

»Siehe, ich bin ein Erzengel und mit den Engelgruppen, die ihr Menschen Serafim nennt, sehr eng in Kontakt. Wir haben gemeinsame Wirkensebenen, und eine dieser Wirkensebenen ist der Respekt. Je nachdem, welches Wirkensfeld ich gerade übernehme, erscheint eines meiner Farbfelder noch größer und überstrahlt die anderen, bildet vielleicht sogar ein Echo innerhalb meines Farbfelds.

Zu meiner Funktion als Engel des Respekts will ich heute zu dir sprechen. Vorher will ich dir noch etwas über Erzengel sagen. Du weißt, sie haben alle einen alten und einen neuen Namen. Mein alter Name, welcher der Name einer Gefühlsrealität und Herzensverbindung ist, lautet Alma oder Alim, am besten in den jeweils zwei möglichen Doppelformen Alma-Alim oder Alim-Alma.

Du hast ganze Gruppen von Engeln durch ihre Vertreter kennengelernt, die sich dir alle mit Namen vorgestellt haben. Du weißt also: es gibt viele Engelwesen der aufblühenden Blume oder der Zukunft oder der Freude usw. Die Erzengel gibt es jeweils als ein sehr umfangreiches Wesen, welches jedes für sich viele Aufgabenbereiche hat und mit ganz bestimmten Engelgruppen zusammenarbeitet! Jeder Engel hat tatsächlich auch einzigartige, individuelle Züge, aber die Engelgruppenwesen sind sich durch ihr gemeinsames Aufgabenfeld natürlich ähnlich und deutlich als große Familie erkennbar. Die Erzengel sind, wenn du willst, auch eine Art Familie unter sich, aber jeder ist ein Einzel-Engel-Wesen und unterscheidet sich grundlegend in seinen diversen Aufgabenbereichen von jedem anderen Erzengel. Ihre Gemeinsamkeit ist, dass sie innerhalb der Engelwelt Tore sind, Tore für die Engelgruppenwesen und auch diejenigen Engel, die ihr Menschen Serafime nennt, und auch jene Engel, die ihr Menschen in die zweite Hierarchie packt und denen ihr die Namen ›Throne‹, ›Dynamis‹ und ›Kyriotetes‹ gegeben habt. Diese Namen musst du dir nicht merken, wirklich nicht, denn siehe, Engel sind Engel. Lerne sie in ihrem Wirkensfeld kennen und du wirst erkennen, dass jede menschliche Hierarchie, jede stufenweise Einordnung, hinfällig ist. Sie wirken alle ineinander und miteinander und keiner blickt auf den Anderen ›herab‹. Es ist wahr und daher kommt auch im Kern das Hierarchiedenken bei euch Menschen, weil wir Engel eben für verschiedene Bereiche verantwortlich sind. Es gibt Engelwesen, welche ihr Menschen in ihren Wirkensbereichen ›leichter‹ wahrnehmen könnt, weil sie euren eigenen Wirkensbereichen im irdisch-inkarnierten Leben ›näher‹ sind, verständlicher sind, weil ihr auch täglich mit diesen Bereichen zu tun habt. Aber wisse, die anderen Engelwesen sind euch genauso nah, und Gott und das Göttliche sitzt euch mitten im Herzen! Ihr müsst wahrlich umdenken. Kommt einfach ins Fühlen! Und denkt rund, sphärisch – das ist wichtig!

Also: Die Erzengel sind in der Engelwelt Tore. Sie kanalisieren viele Engelbotschaften aus allen Engelssphären für euch Menschen. Sie kanalisieren sie auch innerhalb der Engelwelt selbst. Sie kanalisieren Geistesströme, die im Kosmos unterwegs sind und von verschiedenen Planeten und Himmelskörpern kommen. Davon ist die Erde nur einer!

Sie sind also so etwas wie die ›Übersetzer‹ verschiedener Wahrnehmungs-wirklichkeiten, - verschiedener Himmelssprachen innerhalb der Engelwelt! So wie du, liebe Siri, von den Engeln und auch den Elementarwesen Botschaften empfangen kannst, können die Erzengel Botschaften für die Engel von Wesen anderer Seinsformen empfangen und in die All-Eine-Verständigungssprache übersetzen, die bei euch Menschen ihr Empfangs- und Verständigungsorgan hat!

Erzengel sind ›Tor-Engel‹, Menschen wie du, Siri, sind ›Tor-Menschen‹ und ihr seid deshalb eine Familie, weil ihr Tore seid. Wie aber ein Mensch zu dieser Torfunktion gekommen ist, und wie sich dieses Tor jedes Mal öffnet, unter welchen Bedingungen sozusagen und mit welchem Schlüssel, das ist jedes Mal völlig einzigartig. Bei dir ist der Schlüssel die Malerei, die Kunst. Das weißt du auch, das war und ist in diesem Leben dein völlig einzigartiger Weg, der dich zum Tor gemacht hat und den du ergriffen hast, ausnahmslos, vollkommen. Deshalb bist du Tor. Tor sein geht nur ganz oder gar nicht. Dazu gehört es, ein Prinzip, eine Grundhaltung verstanden zu haben und in allem, in ALLEM zu leben! Das, was du innerhalb und durch die Malerei gelernt hast und lebst, kannst du in alle weiteren Lebensbereiche mitnehmen!

Es ist Alles Eins und Eins ist Alles. Das ist die Botschaft von uns Engeln, von allen Engeln!

Heute bin ich also gekommen, um mit dir über einen Aspekt des Respekts zu reden.

Siehe, Respekt ist besonders in der Schule der Menschen etwas ganz au-ßerordentlich Wichtiges. Es hat genau etwas mit dieser Einzigartigkeit zu tun, die jeder Mensch eben hat, und die ihm anerkannt werden muss, damit es euch gut geht! Das Einzelsein, obwohl ihr doch tief drinnen um eure Allver-bundenheit wisst, ist ein wichtiger Erfahrungsbereich als Mensch auf Mutter Erde, und ich sage euch, wenn ein Mensch stirbt, und diese Erfahrung des Einzelseins mit in den Kosmos bringt, so ist das etwas Wunderbares, Erfri-schendes, denn es bringt Klarheit, Reinheit! Es hat etwas mit Beachtung zu tun, deshalb arbeite ich natürlich auch mit den Engeln der Achtsamkeit zu-sammen, von denen dir einer, der auch eine ganz besondere Beziehung zu dir hat, erschienen ist!

Respekt hat etwas mit Innehalten zu tun und mit trennen, was wozu ge-hört, mit dem klaren Blick auf die Dinge und wozu/ zu wem etwas gehört! Ihr Menschen sollt erkennen, unter welchen Bedingungen sich die Türen öffnen, vor welcher Tür ihr warten müsst, und welche Tür ein anderer öffnet aus der

Welt, die dahinter verborgen ist, um sie mit euch zu teilen. Anerkenne deinen Weg und anerkenne den Weg des Anderen! Jeder hat etwas zu teilen. Nur diejenigen, die das vergessen haben, kommen ab von ihrem Weg. Ich erinnere euch immer wieder, wie wichtig es ist, ›danke‹ und ›bitte‹ zu sagen, und das ist im Kern die Botschaft!«

Engelsiegelblume

Resonanzleib des Engels – aufgemalt von Ines Siri Trost am 08.01.2014

Das Mantra:
— vom Engel mitgeteilt —

Irdische Liebe, erfülle mein Herz
getragen, gewiegt und behütet von Mutter Natur
so fruchtet Geistesweben
gestärkt von irdischem Mut
aus Ewigkeit
in Ewigkeit

göttliche Liebe, erfülle mein Sein
auf dass es erhelle Mutter Erdes Schoß
so kann Freude wachsen
und hallen und schallen und erklingen
aus Ewigkeit
in Ewigkeit

so sei es
unwiderruflich sei geschlossen der ewige Bund
von Liebe und Geist
von Freude und Licht
aus Ewigkeit in Ewigkeit

Begegnung vom 08.01.2014
Die Farben seines Schwingungsfelds sind von innen nach außen in konzentrischen Sphären angeordnet: Rosa, Smaragdgrün, Violett und Weiß einander durchwebend, dann ein starker Ring leuchtendes Karminrot, das umspannt wird von einem tiefen, weiten Ultramarineblau. Ganz außen strahlt ein Himmelblau, das bis ins Unendliche strahlen kann.

Der Engel spricht:

»Siehe, ich bin der, den viele Menschen ›Metathron‹ nennen, nur wisse, ›meta‹ ist hier im Sinne von ›überall‹ zu verstehen. Überall ist der Thron Gottes, überall ist die göttliche Liebe, das göttliche Licht, wo Menschen ihr Herz öffnen und das leben, was im Geiste vorbereitet wurde, wo Menschen ihr Bewusstsein der göttlichen Liebe und dem göttlichen Licht öffnen, was da heißt: der göttlichen Vorsehung.

Siehe, ich schicke euch Menschen unaufhörlich die Kraft der Beharrlichkeit und die Kraft der Befreiung, die Kraft der Versöhnung und der Liebe, die zart den Keim umhüllt, der gerade empfangen ist und wachsen will. Oh, es ist etwas so Wunderbares, wenn eine Menschenseele ihre eigene Empfängnis im Leiblichen erfolgreich begehen darf und es gelingt, am Leib zu bilden! Dies ist eine große Gnade und gleichzeitig das Geschenk für das vorangegangene Bemühen, die Belohnung für das tapfere Voranschreiten. Es ist ein Geschenk der Gemeinsamkeit zweier oder mehrerer Seelen, die sich miteinander verbinden und bereit sind, für diese Verbindung etwas von sich selbst aufzugeben. Dafür werden sie mit ungeahnter Fülle und Hülle und Reichtum und Freude beschenkt! Siehe, und diese Freude ist ewig. Sie ist die Wiege der Ewigkeit. Freue dich, und du übst Ewigkeit. Freue dich, und du hast die Ewigkeit. Jedes Lachen ist ein Funken Ewigkeit. Alle Engel verkünden das. Was mich betrifft, so bin ich als Hüter dieser Prozesse der Ewigkeit ausgewählt und darf helfen, sie für die Menschen immer wieder ins Bewusstsein zu rufen, denn es sind grundlegende Lebensprozesse, und wie freuen wir Engel uns, wenn ein Mensch Freude im Herzen hat, denn wahre Herzensfreude ist im Kern die Ewigkeit.

Stell dir vor: Dein Lachen wird weitergetragen wie eine Welle, eine Schallwelle. Diese Lach-Schallwellen beleben und erhalten den Kosmos, weben immer wieder neu den Stoff, der alles zusammenhält. Alles Geistesweben kann nur weben auf der Grundlage dieses Stoffes dieser Lachschallwellen! Ja, so wichtig ist das menschliche Lachen! Ihr seid direkte Mitarbeiter der Ewigkeit. Der Kosmos braucht das menschliche Lachen so sehr, wie ihr die Luft und das Licht braucht, um zu leben!

Sprich mein Mantra in Dankbarkeit!«

Engelsiegelblume

Resonanzleib des Engels – aufgemalt von Ines Siri Trost im Oktober 2015

Das Mantra:
— vom Engel mitgeteilt —

In meinem Herzen ist Licht
das mich führt durch Schluchten und Täler
durch Tore und Pforten
in Erkenntnis und Weisheit
vertrauend, mutig und mit geöffnetem Herzen
erhalte ich Einlass
und schließe auf die Pforten der Einweihung
der Liebe und des lebendigen Lebens
der zarten Entschlüsselung
und wenn sich sicher paart Weisheit mit Liebe
Liebe mit Mut
Mut mit zartem Leben
und dies sich paart in mir
so wächst Entschlossenheit
das heißt Beflügelung in blühender Erkenntnis
deren Licht und Klarheit
mein Erdenherz
erstrahlen lassen

Begegnung vom Oktober 2015
Die Farben des Erzengels Jahoviel sind von innen nach außen in konzentrischen Kreisen angeordnet, beginnend mit einem hellen, strahlend weißen Licht, ein Weiß, das in ein helles Gelb übergeht. Hiervon stark abgegrenzt ist ein schönes, sattes Rotviolett, das in ein Flieder übergeht. Dies ist wieder stark abgesetzt von einem Orange, das sich neben ein schmales, aber sehr kräftiges Karminrot legt. Das Karmin ist wie eine Außengrenze, obgleich noch ein Pfirsichblüt folgt. Dieses ummantelt alles zart und weit ausstrahlend. Es ist von weißen und licht-gelben Strahlen durchwirkt. Wie kleine Samenkügelchen tauchen neun rote Punkte im pfirsichblütenen Umfeld auf!

Der Engel spricht:

»Siehe, ich kämpfe täglich gegen das, was Finsternis genannt wird. Ich meine damit die völlige Abwesenheit von Licht, wo die menschliche Seele zusammenschrumpfen würde, käme dieser Zustand von völliger Abwesenheit von Wärme und Licht, von eisiger Kälte in ihre Nähe.

Finsternis ist nicht zu verwechseln mit Dunkelheit, in der sehr viel Wärme liegt, in welcher der Keim schlummert, der zu neuem Leben erwacht, so wie in der dunklen Erde, die da all die Samen behütet und beschützt, die Lichtkeime, voll der Weisheit, die da einst Leben entfalten werden. Die warme und durchlichtete Dunkelheit nährt sie mütterlich und gibt ihnen den Boden, auf dem sie einst wachsen werden. Sie wachsen dann aus eigener Entfaltungskraft, die nur geweckt werden muss, sie wachsen mit sicherer Entschlossenheit, die als Geschenk des Himmels erst zart und wunderbar beflügelt, dann mächtig das ›Herz‹ ergreift und sicher, klar und voll Gewissheit die Einsicht in den eigenen Weg schenkt und diesen ergreifen lässt.

Jetzt spreche ich für den Menschen als Lichtkeim: Der Mensch trägt viele Lichtkeime in seiner Seele. Ihr glaubt gar nicht, wie viele Schattenkräfte, Geister der Finsternis, sich täglich von diesen Seelenlichtkeimen ernähren! Sie saugen sie ab. Die Menschen werden dann fremdgesteuert, fremdbestimmt, denn ihre Lichtkeime der Seele sind ihre eigenen Lebenskeime. Mit ihrer Entfaltung entfaltet sich ihr Schicksal! Nur so können sie in ein Leben in Licht und Liebe gehen. Zu dieser Entfaltung braucht es Entschlossenheit. Momente der Entschlossenheit sind Momente der aktiven Schicksalsentfaltung. Sie sind Momente der licht- und liebevollen, der folgerichtigen und weisheitsvollen Erfüllung des eigenen Wegs!

Indem sich aber nun die Geister der Finsternis andocken an die menschliche Seele und sich von diesen Lichtkeimen ernähren, sie aufsaugen, werden die Menschen leere Hüllen. Ihre Seelenkräfte, die verantwortlich sind für den Antrieb eines selbstbestimmten Lebens, werden gelähmt oder ausgelöscht. Der Blick dieser Menschen ist hohl. Ihr Lebenslicht ist geschwächt, abgedimmt. Es ist dies eine Zeit, in der starke Besetzung durch diese Schattengeister an den menschlichen Seelen umsichgreifen kann. Dies kann unter anderem durch den hohen Technikkonsum geschehen, der ein Werkzeug dieser Geister ist.

Die Menschen müssen erkennen lernen, bei welchen Handlungen, Gefühlen und Gedanken sie fremdgesteuert sind. Das ist schon die wirksamste Methode, diese Geister abzuschütteln. Diese haben dann keinen ›Magneten‹ mehr zur menschlichen Seele und fallen einfach ab.

Ich helfe den Menschen bei diesem Prozess, sich innerlich wieder selbst zu spüren, in die Seele zu blicken, nach den Lichtkeimen zu schauen, welche die Keime ihrer Bestimmung sind. Ich helfe ihnen dabei, diese Keime sich frei entfalten zu lassen und ihre Seele in ihrer Licht- und Liebesqualität zu stärken. Nur so können sie ihr eigenes Leben wirklich spüren, es verteidigen, wenn es sein muss, und es schützen!

Wacht auf!

Spürt eure göttliche Seinsform, eure Bestimmung im göttlichen Plan! Erkennt euch als Schöpfer! Erkennt euch als Seelen, die selbst gestaltend sind, von Mut und Zartheit erfüllt, von Kraft und Erkenntnis! Deine Seele durchlebt und durchwebt deinen menschlichen Leib und kommt entschlossen zu freien Entscheidungen, die dein Leben gestalten.
So ist es!
Nun ergreift es, euer Leben! Ich bin bei euch!«

Ich danke dem Engel zutiefst. Immer wieder rufen die Engel uns auf, unser Schöpfertum zu ergreifen, immer wieder erinnern sie uns daran, dass dies unsere ureigenste Bestimmung als Mensch ist.

Der Engel spricht weiter:

»Ja, ich komme aus den Bereichen und Handlungsfeldern, die ihr Menschen irgendwann einmal die ›Dynamis‹ genannt habt. Bitte denkt und fühlt diese Einteilungen als Arbeitsbereiche von uns Engeln. Diese Arbeitsbereiche sind sehr, sehr weit und haben mannigfaltige Erscheinungsformen! So erscheine ich euch Menschenwesen oft als Erzengel. Als dieser bin ich für euch als Einzelengelwesen wahrnehmbar mit dem Thema und dem Arbeitsfeld der Entschlossenheit, obgleich es viele Engel der Entschlossenheit gibt, unter jenen die ihr ›Dynamis‹ nennt. Als Einzelengelwesen bin ich ein Erzengel. Diese Gnade, dass ich ein Erzengel, also ein ›Torengel‹ sein darf, befähigt mich, durch alle ›Arbeitsbereiche‹, die ihr Menschen ›Hierarchien‹ genannt habt, zu gehen.

Ich persönlich halte mich aber in der unmittelbaren Nähe der Menschen auf. Ich arbeite mit vielen Schutzengeln von Menschen zusammen und bestärke in jenen Menschen die Wahrnehmung ihrer Lichtkeime, die Wahrnehmungen ihrer ureigensten Seelenregungen!

Es ist wundervoll, diese Arbeit zu tun, und ich freue mich über jeden Menschen, der mitübt, seine ureigensten Seelenregungen wahrzunehmen!«

Jetzt spüre ich in mir eine Stimmung wie »Packen wir's an!« Ich muss auf einmal aus Herzenstiefen richtig lachen! Da ergreift mich solch eine Freude, und wieder danke ich dem Engel!

Es klingt der Name »Jahoviel« in mir an, der Name eines Erzengels.

Er spricht weiter:

»In einigen Gegenden haben mich die Menschen auch ›Inias‹ genannt.«

In mir taucht das Bild der alten Ägäis auf und auch die Ostküste Irlands und Englands, Küstengebiete, wo sich Land und Wasser durchdringen.

»Dieser Name ist vom Menschen aus gesprochen. Wenn ein Mensch ›Inias‹ ausspricht, weckt er in sich die Kraft, um Entschlossenheit zu leben, während ›Jahoviel‹ jene Kraft zum Schwingen bringt, die ihr Menschen rufen dürft, um

eure eigene Entschlossenheit aus dem göttlichen Urgrund zu beflügeln und zu stützen.

In ›Jahoviel‹ schwingt die göttliche Entschlossenheit mit, in ›Inias‹ die irdische Entschlossenheit

Beide sind in und für den Menschen!«

Engelsiegelblume

Resonanzleib des Engels – aufgemalt von Ines Siri Trost am 28. Oktober 2016

Die Mantren:
— vom Engel mitgeteilt —

Im Herzen die Freiheit
durchströmt all mein Handeln und Wirken
durchlebt und durchkraftet
mein leuchtendes Ich
Freiheit, ich grüße dich
ich atme dich
ich schaffe, hüte und durchlebe dich
so lade ich dich ein
durch mein Leben zu sein

So ist es

Freiheit gebiert Leben
Leben heißt Verwandlung
Verwandlung lehrt die Achtung vor dem Heiligen
und schützt es gleichsam urvertrauend
vertrauend in die Zartheit
und die Freude, die Erdensinne
frei entfalten

So sei es

Begegnung vom 28. Oktober 2016
Die Farben des Erzengels Siguel sind von innen nach außen in konzentrischen Kreisen angeordnet, beginnend mit einer Öffnung hellen Lichts in der Mitte, das langsam in ein Himmelblau übergeht. Dieses Zentrum wird umschlossen mit einem kräftigen Karminrot, das wiederum wird umkreist von einem tief leuchtenden Violett. Nun kommt wieder ein starker Farbbruch, erneut ins Himmelblau, übergehend in ein Tiefblau bis Ultramarin. Im äußeren Umfeld liegt Pfirsichblüt mit Weiß und Himmelblau durchwirkt, ganz außen Gelb, ebenfalls mit Weiß und Himmelblau durchstrahlt.

Der Engel spricht:

»Siehe ich bin ein Engel, der als Kernthema die Freiheit und das freiheitliche Handeln voller Lebensmut und Lebensglut als Grundmotiv begleitet, d. h., dass Freiheit ein sich stetig entwickelndes Motiv sein darf, das trägt und führt und ausrichtet. Die Kraft der Freiheit ist eine urmenschliche Triebfeder, d. h. ein urmenschliches Bestreben. Je mehr der Mensch sich von der Freiheit entfernt, desto mehr haben wir es mit Zerrbildern des Menschlichen zu tun! Freiheit kann nur recht verstanden werden, wenn sie als Tugend begriffen wird, also im Individuum gelebt, ebenso wie in der Gemeinschaft zum Wohle aller. So gesehen ist es wieder eine Grundhaltung einer ganz bestimmten Blickrichtung, einer Wahrnehmungssensibilisierung. Das Streben nach Freiheit und freiheitlichem Handeln muss die Liebe durchschreiten, die Verwandlungsbereitschaft, die kosmische Anbindung, die Zartheit und die Hinwendung zum Leben, die Sinneserfahrung und Sinneserkenntnis, die Freude, die Weite des Himmels. Ich könnte auch für euch Menschen gesprochen sagen: Die Freiheit muss getragen sein von Kraft und Liebe und von der ewigen Verwandlung, welche uns lehrt: eure und unsere kosmische Eingebundenheit sowie eure und unsere Erdverbundenheit in aller Zartheit, die das Leben braucht, in aller Weite, die das Herz im Atmen übt und in allem Vertrauen, dass das Leben in Freude gelingt!
Dann wird die Freiheit zur Wiege der Menschheit und gleichsam wird sie der Menschheit Wirken, der Menschheit Blüte und Krone. So kann die Freiheit in allen Dimensionen des Seelisch-Geistigen und Irdisch-Kosmischen weben und leben. Sie ist Entwicklungsweg und Ziel in ständig neuer Form.«

Der Erzengel Siguel schenkt uns hier eine wundervolle Übung, die wir am besten draußen in der Natur durchführen können, und welche nicht nur als »Übung« begriffen werden sollte, sondern als Grundhaltung, die, als Übung bewusst ausgeführt, in unsere tägliche Lebenshaltung und unseren Lebensatem rutschen sollte!

Es ist eine Haltung, mit der wir uns über unser Atmen mit der Erde verbinden, und es ist ein Herzatmen. Darin liegt die ganze »Übung« begründet!

»Gehe mit deiner Atmung von deinem Herzen aus. Mache es weit und gib ihm Flügel. Spanne dieses Herzatmen weit über die Erde. Gehe mit diesem Herz-Atem-Flügelschlag ganz und gar über die Erde und in die Erde. Lasse dieses Herzatmen wie einen feinen Nebeltau in die Erde sinken und verbinde dich darüber mit ihr. Lasse in dieser Verbindung deine Herzkräfte strömen und fühle, wie sie sich dadurch verstärken. Gebe ihnen Rosa mit.«

Auf meine Frage vom 1. November 2016: »Waren die Kriege zur Entwicklung der Freiheit nötig?«, antwortet der Engel:

»Hier haben wir es mit solch einem Zerrbild zu tun, was ich vor wenigen Tagen ansprach. Kriege – was macht sie so schrecklich für euch Menschen? Dass jegliche Zartheit fehlt, die das Leben braucht, dass jegliche Liebe stockt vor Entsetzen, dass die Freiheit ihren Bruder, den Frieden, verlassen hat.

Doch seht, wenn der innere Frieden in einem Menschen nicht anwesend ist, begehrt sein Freiheitssein auf, diesen inneren Frieden zu erlangen. Der Mensch beginnt dann für seinen Frieden zu kämpfen, nach innen wie nach außen, wenn er seine Lebensglut noch spürt.

Das ist der Mensch, der durch die Sinne geht, ein Mensch, der seinen Erkenntnisweg durch den Sinnesweg geht. Er ist bereit, bereit zu kämpfen und bereit zu sterben, denn er weiß, der Tod gehört zum Leben.

Der Tod ist der mächtigste Verwandler, und wenn es innerhalb eines irdischen Lebenszyklus' nicht möglich ist, die Verwandlung zur Freiheit zu erlangen, so muss der Mensch durch den Tod gehen, der über ihn kommt, und zu dem er bereit ist.

Noch einmal: Kriege sind die direkte Auseinandersetzung mit menschlichen Zerrbildern. Es ist nicht vorgesehen, dass Menschen anderen Menschen das

Leben nehmen oder gar sich selbst – das ist etwas Furchtbares. Doch Menschen, die anderen Menschen die Freiheit nehmen, sind in einem Zerrbild gefangen. Kriege, soweit sie Befreiungskriege sind, sind Antworten auf diese verzerrten Menschen und diese Antworten sind tapfer und mutig.

Freiheit ist so ein machtvolles Schöpfergut, das es bewusst von euch Menschen zu ergreifen gilt! Es gibt Widersachermächte, die dies verwehren wollen, und es gibt Menschen und gab sie vor allem zu Hauf in der Vergangenheit, die noch nicht in der Lage waren, diese Tugend im Alltäglichen zu leben und dieses machtvolle Schöpferwerkzeug im eigenen Leben verantwortungsvoll anzuwenden. Deshalb entstanden viele Kriege.

Aber wir Engel wissen, dass ihr stark genug seid die Zeit der Kriege zu beenden, dass ihr Menschen als Menschheit stärker seid als diese Widersacher, dass ihr hindurchgehen werdet und der Keim der Freiheit, der in euch gepflanzt ist, kräftig sprießen wird!

Eure Aufgabe als Menschheit ist es, Freiheit in alle Dimensionen des Kosmos hallen und schallen zu lassen und sie letztendlich dort zu verankern. Und wir Engel stehen euch dabei bei, denn wir sind wie ihr: Dienende eines großen Plans!

Freiheit ist ein Sinnesgut. Es kann nicht nur erdacht werden, es muss das ganze Menschenwesen durchdringen. Mit all seinen Sinnen darf der Mensch es erfühlen, was Freiheit heißt, und nur dann kehrt Frieden ein.

Dem Menschen ist der physische Leib geschenkt. Ohne ihn ist keine Freiheitserkenntnis möglich, kein Erkennen, was Freiheit heißt. Das hat mit der Extremerfahrung zu tun, als seelisch-geistiges Wesen in einem physischen Leib zu sein.

Das allein ist doch schon eine Extremsituation. Hierdurch tun sich extreme Möglichkeiten auf und gleichzeitig extreme Begrenzungen.

Kriege spiegeln nur die nochmalige Steigerung und ›Extremisierung‹ dieses bereits vorhandenen Extrems wider, das der Mensch als seelisch-geistiges Wesen in einem physischen Leib täglich meistert! Ihr seid in der Schule der Meister auf dem Wege Meister der Freiheit zu werden.

Darum geht es!

Wer tief in die Physis sinkt, geht durch Extreme eines Extrems, vergisst sogar seine geistige Anbindung, – aber glaube mir, die Menschheit wird sich wieder erinnern! Und es ist gerade eine Zeit der großen Erinnerung angebrochen, deshalb ist die Zusammenarbeit mit uns und auch der Elementaren Welt, die alles erinnert, was jemals auf diesem Erdenplaneten war, so wichtig. Der Freiheitskeim in seiner kosmischen Anbindung wird wiedererkannt und neu gebettet!«

Engelsiegelblume

Resonanzleib des Engels – aufgemalt von Ines Siri Trost im Oktober 2013

Die Mantren:
— vom Engel mitgeteilt —

Das Urmantra

Alles, was wir sind, ist Liebe
Alles, was wir sind, ist Licht
Licht in mir
Liebe in mir

Das erste Mantra

In Urzeiten liegt die Entscheidung
Bewusstheit zu ergreifen
damit fließt Verantwortung aus Liebe
Verwandlung durch Licht
als Menschengeisteswesen ergreife ich dies
aus Herzensdemut
in Dankbarkeit
gnadenvolles Schicksalswalten
darf nun heilen, darf gestalten

Das zweite Mantra

Ich finde die Liebe
ich finde das Glück
die Liebe findet mich
und das Glück findet mich
ich finde den Weg
der in mir ist
dies geschehe
jeden Tag neu
denn ich bin bereit zu finden
bereit, mich zu öffnen
für die göttliche Führung
und das göttliche Licht
immer wachsam
immer dankbar
voll Liebe und Glück
so bin ich selbst Liebe und Glück
und darf es schenken

der Welt

Aus den Begegnungen im Oktober und November 2013
Die Farben des Schwingungsfelds des Erzengels Ariel sind von innen nach außen in konzentrischen Kreisen angeordnet, beginnend mit einem Himmelblau im Herzen, das von einem lichten Weiß ummantelt wird. Darauf folgt ein kräftig leuchtendes Karminrot, das an seinem Rand ins Weiß hinein vibriert und ganz lebendig schwingt. Das Weiß da herum atmet ruhig und geht allmählich wieder in ein weites Himmelblau über, das diesmal ein sehr weiter Ring ist. Dieser wird geschützt und bestärkt durch einen schmalen, aber kräftigen violetten Ring. Um dieses spannt sich ein schwingendes, klingendes Karminrot, das an seinem Rand in ein lichtes gelbliches Weiß übergeht.

Die ganze Erscheinung strahlt eine große Ruhe aus und gleichzeitig eine starke Aktivität, eine Konzentration, wie der Bogenschütze in dem Moment, da er den Bogen gespannt hält und unmittelbar vor dem Loslassen seines Pfeils ist. Alle Farben sind von einer großen Klarheit und Reinheit.

Wieder fühle ich mich, wie bei allen Erzengeln, im tiefsten Kern meines Wesens unausweichlich direkt berührt.

Der Engel spricht:

>*»Finde Gott in dir,*
>*und du hast alles gefunden,*
>*was du brauchst und bist.*

Siehe, ich bin ein Botenengel. Früher wurde das, was ich bewirkte, Gott-gleich verehrt. Nun ist es aber so, dass die Liebe keine Hierarchien kennt, und das Licht überall gleich anwesend ist, wo Wahrhaftigkeit ist. So habe ich selbst dafür gesorgt, dass die Menschen mich wieder als einen Engel erkennen.

Siehe, die Menschen hatten es schwer, mir einen Namen zu geben, denn ich bin so umfassend, doch im Kern bin ich der, den sie Ariel oder Sariel nannten, ja, Ariel.«

Ich frage ihn: »Wie kommt es, dass manche Menschen sagen, dass Ariel und Uriel derselbe Engel sind?«

»Siehe, wir beide sind ganz im Anfang der Menschheitsgeschichte, als die Menschen für diesen Planeten Erde bestimmt wurden, Seite an Seite tätig ge-

wesen, den Prozess der Menschenseeleninkarnation zu bewirken, zu beglei-
ten und zu unterstützen. Wir waren in diesem Urbeginn wie Zwillingsengel,
vertraten aber einen je eigenen Aspekt.

Das tiefe Indigo-Ultramarin-Blau von Uriel hellt sich bei mir ins Himmel-
blau/ Königsblau auf, sein Rosa verdichtet sich und erglüht bei mir im Magen-
ta und sein Gelb wird bei mir ebenfalls ganz licht, wird zum Weiß, ganz außen
mit einem gelblichen Schimmer. So haben wir hier die deutliche Verwandt-
schaft und doch Unterschiedlichkeit!

Die Menschen suchten damals nach Worten, nach Namen, so ist auch aus
einer Verquickung unserer beiden Arbeitsfelder einmal der Name ›Surial‹ ent-
standen, und indem sie ›Surial‹ aussprachen, riefen sie uns beide an.

Wisse, wir sind zwei, Uriel und Ariel, die sehr eng beieinander wirken, da-
mals wie heute immer dar, denn das Leben ist ein einziger Findeplan – wun-
derbar!«

Ich fühle dieses unbeschreibliche, wundervolle Engellächeln und bedanke
mich.

»Siehe, diese Zeilen, die zu dir als Lied kamen und die du mit den Menschen
im Wald gesungen hast, habe ich dir geschickt und es ist eines meiner Mant-
ren, die ich euch schenke:

> *Alles, was wir sind, ist Liebe*
> *Alles, was wir sind, ist Licht*
> *Licht in mir*
> *Liebe in mir«*

Der Engel schenkt mir nun ein ganz persönliches Mantra, und ich darf sagen,
dass es mit meinem »Strahl« zu tun hat. Jeder Mensch hat einen »Strahl«, wie
es die Engel nennen, der ihn von Geburt an begleitet, und dieser Strahl wird
genährt von der Energie mindestens eines, meist mehrerer Himmelskörper,
von denen aber in der Regel einer dann vorrangig wirken wird. Dieser Strahl,
welchen ich als Geburtsstrahl begreifen durfte, begleitet unsere Seele im Inkarnationsprozess auf die Erde und speist einen Menschen fortan sein ganzes
Leben hindurch. Solange wir leben, nährt uns dieser Strahl, und es sind einige
lichtvolle Wesen für die Aufrechterhaltung dieses Strahls nötig. Jeder Mensch
kann, wenn er ihn kennt, seinen Strahl aufrufen, um mit ihm bewusst in seiner göttlichen Bestimmung zu sein und seiner vollen Kraft. Dieser Strahl kann

einem Menschen auf der feinstofflichen Ebene dabei helfen, andere Menschen zu besuchen, ihnen Licht und Liebe zu schicken, kann uns an andere Orte führen und Gegebenheiten und Zusammenhänge schauen lassen, immer unter der Voraussetzung, dass es von den Engeln gewollt ist, denn die Tore der geistigen Welt kannst du nicht aufstoßen, sie müssen dir aufgetan werden! Dies gilt auch jeden Tag neu: Wurden dir einmal Einsichten und Erkenntnisse auf feinstofflicher Ebene gewährt, so heißt das nicht, dass es dir ab jetzt automatisch immer so gehen wird. Alles ist ein lebendiger Prozess und immer abhängig von deinem alltäglichen Leben, deiner Grundhaltung, mit der du dieses beschreitest und ob dir deine geistige Schau, nach der du strebst, auch gewährt wird. Manchmal verwehren die Engel einem Menschenwesen auch eine geistige Schau, um dieses Menschenwesen zu schützen. Auch das ist möglich. Grundsätzlich ist aber jedem Menschen die Möglichkeit gegeben, durch eigenes Bemühen und Bestreben in die Wahrnehmung seines persönlichen Strahls zu kommen.

Der Engel spricht weiter:

»Lausche in den Kosmos, dann kehre zu dir selbst zurück, kultiviere ein Schwingen zwischen den Sternen und deiner Seele, wie auch immer dieses Schwingen aussehen mag. Ob du tönen oder singen willst, summen, brummen, malen, spielen, lachen ... all das, kann ein Hin und Her zwischen dir und den Sternen sein, – und schau sie dir oft an, die Sterne! Diesen Rat kann ich dir auf der Suche nach deinem Strahl gerne geben.

Wenn du das oft genug getan hast, kannst du dich selbst in einem Strahl imaginieren und schauen, welche Farbe oder welche Farben dieser Strahl hat und ob dich dieser Strahl zu einem Himmelskörper führt. Du darfst das aber erst tun, wenn du dich vorher bewusst in der Erde mit einem Lichtstrahl verankert hast und auch nur, wenn du überhaupt ein auf der Erde gut verankerter Mensch bist! Und das solltest du auch immer wieder überprüfen, denn jeder Mensch steht in seinem ganzen Kräfte-Wirkensfeld ununterbrochen unter mannigfaltigen Beeinflussungen!«

Mein Strahl und seine Verbindung zu seinem bzw. meinem Stern hat sich mir dann irgendwann mit Hilfe der Engel ganz deutlich in *Farben* offenbart. Für jede geistige Schau ist eine gute Erdenhaftung nötig! Das gilt generell für uns Menschen, denn das ist die Schule, durch die wir gehen sollen und dürfen als Menschen, den Kosmos von der Erde aus zuschauen, mit dem Fühlen und Tätigwerden eines Menschen zu durchsinnen, zu durchdringen und die dadurch gewonnenen Erfahrungen wieder an den Kosmos zu schenken.

Der Engel spricht weiter:

»>Finden‹ hat mit ›sich führen lassen‹ zu tun, voll Vertrauen und Einklang mit dem göttlichen Licht und der göttlichen Liebe.
Wisse, ich bin auch ein Tor-Engel, die ihr Menschen ›Erzengel‹ nennt, und ich will dir erweiternd etwas zu der Funktion des Tors bei den Erzengeln sagen, denn natürlich sind alle Engel wie ein Tor, ein Tor zu Erkenntnis, wenn du ihnen begegnest, wie du es z. B. tust, durch die Offenbarung ihrer Schwingungsfelder, ihres Resonanzleibs, ihrer ›Siegel‹. So kann für jeden Menschen durch seine Arbeit mit den Siegeln ein Tor aufgehen zur tieferen Einsicht, zur erweiterten Erkenntnis seines und unser aller Leben.
Die Erzengel nun sind jene, welche die Torkräfte ganz grundlegend begleiten. Wir sind Wächter, Hüter und Geburtshelfer am Tor. Wir ermöglichen Torkräfte. Wir sind das Tor. Wer mit uns arbeitet, geht durch ein Tor. Wir fordern die Entscheidung und fundamentale Bereitschaft im Sinne von ›ein Fundament legen‹, sich für etwas, von dem du weißt, es ist gut und dient dem Licht, zu öffnen, von dem du aber noch nicht weißt, welche konkreten Ausformungen es in deinem alltäglichen Leben nehmen wird. Du spürst nur die Gewissheit im Herzen und das Vertrauen, dass das Land hinter dem Tor zu deiner Heimat gehört und wir dich begleiten werden.
So machen alle Engel Mut und dienen in De-Mut. So sollt ihr dienen und die De-Mut wird euch weit tragen und erstarken lassen!
Wisse, ich bin jener, der die Gelassenheit im Vertrauen bringt, die Zuversicht in De-Mut, die Liebe mit dir selbst, den Glauben im Sinne einer Herzenszuversicht, des sich folgerichtig für dich gut und richtig entfaltenden eigenen Wegs, den Glauben also, an diesen, deinen Weg als einen guten Weg, auf dem du begleitet bist.
Glauben ist hier im Sinne von ›Herzensgewissheit‹ zu verstehen. Dies ist übrigens eine Grundübung: Übe Glauben als Herzensgewissheit zu fühlen! Diese Grundübung ist auch gleichzeitig eine Basiserkenntnis, sonst macht Glaube nur unfrei!
Siehst du, in dem Wort ›Gewissheit‹ liegt die Anbindung an die kosmische Weisheit, die Eintritt hat in dein Herz. Das schafft Gewissheit und nährt den Glauben im positiven Sinne, der immer der Diener der Gewissheit bleiben muss, um den Menschen frei zu lassen. In dem Moment, in dem Glaube unfrei

macht, dich bindet und blockiert, und du keinen Sinn mehr in deinem Handeln siehst, zu welchem dich vielleicht der eine oder andere Glaubensgrundsatz veranlasst, ist die positive Kraft des Glaubens als Diener der Gewissheit, in dem auch die Bewusstheit bleibt, in eine negative Kraft gekippt, in der alle eigene Urteilskraft blockiert ist.

Deshalb gehören Glaubensgrundsätze nicht zu einem freien Erkenntnisweg! Wirf sie fort! Alle! Prüfe selbst!

So, das war ein kleiner Exkurs. Nun zu einer meiner Funktionen als ›Finde-Engel‹: Finden kann nur der, der vertraut, und der eben jene Gewissheit im Herzen fühlt, dass er finden wird! Finden heißt, ans Ziel kommen, dass etwas auf dem großen Weg der Erkenntnis in Erfüllung geht und sich etwas gleichzeitig auf den Weg macht. Finden heißt, in seiner Ruhe anzukommen und zu sein. Finden kann deshalb auch ›gefunden werden‹ heißen!«

Ich fühle dieses unsagbare Engellächeln. Mein Herz hüpft und ist voll der Freude!

An dieser Stelle schenkt uns der Engel sein zweites Mantra und er spricht weiter:

»Es gehört dazu, loslassen zu können.
Es gehört dazu, einen Weg zu gehen, dessen Ende du nicht kennst.
Es geht darum, Mut und Liebe zu vereinen.
Es geht darum, zu dienen.
Es geht darum, mit Klarheit Fügung zu erkennen und ihr in Vertrauen zu folgen.«

Es war eine Freundin, welche dem Erzengel Ariel als »Finde-Engel« schon vor mir bewusst begegnet war und mich bat, sein Siegel zu malen. Dafür bin ich ihr sehr dankbar, denn seitdem hat dieser Engel für mich »ein Gesicht« bekommen. Durch seine von mir aufgemalte Engelsiegelblume fühlt er sich an, wie ein »alter Bekannter«. Mittlerweile ist er wirklich der Engel für mich geworden, den ich immer und zu jeder Zeit rufen kann, wenn ich etwas finden möchte, selbst wenn es um die alltäglichsten Dinge geht. Ich rufe innerlich seine Engelsiegelblume auf und bitte ihn, mich das Gewünschte finden zu lassen, und er handelt mit mir immer sofort und direkt! Ich komme mir auch nicht zu banal vor, ihn um einen Parkplatz zu bitten, wenn ich zu einem Termin in die Stadt unterwegs bin, und es hat bisher immer geklappt!

Kürzlich suchte ich beispielsweise meinen Schulschlüsselbund: Ich hatte schon das ganze Haus nach ihm abgesucht und konnte ihn einfach nicht finden, weshalb ich ohne ihn zur Arbeit gehen musste (in die Schule). Einen ganzen Schulvormittag musste ich mich dort klopfender Weise in diverse Klassenzimmer und andere Räume bringen oder mir von Kollegen die Unterrichtsräume aufschließen lassen, in denen ich selbst Unterricht hatte. Es war der letzte Schultag vor den Weihnachtsferien, an dem ich natürlich noch viel mehr zu tun hatte als sonst und das Ganze erschwerte mein Vorankommen. Zu Hause angekommen suchte ich sofort weiter bis ich endlich auf den Gedanken kam, mal den Finde-Engel zu fragen. Diesmal sagte er nur ganz knapp und deutlich: *»Ruf in der Schule an!«* Ich hörte völlig unverständig hin und konnte es kaum glauben, was ich da vernommen hatte, denn dort hatte ich am Morgen einigen Kollegen erzählt, dass ich meinen Schlüssel verlegt hatte, aber keiner hatte ihn gesehen. Außerdem war ich sicher, dass ich ihn zu Hause verlegt hatte, denn ich lege meinen Schulschlüsselbund, weil er so wichtig ist, in der Schule wirklich nie aus der Hand! Ich konnte mir also nicht vorstellen, dass ich ihn dort irgendwo abgelegt hatte. Außerdem hatte ich mich schon vor Stunden dort verabschiedet und war längst zu Hause und glaubte, dort in der Schule niemanden mehr anzutreffen, denn schließlich hatten wir Weihnachtsferien. Nun bestand der Finde-Engel aber darauf, dass ich wirklich, bitte in der Schule anrufen sollte. Also tat ich es. Es meldete sich sofort unsere Konrektorin, die gerade als letzte, nachdem schon alle anderen gegangen waren, das Gebäude verlassen wollte und noch gerade, schon im Mantel, direkt neben dem Telefon im Sekretariat stand. Ich erzählte ihr etwas verlegen, dass ich meinen Schulschlüsselbund nicht finden konnte. Da sagte sie nur: »Direkt vor mir, hier auf der Theke, liegt ein Schlüsselbund!« Ich fragte sie, ob an diesem Schlüsselbund auch ein kleiner Schrankschlüssel sei, der mit Tesakrepp oben umwickelt war. »Ja«, sagte sie. Es war mein Schlüsselbund!

Die Wochenthemen der konkreten Arbeiten am Land:
Ein immerwährender Jahreskalender
aus der Keimzelle der Raunächte

- *Impulse mit konkreten Anwendungen und Arbeitsvorschlägen für das Land sowie diese begleitende Wahrnehmungsübungen, Betrachtungen und Meditationen;*
- *eine Grundlage für die tägliche Arbeit für Landwirte, Gärtner, Landschaftspfleger, Therapeuten, Pädagogen und alle, die ein bewusstes und erfülltes Dasein in seiner Einbindung in die Kreisläufe und Kräfte der Natur leben und leben wollen.*

Ohne eine bewusste Zusammenarbeit mit den Wesen der Elementaren Reiche und der Zwischenreiche, ohne ein bewusstes Miteinbeziehen der Engelwelten gibt es keine lebenserhaltende, lebensnährende und lebenswürdige menschliche Zukunft auf diesem, unserem Heimatplaneten Erde, der Erde, die wir endlich als ein großartiges, geistiges Wesen begreifen müssen! »Wir« bezieht sich hier nur auf die sogenannte »zivilisierte« Welt. Alle indigenen Völker haben die Inhalte, um die es hier geht, nicht vergessen. Sie brauchen auch keine Bücher und Schriften, um sich daran zu erinnern. Ebenso wenig brauchen sie Impulse, die sie lesen, und welche sie vom Gedanken her in ihre tägliche, konkrete Arbeit leiten.

Ich hoffe, ich gebe hier Gedankenanstöße, die sofort gefühlte Wirklichkeit sein können, die menschliches Gedankenleben, Gefühlsleben und vor allem: unsere Handlungsebenen miteinander verbinden und praktisches Tun werden! Ich möchte hier an einen Schulungsweg erinnern, der über die Sinne geht. Er geht vom Sinnlichen ins Übersinnliche und umgekehrt. So steht das tägliche, konkrete Arbeiten am Land in Zusammenarbeit mit all seinen Wesen, mit Naturwesen und Engelwesen, im Mittelpunkt dieses Schulungswegs!

Immer wieder durfte ich erfahren, wie erst mit meiner Hände Arbeit mein inniger Kontakt zu den Wesen möglich wurde und wahrhaftige Offenbarungen fließen konnten. Körperlich fordernde Arbeit, stetige Pflege des Landes und die Überwindung der eigenen Bequemlichkeit habe ich als willkommene Werkzeuge der Erkenntnis und Reifung kennengelernt. Ich bin dankbar für diese Arbeit, denn sie hält mein Leben lebendig, beweglich, geschmeidig, und ich werde auf unerwartete Weise immer wieder neu beschenkt.

Die Wochenthemen der konkreten Arbeiten am Land sind eine praktische Gliederung und Rhythmisierung des Jahres, die im seelisch-geistig wachen Miterleben des Jahreslaufs eingebettet sind. Dieses kann wesentlich unterstützt werden durch die Monatssprüche, die mir vom Erzengel Michael mitgeteilt wurden, und die Sprüche der Festeszeiten, welche mir von mehreren, diese mitgestaltenden Wesen geschenkt wurden und in meinem Buch: »Die Monatssprüche des Michaelischen Schulungswegs ...« veröffentlicht wurden.

Beginnend mit den Raunächten gibt es Wochenthemen für die konkrete Arbeit am Land, die mir von verschiedenen Wesen und Vertretern unterschiedlicher Reiche mitgeteilt wurden. Diese Themen gliedern sich in den umfassenden Reifezyklus des gesamten Jahres. Hier brauchen die Elementarwesen und die Wesen der Zwischenreiche unsere Unterstützung und laden uns ein, mit ihnen gemeinsam zu arbeiten. Hierzu schenken sie uns praktische Arbeitsimpulse für unsere tägliche Arbeit am Land, welche gleichzeitig Arbeit an uns selbst ist und unseren seelisch-geistigen Wachstums- und Entfaltungsweg trägt und fördert.

Wer um die Fruchtbarkeit des Landes in seiner Pflege bedacht ist und das folgerichtige Gedeihen seines Anbaus von der Saat bis zur Frucht, wer dazu beitragen möchte, dass bestimmte Anwendungen am Land zur rechten Zeit kommen, um die Gesundheit unserer Landschaft, unserer Erde und damit seiner selbst zu erhalten, der findet hier einen reichen Schatz an konkreten Hinweisen und Handlungsformen!

Diese konkreten Mitteilungen der Wesen, die meine Familie und mich begleiten, begannen mit den Durchsagen von praktischen Anwendungen sowie diese begleitenden Wahrnehmungsübungen und Meditationen für das Land um die Lichtmesszeit herum, bzw. die Festeszeit der lichten Erde. Mein Mann und ich hatten zu dieser Zeit gerade eine ergreifende Zeit der Raunächte mit vielen Begegnungen mit unseren Freunden aus den Elementaren Reichen und Zwischenreichen durchschritten, darunter auch Boten und Gesandte, denen wir damals das erste Mal bewusst begegnen durften und die für unsere menschlichen Verhältnisse von weit her kamen, um uns etwas mitzuteilen und bei uns zu sein.

In dieser Zeit der Raunächte, die gerade hinter uns lag, und in deren Nachklang wir noch ganz darinnen standen, wurde mir zum ersten Mal klar, wie tief und weitreichend die bewusst gelebte Zeit zwischen den Jahren das kommende Jahr vorbereitet. Eine Weisheit senkt sich über all des Menschen Tun, eine Führung des Himmels und der Erde, wenn er lebt und handelt im Einklang mit den Wesen der Natur und der Zwischenreiche. Dieser Einklang ist die Frucht seines eigenen Handelns, seiner persönlichen, täglichen Lebenshaltung. Sie muss täglich erneuert werden und ist kein selbstverständliches Geschenk von Seiten der

Wesen! Sie hängt mit der täglichen Arbeit des Einzelnen direkt und unmittelbar zusammen. Es ist hier die Rede von einer Arbeit mit Herz und Hand!

Die Raunächte selbst sind hier bereits mit einigen Bräuchen ausführlich beschrieben sowie in die tägliche Begleitung der Erzengel gestellt. Unmittelbar danach, den ganzen Januar über, gilt es noch eine Ruhezeit einzuhalten, ein Innehalten und ein waches Miterleben der leisen Erdgeschehen zu üben, die sich stark in den inneren und den mittleren Regionen der Erde abspielen. Ebenso kann uns dieses wache Miterleben in diesen Wochen viel von der Tätigkeit der Allfeenreiche erschließen, die sich in der Zeit der Raunächte und unmittelbar danach ganz besonders dem Menschen widmen. Ebenso teilen sich die Schwellenhüter aller Orte und Reiche in diesen Wochen mit. Lebt hier ein waches Hineinlauschen in die Reiche von Seiten des Menschen, und signalisiert dieser durch seine konkrete Arbeit am Land, seine Bereitschaft der Zusammenarbeit, so kann eine dauerhafte Verbindung entstehen zu Einzelvertretern der Reiche und zu deren Schwellenhütern. Ebenso geht in den ersten Januarwochen auch die Arbeit mit den Erzengeln weiter.

Mir wurde mitgeteilt, dass hier als Wochenthema je ein Mantra eines weiteren Erzengels als innere Ausrichtung die Woche über begleiten darf. Alle hier notierten Angaben sind in Form von Gesprächen mitgeteilt worden, die regelmäßig, immer zu einer verlässlich wiederkehrenden gleichen Zeit im Wochenrhythmus stattfinden zwischen meiner Familie und den dazugehörigen und sich dazu gesellenden, auch oft dazu geladenen, Gästen aus der feinstofflichen Welt. So sei hier großer Dank an alle Mitwirkenden ausgesprochen!

Zu Beginn fanden diese Gespräche statt, um uns Menschen auf ganz konkrete Arbeiten am Land hinzuweisen, auf Zusammenhänge und Wirkungskreisläufe, die wir für unsere Arbeit im Bewusstsein haben sollen. Immer mehr wurde mir klar, dass diese Mitteilungen aus der feinstofflichen Welt viel weiter gingen als die bloßen Anweisungen auf konkrete Handlungsformen. Sie betreffen eine umfassende Wahrnehmungsschulung, die als solche Teil des Michaelischen Schulungswegs ist, aus dem ich bereits in meinen ersten beiden Büchern jeweils sich ergänzende Bausteine freigeben durfte. (s. »Die Monatssprüche des Michaelischen Schulungswegs ...«, erschienen 2017, sowie »Die Blumen der Engel«, erschienen 2016). Im September 2017 erweiterten sich diese Art von Gesprächsrunden auch auf meine Jahresschulungsgruppe, in der wir sie ebenfalls als festen Baustein unserer gemeinsamen Arbeit einführten. Diese Gespräche und Mitteilungen enthüllen eine Lebenshaltung, die Grundlage für umfassende Entwicklungsschritte innerhalb des eigenen Wegs eines jeden Menschen ist, eines Menschen, der sich bekennt zur Gemeinschaft mit den Wesen der feinstofflichen Welten.

Themen: Erderühren, Heilerde herstellen als Gabe und Geschenk von und für die Erde; das Jahr als Heiljahr und Entfaltungsjahr, als Wandlungs- und Erfüllungsjahr vorträumen

Die Handlung des Erderührens ist im Kapitel zu den Raunächten (s. Seite 32) ausführlich beschrieben worden. Sie begleitet gemeinsam mit der Arbeit mit den Erzengeln jeden Tag und jede Nacht dieser beiden Wochen. Daneben ist dies eine Zeit, in der jeder einzelne Mensch das kommende Jahr in seiner Heil-, Entfaltungs-, Wandlungs- und Erfüllungsqualität »vorträumt«. Diese Praxis des wachen Träumens und des sinnenden Träumens aus dem Tag- und Nachtbewusstsein heraus als aktive Zukunftsgestaltung war früher viel stärker in der Gesellschaft, in kleinen Gemeinschaften und bei den einzelnen Menschen verankert. Es ist ein segensreiches Handeln, an das ich hier erinnern möchte. Man sollte in dieser Zeit viele Landbegehungen unternehmen und sich draußen vor Ort vorstellen, wie z. B. das eigene Gartenland im kommenden Jahr bewachsen und bepflanzt sein soll. Man darf innere Bilder und ein Vorsinnen in diese Zeit, auf die man sich mit seinem Land freut, aufkeimen lassen und dort im Äther des Ortes, um den es geht und den man besucht, verankern.

Die zweite Januarwoche:

Themen: in die Stille eintauchen; die Erde besingen; die eigene Verbindung zu ihr spüren und kräftigen

Wir stehen in dieser Zeit immer noch sehr stark im Nachklang der Raunächte, die in der Stille und der eigenen Verbindung zur Erde, die durch das Erderühren wachsen durfte, weiter wirken dürfen. Die Erde zu besingen ist in dieser Zeit ein Segen und kann die Keimzelle für ein fruchtbares gemeinsames Freudenjahr im Land legen. Dabei soll man der eigenen Muße folgen. Diese Woche kann in sehr unterstützender Weise vom Mantra, das uns der Erzengel Raphael schenkt, begleitet werden:

Das Mantra
— vom Engel mitgeteilt —

Ich lächle das Leben
und singe mein Lied
ich öffne die Arme
und danke

Neubeginn in jedem Augenblick
Urvertrauen und Liebe
Liebe, die fließt und verwandelt
heilt und schützt
Liebe des Urbeginns
kräftig und stark

ich in mir
in Stille
voll
des Lächelns
tauche ein
in diese Liebe
ich danke
von Herzen

Die dritte Januarwoche:

Themen: in der Stille bleiben; die Weite des eigenen Innenraums erleben im Spiegel der Weite des Landes; dem Freiheitsaspekt des Landes, seiner Wesen und seiner selbst nachspüren und so zur eigenen Herzensfreiheit gelangen

Auf Landschaftsgängen sollen die oben genannten Themen als Arbeitsfelder mitgenommen werden. Weiterhin wird deutlich, dass sich in diesen Tagen bereits das Licht im Außen und im Innen wandelt und in eine neue Qualität taucht. Die Festeszeit der lichten Erde schickt ihre Vorboten und soll willkommen geheißen werden. Diese Woche kann sehr stimmig vom Erzengel Gabriel mit seinem Mantra begleitet werden:

Erzengel Gabriel
Engel der Herzensfreiheit

Das Mantra
— vom Engel mitgeteilt —

Ich verneige mich vor dem Leben
ich verneige mich vor der Liebe
ich verneige mich vor dem Herzen
das sich geöffnet hat
und dem reinen Wesenskern
in jedem Menschen
seinem Göttlichen Innersten
das frei
selbstbestimmt
wahrhaftig
und liebend
sich entfalten will

so sei es
ich danke von Herzen

Die vierte Januarwoche:

Themen: die Stille wandeln in innere Aktivität, das innere Feuer anzünden, die Liebeskraft in allem Sein als Schöpferkraft auffinden

In diesen Tagen ist es wichtig, weiterhin mit der sich wandelnden Lichtqualität und mit dem Feuer als Wandlungskraft im ursprünglichen Sinne umzugehen. Das heißt, dass man gut daran tut, tatsächlich auch draußen Feuer anzuzünden und es zu genießen, am Feuer zu sitzen, die Feuerkraft zu ehren und in sich zu spüren. Weiter geht es um die Liebeskraft als Wandlungskraft, die jetzt im Land geweckt werden darf. Dies kann durch die eigene Liebeskraft als Wandlungskraft weitergegeben werden.

Eine sich hieraus ableitende Handlung ist das »Aschestreuen«, das in diesen Tagen getan werden kann. Mit der Asche des Feuers vom Vortag, die gesiebt wird und in der bereits die bewusst dort hineingegebenen Pflanzen in ihrer Verwandlungsform der Asche enthalten sind, wird das offene Land, der bearbeitete und vorbereitete Boden, bestreut. Im Feuer können bestimmte Pflanzen verascht werden. Die Botschaft dieser Pflanzen in ihrer Verwandlungsform als Asche geht an die Metalle und die Mineralien in der Erde, welche bevorzugt von ihrer Art aufgenommen werden. Die Metalle und Mineralien reagieren jetzt in dieser Zeit auf Pflanzenasche in der Form, dass sie sich in eine tiefe Ruhe und Besinnung auf sich selbst begeben. Dies stärkt die vorhandenen Bodenmetalle und Mineralien. Sie werden aufgefordert, noch einmal kräftig in ihre eigenen Uranbindungen bis in Sternenweiten zu tauchen und fallen wie in einen tiefen Schlaf.

Asche darf übrigens nicht im Vorfrühling gestreut werden, denn sie verschließt eher, als dass sie öffnet. Jetzt in dieser Zeit ist Asche gut für den Boden. Schon etwas später im Jahreslauf kehrt sich das jedoch ins Gegenteil! Nur in dieser kurzen Zeit im Winter kann mit Asche auf dem bearbeiteten und vorbereiteten Boden gearbeitet werden.

Der Engel, der mit seinem Mantra diese Woche in ihren Themen bestens begleiten kann, ist der Erzengel Jeremiel, der Engel der Liebe. Sein Mantra dem Land und seinen Wesen gesprochen, bringt einen Segen für das Land und wirkt in all den jetzt wichtigen Handlungen:

Das Mantra
— vom Engel mitgeteilt —

Liebe fließe
Liebe ströme
aus unendlichen Himmelsweiten
öffne mein Herz
weite mein Herz
weit wie der Himmel selbst
strahlend wie die Sonne
fließend als Gottes unendliche Liebe selbst
Herz, du mein Herz
sei das göttliche Gefäß der Liebe
das strömend und fließend
strahlen und leuchten darf
als Sonne, als Kosmos
Kosmos im Menschen

dann strömt Liebe
dann strömt Schöpferkraft
durch mich Mensch
dann werde ich Mensch
Herz des Universums

danke
aus tiefstem Herzen
für diese Erkenntnis
in Demut und Dankbarkeit
verneige ich mich
vor der göttlichen
Liebe

Die erste Februarwoche:

Themen: Reinigung durch Wandlung; Wandlung des Lichts, Gnade

Wir sind mitten in der Zeit der Festeszeit der lichten Erde. In dieser Zeit wandelt sich die Lichtqualität. Licht fließt gnadenvoll, reinigend als mächtige Wandlungsbotin, mit Güte und Wärme von der Erde aus. Dieses Licht wahrzunehmen, darum geht es in diesen Tagen und jenen Tag zu erkennen, an dem die Lichtfülle am größten ist. Diese Aufgabe gab es auch schon in der Vorgängerwoche, verbunden mit der Handlung am Tag der größten Lichtfülle die Erden auszubringen, die in den Raunächten gerührt wurden. Hier kann das Mantra des Erzengels Camael, der diese Zeit wundervoll begleiten kann, draußen gesprochen und nachgespürt werden, was es bewirkt:

Erzengel Camael
Engel der alles überwindenden Kraft,
Engel der Gnade und der Katharsis

Das Mantra
— vom Engel mitgeteilt —

Lieber Erzengel Camael
Engel der alles überwindenden Kraft
Engel der Gnade und der Katharsis
mögen das Licht und die Liebe
mich ganz und gar erfüllen
auf dass Gnade als Kraft der Verwandlung sich entfalte
auf dass Schicksal Erkenntnis werde
Erleuchtung aus Herzensliebe
denn nur die Liebe wächst und nährt
nur die Liebe will ich leben
mit deiner Hilfe
um die ich bitte

und für die ich danke
so bin ich in meiner Liebe
in der allumfassenden, alles verbindenden
alles mit Freude und Wärme erfüllenden
Liebe

Die zweite Februarwoche:

Themen: Entscheidungen; etwas anders machen, etwas Neues beginnen

In diesen Tagen schwingt der noch deutliche Nachklang und Wiederhall der Raunächte mit der sich erfüllenden Zeit der lichten Erde aus. Die gerührten Heilerden sind ausgebracht und eine Neubeginnsstimmung, die Entscheidungen auf der
eigenen Handlungsebene fordert, macht sich deutlich. Es ist das Wochenthema
für das bevorstehende Arbeits- und Erntejahr, das jetzt deutlich beginnt Entscheidungen zu treffen. Eine schöne Übung ist es, sich für das beginnende Arbeitsjahr
etwas Neues vorzunehmen und etwas bewusst anders zu machen als im Vorjahr.
Wir dürfen das Mantra des Erzengels Michael mit hinaus auf unser Land nehmen,
um es dort für dasselbe, für seine Wesen und uns selbst zu sprechen:

Erzengel Michael,
Engel des Herzensmuts

Das Mantra
— vom Engel mitgeteilt —

Ich grüße dich, Erzengel Michael
und bitte um deine Begleitung und deinen Schutz
du, der du mich lehrst, Gut von Böse zu unterscheiden
der du mich lehrst, standhaft zu bleiben
in der göttlichen Liebe, dem göttlichen Licht
die mir gepflanzt sind ins Herz
der du mich lehrst
mutig in die Welt zu gehen

auf dem Weg der Herzenstreue
begleitet und beschützt von allen vier Himmeln
dem Himmel des Nordens, dem Himmel des Südens
dem Himmel des Ostens und dem Himmel des Westens

mein Handeln erreiche die Welt mit Tatenkraft
mein Fühlen umspanne die Welt mit Liebe
mein Denken erfülle die Welt mit Licht
so will ich gehen den Weg der mutigen Klarheit
heilige Dreifaltigkeit vollkommen in meinem Herzen
göttlicher Vater, göttliche Mutter, göttlicher Geist
der du lebst in jedem Menschen
begleite mein Handeln
begleite mein Fühlen
begleite alles, was in mein Denken Einlass findet
und durch es wieder in die Welt geschickt wird
jeden Tag neu erkenne ich meinen Weg
aus göttlicher Vorsehung

so sei es
ich danke
von Herzen

Die dritte Februarwoche:

Thema: die Erde segnen

Zu dieser Zeit ist das Segnen des Landes die Grundlage für alles weitere Gedeihen. Diese Mitteilung kommt uns von einem Schwellenhüter zu, der unter anderem auch im Reich der blauen Allfeen aus dem hohen Norden zu Hause ist, sowie von Vertretern des Volkes der Mittleren Erde. Diese erzählen und zeigen uns, wie sie mit kleinen Glöckchen, großen Glocken und Schellen über die Weide gehen. Sie haben Schellenringe um ihre nackten Füße, mit denen sie unter vielerlei Geläut über das Land gehen und es so segnen. Sie laden uns ein, es ihnen gleich zu tun und wie zu alten Zeiten, als die Menschen um diesen Brauch noch wussten, diesen mit ihnen gemeinsam zu beginnen. Sie zeigten uns Bilder, wie die Menschen aus alten Zeiten in ihren Glockengängen auch Lieder sangen und summten. Sie sagen, dass vor allem das menschliche Lachen, und besonders das der Kinder, die Erde segnet. Wir sollten uns vorstellen, wie durch unsere über das Land ausgebreiteten Hände ein Licht aus Sternenweiten strömt. Dies sei das Segenslicht des Kosmos für die Erde und es soll durch unsere Hände einströmen, ganz genau durch jene Stelle in der Mitte unserer Handflächen.

Die Wesen der Mittleren Erde sind sehr humorvoll und haben oft ein seliges Lächeln im Gesicht. Manchmal wirkt es so, als würden sie gleich loslachen. Mit eben einem solchen Ausdruck fügten sie nun noch hinzu, dass uns die Ziegen bei der Segensarbeit helfen, wenn wir ihnen Glocken um den Hals binden, die sie dann beim Grasen und lustigen Springen erklingen lassen!

Einen wichtigen Aspekt des Segnen-Könnens vermittelt uns der elementare Bienenmeister eines unserer Völker:

»... Können sie (die Menschen) die Ehrfurcht und Demut vor den Urschöpferkräften des Lebens in Liebe und Hingabe nicht mehr in ihren Herzen aufkeimen fühlen, verlieren sie die Gabe zu segnen und zu ahnen! Können sie aber nicht mehr segnen, so verdirbt das Land. Dieses Segnen war in der Zeit kurz nach Lichtmess immer eine gemeinsame Aufgabe des Volkes der Mittleren Erde und des Volkes der Äußeren Erde, also euch Menschen!«

Die vierte Februarwoche:

Thema: die Sonne in die Erde bringen

Dies geht mental oder durch die praktische Anwendung von Honigwasser, das angerührt und auf die Erde gesprenkelt wird. Im Honig ist die ganze Wärme des Sommers gespeichert. Indem ich ihn im Wasser in spiraligen Bewegungen aufwirble, potenziere ich diese Sonnenkräfte und präge sie dem Wasser ein. Dieses Wasser wird dann mit einem Sprühgerät auf die offene Erde gesprüht oder mit einem Handbesen gespritzt. Die Saat, die in diesen Tagen gesät wird, sollte unbedingt in dieser Weise behandelt werden. Jeden Samen, den man setzt, soll man innerlich mit Sonnenkräften begleiten.

Die Sonne kann der Mensch auch durch Herzenskräfte in die Erde bringen, durch Meditation und Gebet, durch Singen und Summen.

Diese Mitteilungen erhielt ich vom Volk der Mittleren Erde.

Die erste Märzwoche:

Thema: Wärmeäther in die Erde bringen

Wie auch die zwei ersten Mitteilungen, so kamen auch die folgenden Anweisungen vom Volk der Mittleren Erde. Sie lassen uns durch ihre Schilderungen an einem der wichtigsten Gebiete ihrer Aufgaben teilhaben: an der Erhaltung des Wärmeäthers. Sie zeigen ihn uns wie eine rosafarbene Wärmehülle um die Erde, die durch das liebende Mitfühlen der Menschen mit allen Lebewesen auf dieser Erde erzeugt wird. Sie berichten uns, dass ihre menschlichen Vertreter das Volk der Aborigines sind. Dieses Volk ist zu allen Zeiten in enger Zusammenarbeit mit dem Volk der Mittleren Erde gewesen. Sie haben ungleich der europäischen und der nordischen Völker keinen Bruch erfahren in der Zeit des ausgehenden Atlantis, was ihre aktive Zusammenarbeit mit dem Volk der Mittleren Erde anbelangt und ihr tiefes Verständnis für sie. Die Aborigines sind das einzige menschliche Volk, die lückenlos ihre starke und bewusste Verbindung zum Volk der Mittleren Erde wach und lebendig gehalten haben. Sie haben einen einzigartigen Weg gefunden, ihre Tradition weiter am Leben zu halten. Der letzte Stamm der Aborigines, der dieser Tradition bis zum heutigen Tage folgt, geht aber gerade in eine andere Daseinsform über. Sie gehen zu ihrer Sternenheimat zurück und werden die Menschheit auf der Erde von dort aus weiter begleiten. Die von der westlichen Zivilisation negativ beeinflussten natürlichen Lebensbedingungen für das traditionelle Leben der Aborigines sind mittlerweile zu sehr eingeschränkt. In Zukunft wird es wohl keine solchen Stämme mehr geben, die noch durch die australische Wüste und Steppe ziehen, die dort Wasserlöcher graben können und genügend Nahrung für sich finden. Es bleibt die Frage, wie das Volk der Mittleren Erde von nun an durch die Menschen weiter begleitet und vertreten wird. Wer nimmt diese Begleitung und bewusste Zusammenarbeit jetzt auf?

Als praktische Hinweise zum Thema »Wärmeäther in die Erde bringen« sagen die Vertreter des Volkes der Mittleren Erde nun:

- *»Achtet und pflegt die Hasel! Sie ist ein Strauch, der den Erdenwärmeäther stärkt! Als solches stärkt die Anwesenheit der Hasel auch das Magnetfeld der Erde, denn ein intakter Erdenäther wirkt sich unmittelbar stärkend auf das Magnetfeld der Erde aus. Sie hängen untrennbar zusammen!«*
- *»Meditiert Rosa in die Erde.«*
- *»Setzt Rosenquarzessenz an und versprüht das Rosenquarzwasser direkt auf die Erde!«*
- *»Tönt Rosa in den Äther!«*

Die zweite Märzwoche:

Themen: Strömungskräfte verbinden; Erdflüsse wecken; Quellenpflege

Wir befinden uns in der Vorosterzeit. In dieser Zeit ist eine Arbeit an den Quellen essentiell. Unsere Aufmerksamkeit soll hier über unsere oberirdischen Bächlein, Ströme und Flüsse zu den unterirdischen Strömen und Flüssen gehen. Wir dürfen in dieser Zeit besonders die oberirdischen Flüsse und Ströme bitten, unsere guten Wünsche und Geschenke zu den Strömen und Flüssen der Mittleren und der Inneren Erde zu führen. Über diese mentale Verbindung, die über den Menschen geht, werden alle Strömungskräfte der Erde in ihrem Urschöpfungsdasein wieder miteinander verbunden. Die Kraft der Flüsse, welche unseren Augen verborgen unter der Erdoberfläche fließen, wird gestärkt werden und neue Quellen werden sich auftun können. Ganz konkret sollen bestehende Quellen unserer Umgebung gesäubert, gepflegt und gereinigt werden.

Die dritte Märzwoche:

Thema: Quellenpflege; das Wasser durchluften

Unser menschliches Lachen an einer Quelle durchlichtet und durchluftet das Wasser, denn es sprudelt so wie die Quelle selbst. Es springt und erschallt in lustigem Auf und Ab und wieder Auf … So können wir tatsächlich der Quelle helfen, auf dass sich das Element Wasser mit dem Element Luft verbindet. Dadurch wird es leichter, hebt sich. Je durchlufteter ein Wasser ist, desto lebendiger bewegt es sich! Hier arbeiten Feen und Nixen zusammen. Unsere bewusste Zusammenarbeit mit beiden Zwischenreichwesen hilft dieser Arbeit. Wir werden direkt von ihnen mehr Anregungen dazu erfahren!

Die vierte Märzwoche:

Themen: Quellenpflege; das Wasser durchlichten

Wieder sind es die Allfeen und die Nixen, welche gemeinsam mit den mit ihnen zusammenarbeitenden Elementarwesen, den Sylphen (Luftgeistern) und den Undinen (Wassergeistern), diesen Bereich der Wasserdurchlichtung begleiten. Auch hier können wir direkt von ihnen mehr zu dieser Arbeit im Praktischen erfahren, wenn wir sie selber fragen. Wasserspiele sind zum Beispiel für das Durchlichten und Durchluften des Wassers sehr sinnvoll.

Da die Gegebenheiten einer jeden Quelle sehr eigen sind und jede Quelle als ein eigenes und völlig individuelles Wesen zu behandeln ist, wollen die Allfeen und die Nixen, welche diese Aufgabe begleiten, dass wir sie persönlich und speziell zu genau dieser Quelle befragen, an der wir konkret arbeiten!

Allgemein hilft zum Durchlichten einer Quelle, diese zu besingen! Ebenso ist es wichtig, ihr physisch zu Licht zu verhelfen, also z. B. beschattende Zweige wegzuschneiden. Das Wasser steigt zum Licht. Eine Quelle braucht Licht!

Die erste Aprilwoche:

Themen: Himmel und Erde durch das Element Wasser verbinden; Lichtarbeit und Reinigung

Hier ist die Bearbeitung der beiden Themen der vorausgegangenen Wochen die Voraussetzung! Nur eine durchluftete und durchlichtete Quelle kann Himmel und Erde mit einander verbinden! Der Mensch selbst soll sich als Quelle, als aus Wasser bestehend und vom wässrigen Element ganz durchströmt empfinden! Er selbst soll sich als Verbinder hineinstellen zwischen Himmel und Erde durch sein Quellenwesen. Diese Übung macht große Freude und bringt im wahrsten Sinne des Wortes ein inneres Sprudeln in Fluss!

Der Baum, der dieses Strömen im Innern verbindet und ein Weltenverbinder von Urzeiten her ist, der Himmel und Erde durch seine Strömungskräfte verbindet, ist die Esche. Sie kann uns Weiteres dazu erzählen.

In dieser gesamten Zeit von Palmsonntag bis Ostersonntag sind verschiedene Bereiche der Lichtarbeit dran. Diesmal wird das durchlichtete Wort vorbereitet, das an Ostern geboren wird. Licht im Wort ist Schöpferwort. Das zweite große Thema zu dieser Zeit ist die Reinigung. Es ist eine Reinigung, eine Katharsis, die zur Taufe führt, eine Taufe im Sinne des bewusst ausgesprochenen Schöpferworts. Mit »Taufe« ist auch eine Neugeburt angesprochen. Mit der Taufe wird etwas oder jemand ganz bewusst angesprochen und in eine bestimmte Ebene seines Seins gehoben. So ist die Taufe ein Teil der Schöpfung und eine neue, eine zweite Geburt.

Die Karwoche, die zweite Aprilwoche:

Themen: Lichtarbeit; der Mensch als Lichtkörper

Der Mensch mache sich selbst zum Lichtkörper. Jeder Anfang aller Lichtarbeit beginnt an sich selbst! Der Mensch mache sich das in seiner ganzen Tragweite einmal klar: er selbst als Lichterscheinung! Allein dadurch, dass er anwesend ist als eine Lichterscheinung verändert er bereits seine Umgebung, reinigt sie, erhellt sie, durchlichtet sie, verwandelt sie durch Licht. Alles, was er tut und berührt, verwandelt sich lichthaft allein dadurch, dass er selbst Licht ist.

Stell dir dich also selbst als aus reinem Licht vor!

Die Woche nach der Karwoche, die dritte April Woche

Themen: Lichtarbeit; Licht durch unsere Hände in die Erde bringen

Lichtarbeit durch die Arbeit mit den Händen führt das Thema der Vorwoche weiter. Die Vorstellung, die dies begleitet, sind ganz durchlichtete Hände, die alles, was sie berühren, segnen und durch ihr Licht verwandeln, heilen, mit Licht und Freude durchströmen lassen. Es sind sehende, säende Hände. Diese Worte kommen mir als Begleitung:

Sehende Hände
erkennen die Wende
den Wandel ins Licht
ich hebe die Erde
mit meinen Händen
und sehe
säe
Licht

Botschaft des Erzengels Michael vom Ostersonntag 2017

Thema: die WasserWeihe durch das Feuer

Der Erzengel Michael spricht:

»Siehe, das menschliche Wort ist euer Schöpfungswerkzeug, eines, das wohl be-dacht und lange ausgewählt und vorbereitet, euch geschenkt wurde, euch Men-schen. Nutzt es weise aus der Stille eures Herzens heraus, aus der Fülle eures Herzens heraus, aus der Liebe eures Herzens. Segnet mit eurem Wort.

Es hat die Zeit begonnen, da es Schluss ist mit dem Plappern, damit meine ich das sinnlose Dahergerede. Gerne dürft ihr lachen, singen, tönen und darin Worte in einer Vielzahl sprudeln lassen, so wie die Vögel ihre Lieder singen. Wenn sie, die sprudelnden Worte, ganz von diesem Quell des Fließens, des Herzensquells getra-gen sind, dann dürfen auch viele Worte quellen und sprudeln und einzelne Worte, – getragen, betont, bewusst – dürfen gesprochen werden. Darin übt euch!

Es geht zu Ostern heute um die WasserWeihe durch das Feuer und die Feu-erWeihe durch das Wasser wird dadurch vorbereitet und erahnt. Damit tut ihr einen wesentlichen Dienst an der Ätherverwandlung und Ätherbildung eures wunderbaren Heimatplanetens Erde! Sie, Mutter Erde, das großartige, uralte, weise Wesen, braucht dies von euch Menschen in dieser Zeit als Zeichen eures Miterlebens, als aktives Handeln zum Bunde eures gemeinsamen Fortschreitens. Das Gemeinsame muss aktiv und regelmäßig erneuert werden, und in dieser Zeit geht es um die aktive Erneuerung des Erdenäthers.

Es ist euer gemeinsamer Atem, in dem sich all die Wesen in ihrer Liebe durch-dringen, in dem sie bewusst, aktiv und liebevoll daran arbeiten, in dem sich En-gel, Menschen, Elementarwesen, ja sogar Sternenwesen vereinen und diesen Atemraum gemeinsam erschaffen, ein Atemraum der Allheit, in dem sich jeder selbst und doch verbunden fühlen kann. Das ist Gemeinschaft! Darum geht es!

Es treffen sich im Erdenäther alle Reiche. Es ist ein Raum der Liebe. Es ist ein einziger Herzraum. Das Volk der Mittleren Erde hat hier großen Anteil an seiner Bildung. Eine neue bewusste Zusammenarbeit mit ihm steht bevor. So wurde es für euch Menschen vorbereitet. Ihr dürft und sollt es ergreifen, denn es ist zu unser aller Segen. Wir begleiten euch.

Nimm eine Schale Quellwassers und sprenkle sie ins Feuer, vornehmlich in die Glut. Bei jedem Verwandeln des Wassers in den luftigen Zustand begleite diese Verwandlung in den Äther hinein. Seine Farbe ist Pfirsichblüt. Fülle sie mit Liebe, der unendlichen, die durch dein geöffnetes Herz fließt.«*

Diese rituelle Handlung, welche eine WasserWeihe durch das Feuer und gleichzeitig eine vorbereitende FeuerWeihe durch das Wasser ist, wirkt ohne Zweifel aktiv und kraftvoll direkt in die Erneuerung des Erdenäthers. Ich habe nun die Frage, wie dies durch den Menschen selbst in seinem alltäglichen Tun geschehen kann. Ich spüre wie der Mensch selbst die WasserWeihe ist und in sich trägt, und die FeuerWeihe dadurch ständig vorbereitet. Es gibt einen Weg, der direkt durch seine Körperflüsse geht, allerdings nur durch eine ganz bestimmte Lebenshaltung und Lebensführung.

Der Spruch, den mir Erzengel Michael am Karsamstag vor genau einem Jahr (Ostern 2016) schenkte in Vorbereitung zum Ostersonntag hin, passt hervorragend als Begleitungsspruch zu der hier beschriebenen rituellen Handlung und hilft, in jene Seelenhaltung zu kommen, die ein Mensch einnimmt, um sich selbst in seinem täglichen Handeln als WasserWeihe und vorbereitende Feuer-Weihe zu erleben:

In der Wandlung Kraft
steh ich darinnen
und stelle mich bereit
blicke wachsam
handle achtsam
und vernehme Herzensworte
Feuer, nähre meines' Herzensmut
Wasser, lasse fließen
in die Erde Geistesgut
und ihr Winde fachet an die Geistesglut
auf dass sie neu entflammt
und öffnet Menschenherzen
mein Herz will tragen und verlässlich nähren
die Liebe und das Licht
denn Licht und Liebe tragen mich
so sei es
ewiglich

Die vierte Aprilwoche:

Thema: in die Stille lauschen

In die Stille zu lauschen hat damit zu tun, seine eigene, ganz ursprüngliche Verbindung zum Land zu fühlen, die eigenen Wurzeln zu erleben und die ganz eigene und persönliche Herzensverbindung zu dem Land, das man pflegt, dem Land, in dem man lebt, Mutter Erde und den Elementen. Dazu muss man erst einmal selbst in die Stille gehen. Still werden und in sich selbst hineinfühlen sowie in das Land hinauslauschen, ist die Aufgabe, und dadurch in sich selbst und im Land seine »Heimat« zu finden. Es geht darum, innere Gespräche mit dem Land als Wesen zu kultivieren, mit seinen Bewohnern, den Elementarwesen und Wesen der Zwischenreiche. Ganz wesentlich geht es darum, diese Gespräche jetzt als still Wahrnehmender zu führen, also als Lauschender zu beginnen, nicht als Fragender oder Sprechender.

Die erste Maiwoche:

Thema: die Erde öffnen

Die Erde soll geöffnet werden. Das heißt: Sie soll atmen können, ein- und ausatmen. Sie will in diesen Tagen etwas aufnehmen und abgeben, und ihre Oberfläche muss dazu offenporig werden. Sie gibt uns selbst jetzt einen Segen. Es strömt etwas von ihr, das ein Vorbote der Früchte im Sommer und Herbst ist. Etwas Mildes, Segensreiches, Liebevolles strömt von ihr und sie lehrt uns, dass Schenken und Empfangen ein Gleichgewicht sein soll.

Damit sie den Regen empfangen kann, muss sie locker und aufgekrümelt sein. Das sollen wir Menschen mit unseren Händen tun: Erde auf unseren Beeten sanft durch die Hände streichen und sie dabei fein aufrieseln. So ist sie ganz geöffnet und kann den Regen trinken, der auf sie fällt.

Als ich an einem Morgen in der ersten Maiwoche das Wochenthema »Erde öffnen« vernahm, da kam auch ein zweites Wort mit: »Kräuterweihe«. Ich dachte, ich hätte mich verhört, denn das Thema Kräuterweihe gehört für mich von den alten Jahreszeitenbräuchen her zum Schnitterinnenfest, also in den August, wenn die Kräuter geerntet werden. Ich ging ihm deshalb zunächst nicht nach. Da führte mich das Leben selbst in einen der alten Bräuche, die genau jetzt, Anfang Mai, tatsächlich etwas mit dem Thema Erde öffnen durch

Kräuterweihe zu tun haben. Es gibt in der Tat eine zweite Kräuterweihe im Mai!

Es ergab sich also, dass ich am Folgetag sämtliche gesammelten Kräuter des Vorjahres endlich aus ihren Papiertüten holte, sie neu sortierte, in Gläser abfüllte und beschriftete. Da meldeten sich die Stimmen wieder, die mich am Vortag auf die Kräuterweihe im frühen Mai hingewiesen hatten, und alte Bilder tauchten in mir auf: Es geht hier um eine Kräuterweihe für das Land, die mit den getrockneten und in den Händen verriebenen Kräutern des Vorjahres vorgenommen wird! Alle Kräuter, die bis zu diesem Zeitpunkt nicht verbraucht wurden, nahmen die Menschen mit nach draußen zu ihren Feldern und Beeten, rieben sie in ihren Händen und es entfalteten sich all die herrlichen Düfte der unterschiedlichsten Kräuter über dem Land. Die zerriebenen, fast schon pulverisierten Kräuter flogen fein im sonnigen Wind über die offene Erde, die sie unter Singen und Klingen der Menschen empfing. Es sollte ein sonniger Tag sein, damit man die Wind- und Sonnentänze der fliegenden, zerriebenen Kräuter schön verfolgen und sie dabei beobachten kann, wie sie ihren Weg auf die offene Erde finden.

Jeder, der Düfte liebt und mit ihnen arbeitet, kennt ihre herzöffnende Wirkung. So geht es auch Mutter Erde, wenn sie sich mit den Düften ihrer Kräuter streicheln lässt, die durch Menschenhände befreit und entfaltet und von Wind und Sonne verteilt werden.

Dieser alte Brauch, der mit dazu beiträgt, die Erde zu öffnen, hat mein Herz so sehr berührt, dass ich ihn noch am selben Tag mit großer Freude und Resonanz der Wesen selbst umsetzte! Ich hatte Glück: Es war sonnig mit leichtem Wind – also ideale Bedingungen für die Kräuterweihe für das Land! Am Abend legte ich auch einige der übriggebliebenen Kräuter draußen aufs Feuer. Der wohlriechende, reinigende Rauch zog weit ins Land und legte sich wie ein abendlicher Nebel oder eine weiche, zarte Decke tief in die Talsenken.

Damit ist ein weiterer Aspekt angesprochen, um den es in diesen Tagen ebenfalls geht: die Reinigung der Luft! Die inneren Bilder, die mir hierzu vermittelt wurden, zeigten mir Menschen, die Klänge erzeugten, Klänge, die klar und weit erklingen und auch verklingen. Es sind Klänge, die beispielsweise mit einem Gong erzeugt werden, einer Zimbel, einer Triangel oder einer Klangschale. Man kann sie auch tönend mit der menschlichen Stimme erzeugen und bewusst in die Luft singen mit der Intention, diese mit den Klangwellen zu reinigen. Damit wird der Regen eingeladen, sich rein und erfrischend über das Land zu ergießen, selbst das Land klärend und reinigend.

Thema: Hochzeit der Elemente

Allgemeinläufig bekannt sind die vier Elemente: Erde, Wasser, Feuer, Luft. Es gibt noch viel mehr Elemente als diese. Die Elementarwesen und Wesen der Zwischenreiche unterscheiden z. B. auch in Durchlichtete Luft und Durchfeuchtete Luft, Durchwärmte Luft und Kälteluft. Für sie gehört Luft untrennbar zu einer ganz bestimmten Lichtqualität. Licht und Luft gehören für sie einem elementaren Großraum an, der sich in sich weiter differenziert.

Von ihnen kenne ich auch das Element des *Wärmeäthers*, ein Element, in dem sich durchfeuchtete Luft mit durchwärmtem Licht durchdringen und ein eigenes Element schaffen. Dieses Element des Wärmeäthers ist essentiell dafür verantwortlich, dass unsere Erde eine für alle Kreatur lebensschaffende Atmosphäre hat. Dieser Wärmeäthermantel legt sich wie eine schützende Hülle um die gesamte Erde.

So wie die Erde diesen Wärmeäther-Puffer um sich herum hat, so hat es auch jedes Lebewesen. Man kann an seiner Beschaffenheit und seinen Strömungen ablesen, wie es dem Wesen geht, ob es krank oder gesund ist und was ihm fehlt. Das gilt für Menschen, Tiere, Pflanzen gleichermaßen. Es mag Menschen geben, die eine besondere Begabung haben, eher in diesen Wärmeäther eines Lebewesens hineinzufühlen, und ebenso gibt es Menschen, die sehen eher die Farben des feinstofflichen Umfelds eines Lebewesens, ihre Leuchtkraft, Trübung und auch Bewegungen, und können hieraus ein klares Bild des Befindens des betreffenden Lebewesens erkennen. Beide Wahrnehmungsfelder kann man, wie alles im Leben, erüben. Die Voraussetzung hierfür ist Wahrhaftigkeit. Ebenso ist es ein geklärtes Verhältnis zu sich selbst. Letzteres ist nur wahrhaftig, wenn es ein lebendiges Abtasten und Erfragen bleibt, ein Erfühlen, aus dem sich ein Erkennen ergibt.

Der Wärmeäther ist eine noch recht dichte Hülle um die Lebewesen herum, den man fühlen kann. Hierin drückt sich für unser erstes Abtasten oft das aus, was wir Menschen als »Sympathie« oder »Antipathie« gegenüber einem anderen Menschen oder Wesen empfinden.

Anhand des Wärmeäthers kann man sehr gut verstehen, was mit »*Hochzeit der Elemente*« gemeint ist. In diesem Element feiern vier Elemente Hochzeit: Licht, Luft, Wasser und Feuer. Das Wasser gibt Feuchtigkeit und das Feuer die Wärme in einen durchlichteten, luftigen Raum, der dadurch Substanz gewinnt. Jetzt habe ich Luft und Licht als je eigene Elemente benannt. Das ist meine Sicht als Mensch, nicht als Elementarwesen, wie zuvor beschrieben.

Durch die Hochzeit zweier Elemente oder mehrerer Elemente, wird etwas Neues geboren. Ein weiteres Element kann entstehen. Für uns Menschen zeigt sich jetzt die wundervolle Aufgabe, mit unserer Liebe in die Elemente und ihre Entstehung einzuwirken und ihnen dadurch neue Schöpfungs- und Befreiungswege zu eröffnen. »Hochzeit« verweist allerdings ganz klar vom Wort her auf eine Zweierverbindung, die in absoluter Ebenbürtigkeit geschieht! Es ist also im Fall des Wärmeäthers so, dass sich Licht und Luft ebenbürtig verbinden und das Element des *Lichtatems* schaffen, ebenso wie sich das Element des Feuers mit dem Wasser hochzeitlich verbindet und so das Element des *Lebensflusses* schaffen. Diese beiden Elemente – der *Lebensfluss* und der *Lichtatem* – gehen nun wieder eine Hochzeit ein und es entsteht aus ihnen beiden das Element des *Wärmeäthers*!

Eine Hochzeit braucht die Grundlage der Liebe, auf der sie sich entfalten und vollziehen kann! Ohne Liebe läuft hier gar nichts. In Urschöpferzeiten unserer Erde, als der Mensch noch nicht auf diesem Planeten wandelte und sich die Schöpfung und Ausformung der verschiedenen Elemente vollzog, da wurde das Element der Liebe durch verschiedene, mit der kosmischen und der göttlichen Liebe direkt verbundenen Wesen bereitgestellt, die damals bereits schon eine Verankerung auf der Erde hatten. Darunter waren die Bienen und die Bäume. Später unter den Tieren kamen dann die Delphine und Wale hinzu sowie die Elefanten. All diese Prozesse der Ausformung der Elemente brauchten neben den Engelwesen, die sie maßgeblich schöpften, selbstverständlich irdische, im physischen Leib anwesende Mitarbeiter. Diese waren wie gesagt zu allererst die Bäume und die Bienen.

Nun hat eine Zeit begonnen, da der Mensch willentlich und freiheitlich als Mitschöpfer diese Liebeskraft und Liebesqualität als Grundlage für die Hochzeit der Elemente bereitstellen kann und darf! Er ist dafür bestimmt, nun in diesen Schöpfungsakt durch die Liebe mit einzuwirken, durch seine Herzensliebe.

Die dritte Maiwoche:

Themen: Stille; Hochzeit der Elemente

Zu dieser Zeit 2017 erfolgte die wichtige Mitteilung eines Alben, dass die dauerhafte Verbindung der Alben und der Feen bzw. der Allfeen und der Alfaaen bevorsteht und der Menschenhilfe bedarf.

Hierzu will ich etwas zu den Alben, den Allfaaen und den Allfeen erzählen:

Jeder meint, zu wissen, was mit »Fee« gemeint ist. Zumindest in Märchen haben sie sich als lichthafte und schöne, zarte Gestalten gehalten, die den Menschen sehr nahe stehen, ihnen Wünsche erfüllen können und hilfreich zur Seite stehen. Sie allesamt sind Frauen. Diese Frauen haben jedoch auch Männer. Das sind die Alben und die Allfaaen! Diese sind allgemein völlig in Vergessenheit geraten und das ist ein großer Kummer! Dieser Zustand muss dringend behoben werden! Er hat aber eine Ursache: Feen und Alben sowie Allfeen und Allfaaen haben ungleich aller anderen Zwischenreichvölkerwesen bisher durch alle Zeiten in getrennten Reichen gelebt: Es gab die Allfeenreiche und es gab die Allfaaen- und Albenreiche. Sie kamen nur zu einander für ganz besondere und für sie lebenserhaltende Besuche. Dieses Opfer, ständig getrennt zu leben, sind die Allfeen und die Allfaaen und Alben rein für die Menschen eingegangen. Sie haben damit etwas für sie übernommen, dass sie, die Menschen, dann nicht mehr selbst in so ausgeprägter Form durchleben mussten. Die Menschen konnten dadurch ihre eigene Geschlechtertrennung erkennen und sahen sich gleichzeitig immer wieder neu, jeden Tag aufgefordert, diese Trennung aufzuheben. Daraus entwickelte sich eine Sehnsucht zueinander. Eine Hinwendung zum anderen Geschlecht aus der Erkenntnis des Andersartigseins und in dem Suchen des Einsseins, das seither den Menschen begleitet. Dies wurde eng von den Allfeen und den Allfaaen und Alben begleitet und bewacht. Sie waren unsere Schutzpatronen hierin. Dieser Prozess war wesentlich in der Ausbildung des Ichs, des Individualgefühls und des Eigenseins des Menschen in all seinem gleichzeitigen Streben nach Allsein!

Nun ist das Ich des Menschen geboren und das Individualgefühl bei den einzelnen Menschen soweit ausgebildet, dass es bei vielen schon in zerstörenden Egoismus gipfelt und das Eigensein ist genügend erfahren worden, so dass nun endlich eine neue Hinwendung zum Allsein, zum Einssein stattfinden kann, ohne das Gefühl des Eigenseins im Allsein zu verlieren. Das ist das Phantastische, das Großartige, das uns Menschen nun als Möglichkeit geschenkt ist. Dieses Geschenk haben wir zu einem großen Anteil der Begleitung der Alben und der Feen und ihres parallelen Lebens zu uns in eben der geschilderten Weise zu verdanken!

Nun fand in diesen Tagen im Jahr 2017 für mich deutlich spürbar, die nun endlich dauerhafte Aufhebung der Trennung der Reiche zwischen Alben und Feen statt, bzw. zwischen Allfeen und Allfaaen! Endlich! Was für ein Segen und welche Erleichterung! Danke, ihr guten Alben und Feen, ihr guten Allfaaen und Allfeen, dass ihr ausgehalten habt für uns Menschen! Nun dürft ihr wieder beisammen sein und erneut und bewusst eure Hochzeit feiern! Dies geschieht derzeit allerorts. Leise, ganz im Stillen, aber deutlich spürbar senkt sich ein Segen über das Land und Alben und Feen halten Hochzeit sowie Allfeen und Allfaaen. Sie feiern ihre Wiedervereinigung in einem nun gemeinsamen Reich!

Diese Zeit im Mai soll ab nun eine Gedenkzeit hierfür sein, eine Hoch-Zeit, in der wir dies mit den Alben und den Feen, mit den Allfeen und Allfaaen gemeinsam feiern und ehren, achten und genießen und uns von Herzen daran freuen!

Die vierte Maiwoche:

Themen: Lichtwasser; Geschenke empfangen; Geschenke feiern; Ehrung der Tauwesen

Wieder geht es darum, die Lichtqualität des Wassers zu erfahren und zu stärken. Dies beginnt wie alles, in einem selbst. So sind die Menschen immer wieder in dieser Zeit aufgefordert, sich selbst als Licht-Wasser-Leib zu erleben und diesen, ihren Licht-Wasser-Leib in seiner lichten und wässrigen Qualität voll zu erfahren, wahrzunehmen und zu bestärken. Darüber können sie mit dem Licht-Wasser-Leib der Erde in Verbindung treten, mit den Flüssen, den Meeren, den Bächen und den Seen. Es ist die Frage, wie den Gewässern in ihre Lichthaftigkeit geholfen werden kann, damit das Wasser wieder die Fähigkeit hat, aufzusteigen. Das heißt ganz konkret gesprochen, Quellen sprudeln zu lassen, ebenso wie in seiner Qualität der Verwandlungskraft zu stehen, sich also zwischen den Elementen zu bewegen, zwischen fest, flüssig und luftförmig. Hierzu vergleiche auch die Botschaft vom Erzengel Michael zu den geläuterten Drachenkräften, in der er genau über diese Funktion und Fähigkeit des Wassers spricht!

Diejenigen Wasserwesen, die sehr treu an ihrer Aufgabe geblieben sind und darin ganz in ihrer Wandlungskraft, sind die Tauwesen. Sie haben auch das Feiern nicht verlernt, das Feiern der Geschenke, und die Freude darüber. Es geht hier um die Geschenke, die sich Mensch und Wesen täglich machen. Wir Menschen erhalten als ihr Geschenk jeden Morgen den Tau, der einen wesentlichen Bestandteil zum Wohlergehen in dem rechten Feuchtigkeitsverhältnis unserer gesamten Pflanzenwelt ausmacht. Unser Geschenk an sie, das sie wie eine tägliche Nahrung brauchen, wären die Klänge. Es können Klänge eines Gongs sein, mit dem man durch den eigenen Garten geht oder über die Felder zur Tauzeit. Ein Gong eignet sich hervorragend als Klangnahrung für die Tauwesen! Auch eine Flöte geht gut oder der eigene Gesang. Es ist wichtig dabei, dass man seine Klänge bewusst den Tauwesen als Geschenk zufließen lässt!

Die erste Juniwoche:

Thema: Segnung und Ehrung des Wassers
— Anrufung des Wassers, Segnung und Ehrung —

Wasser in mir
ich ehre und ich segne dich
Wasser, du heiliges, uraltes Wesen
du immer Junge, Neue, Frische, Liebende
ich segne dich
ich ehre dich
Wasser der Welt
Wasser der Lüfte
Wasser des Himmels und der Erde
Wasser des Lichtes
Wasser des Feuers
du lehrst uns die Kraft der Verwandlung
die da bewirkt, beschützt und bestärkt
das Leben im Urbeginn und seinem Ewig-Sein
du verbindest alle Reiche und alle ihre Wesen
durch deine Wandlungs- und Erneu'rungskraft
so bitt' ich dich um deinen Segen
nimm mich auf in deinen Strom
des Segnens und Erschaffens
in Hingabe und Dankbarkeit
so ziehet ein in mein Herz
die Freude
und die Leichtigkeit
in Ewigkeit
so sei es
und so ist es

In dieser Zeit wurde uns viel von den Wesen über den Umgang mit dem eigenen »Wasser«, unserem Urin, gesagt! Dieser Urin ist ein ganz besonderer Saft. Er stellt unsere direkte Verbindung zum Wasserleib der Erde her. Über ihn können wir Informationen an die Erde und ihren Wasserleib geben und gleichzeitig unsere Verbindung zu demselben stärken. Er kann als bewusstes Verbindungsglied zwischen uns und der Pflanzenwelt dienen. Durch unseren Urin geben wir automatisch einen »Abdruck« unseres Seins an die Pflanzen weiter, die daraus alle Mängelzustände, die wir in uns tragen, erkennen und diese in ihrer absoluten Hingabe sofort auszugleichen bemüht sind. Die Pflanzen in deinem Garten, die du mit deinem Urin tränkst, werden dies in sich und aus sich hervorbringen, was du brauchst! Die Kräuter und Gemüsepflanzen, die du auf diese Weise selbst heran ziehst in einer liebenden Verbindung werden dir so alles geben, was dich gesund und kräftig macht.

Weiterhin kannst du deinen Urin, am besten deinen Morgenurin selbst mit allem besprechen, was du für dich zum Positiven verändern möchtest und in einen Heilungsprozess bringen möchtest und ihn dann anschließend trinken. Die direkte positive Beeinflussung unseres eigenen Urins am frühen Morgen ist vor allem durch die Mithilfe unseres Körperelementarmeisters möglich, jenem Elementarwesen, das als leitende Instanz in unserem Körper für alle weiteren Elementarwesen der einzelnen Körperbereiche und -organe zuständig ist und direkt mit unserem Schutzengel zusammenarbeitet. Beide, unser Körperelementarwesenmeister und unser Schutzengel, begleiten uns durch all unsere Inkarnationen. So ist es vorgesehen und die Regel. Wenn wir also über unser körpereigenes »goldenes Wasser« mit uns selbst und an uns selbst arbeiten wollen, so geht das nur erfolgreich in Zusammenarbeit mit unserem Körperelementarwesenmeister, an den wir uns innerlich wenden sollten, beim Besprechen und Trinken! Er/Sie wird den eigenen goldenen Saft, der direkt wieder in den eigenen Kreislauf zurückgeführt wird, wiedererkennen und mit den dazugegebenen Informationen bereichern und unterstützen!

Ebenfalls kannst du durch deinen Urin in ähnlicher Weise den Pflanzen Geschenke machen. Das fängt schon bei einer bewussten Nahrungsaufnahme und einem bewussten Trinken deinerseits an: Du begreifst deinen Körper als Umwandlungsstation von allem Stofflichen in reines Licht und reine Liebe und als Erschaffungsleib für einen Stoff seinerseits, der alles enthält, was die Pflanzen zu ihrem Gedeihen brauchen. Dieser Stoff ist dein Urin. Wir sind angewiesen worden, täglich auch direkt draußen zu urinieren, direkt, vom Körper an die Pflanzenwurzeln, auf die Erde und sich dabei all das Gute vorzustellen, was wir jetzt der Pflanze schenken wollen. Die Vorstellung ist hierbei noch ein extra Attribut, durch das eine Potenzierung des bereits Guten, Vorhandenen bewirkt wird, durch die sogar eine Spontanumwandlung des Urins bis ins Stoffliche hinein bewirkt werden kann, eine Spontanneuschöpfung des Urins, der gerade aus dem eigenen Körper auf die Erde fließt. Diese Spontanbeeinflussung und Einprägung von bewussten und positiven Informationen für die Pflanze geschieht wieder über die Körperelementarwesen des Menschen. Diese prägen dem Urin die positiven Gedanken und Gefühle des gerade urinierenden Menschen direkt ein! Der so veränderte Urin wird sofort von der Pflanze aufgenommen und die Informationen gelangen frisch und stark direkt in die Pflanze und wachsen mit ihr weiter!

Ich stelle mir, seitdem ich um diese Vorgänge und Möglichkeiten weiß, immer genau das vor, was diese Pflanze, an die ich gerade meinen Urin gebe, jetzt braucht oder was ich ihr wünsche: Sonne, Liebe, Verbundenheit, Freundschaft, Fruchtbarkeit, Himmelsweite, Düfte, Herzenskräfte, Treue … Wenn ich allerdings gezwungen bin, öffentliche Toiletten zu benutzen, z. B. auf meiner Arbeit in der Stadt, dann stelle ich mir bewusst dabei vor, wie jetzt ein Schwung Liebe in die Kanalisation fließt und dort einen Lichtstrom erzeugt, der ansteckt und letztendlich auch seine Auswirkung bis in die großen Sammelbecken hinein hat und letztendlich auch wieder auf irgendeinem Feld da draußen in der Landschaft ankommt.

Dann gibt es noch die Möglichkeit, seinen Urin zu sammeln, bewusst aufzuarbeiten und an bestimmte, ausgewählte Orte und Pflanzen zu tragen. Ich sammle meinen Urin immer in einer ganz normalen Campingeimertoilette. Früher habe ich immer etwas Wasser und effektive Mikroorganismen (EM) dazugegeben und diese Flüssigkeit dann, aufgerührt mit Kalk oder einfach nur mit Lichtspiralen, einmal am Tag in den Garten getragen. Heute, nach dem ich von den Wesen auf die gute Wirkung von Pflanzen im Urin hingewiesen wurde, lege ich in die Campingtoilette unten einfach Brennnesseln hinein. Brennnesseln gehen sofort eine sehr positive Wechselwirkung mit menschlichem Urin ein. Sie holen aus ihm sein bestmögliches Potential heraus, lösen seine lebensfördernden Stoffe und bringen sie mit ihren eigenen Stoffen in eine sagenhaft fruchtbarkeitsfördernde Substanz. Außerdem haben sie so angesetzt eine reinigende Wirkung auf den Boden, bringen Licht-, Sonnen-, und Wärmekräfte in die Erde.

Egal wie wir die Segnung und Ehrung des Wassers, die in dieser Zeit besonders wichtig ist, vornehmen, der Umgang mit dem täglichen Urin ist einer von vielen Wegen, aber ein sehr wirksamer, der das ganze Jahr über täglich gegangen werden kann und gegangen werden sollte! Segnung und Ehrung des Wassers geht letztendlich vom eigenen Licht-Wasserkörper zum Erd-Licht-Wasserkörper. Eine bewusste Wahrnehmung des eigenen Wasserkörpers in seiner Lichthaftigkeit ist die erste Voraussetzung, die Verbindung zum Erdwasserkörper in seiner Lichthaftigkeit die zweite!

Die zweite Juniwoche:

Themen: Kräuterblütenweihe; die Zusammenführung von Nixen und Nöggs

In dieser Zeit geht es um die Weihe der Kräuterblüten. Dies geht wieder einmal über und durch den eigenen Leib, den eigenen Körper, über das eigene Miterleben dieser Prozesse im eigenen Sein. Das bedeutet, dass die Blühprozesse verschiedener Kräuter ihrer Qualität nach im eigenen Erleben wach werden und im eigenen Leibe empfunden und aufgesucht werden. Auf diese Weise sensibilisiert wird man durch seine bloße Gegenwart in der Nähe der blühenden Kräuter. Diese in ihren Blühprozessen zu ehren und zu achten ermöglicht eine »Weihe«. Ein inneres Bild stellt sich mir ein, wie ein Mensch gekrönt durch blühende Kräuter freudig durch die Landschaft schreitet.

Vor einem Monat wurde uns die Zusammenführung von den Alben und den Feen offenbar und von den Allfeen und den Allfaaen. Nun erscheinen in dieser Zusammenkunft der Wochenvorbereitung eine Nixe und ein Nögg als eine weibliche Vertreterin und ein männlicher Vertreter ihres Volkes. Auch sie zeigen uns heute an, dass eine Neuzusammenführung unter ihnen stattfindet. Sie waren zwar nicht in unterschiedliche Reiche getrennt wie Alben und Feen, bzw. Allfeen und Alffaaen. Sie haben immer schon innerhalb eines Reiches leben können, doch waren sie innerhalb desselben Reiches voneinander getrennt. Sie haben in verschiedenen Bereichen gewohnt. Nun beginnt auch eine Zeit des stärkeren Zusammenwirkens und -lebens für sie!

Die dritte Juniwoche:

Themen: Klangwelten; Klänge für die Wesen; die Wende des Erdatemrhythmus

Jedes Reich hat seine Töne, die für seine Wesen wie gemacht sind, die ihrem Temperament entsprechen und sie nähren. Sie erhalten sie vom Menschen als Geschenk und danken ihm dafür auf vielfältige Weise! Die erste Bekanntschaft mit diesem Thema habe ich durch die *Tauwesen* gemacht, die mir verrieten, dass sie als Nahrung dringend die Gongtöne brauchen, dass es eine Wohltat für sie ist, diese zu hören und mit ihnen zu schwingen. Sie können ihre Arbeit viel leichter, freudiger und mit großer Unterstützung des Klangs tun und so viel effektiver für die so wichtige morgendliche und abendliche Feuchtigkeit im Äther sorgen, der sich über das Land und in die Wiesen legt. Gongtöne oder auch die Töne einer

Klangschale klingen weit durch die Landschaft und haben einen langanhaltenden Atem, einen weit nachklingenden Ton. Das lieben die Tauwesen, denn es entspricht ihrer Art, sich zu bewegen und zu sein.

Die *Allfeen* lieben Saiteninstrumente, die mit den Fingern angestrichen werden oder auch mit einem Holzschlägel, die also als Zupfinstrument benutzt werden wie ein Monochord oder ein Saitenbrett in Oktaven oder anderen Intervallen gestimmt. Auch lieben sie die Harfentöne außerordentlich oder die Melodien einer Leier!

Die *Windgeister* lieben ebenfalls die Saiteninstrumente, jedoch angestrichen mit dem Bogen! Sie lieben sie in einer Vielzahl, am liebsten ein ganzes Orchester!

Das *Meervolk,* die Nixen und Nöggs lieben am allermeisten die menschliche Stimme, den menschlichen Gesang im Einklang sowie im Vielklang! Dies kann begleitet werden von zarten, hellen Klängen wie feine Glöckchen. Vom Charakter her sind es Klänge und Töne, welche die Grundstimmung der Glückseligkeit verströmen und des großen All-Eins-Seins. So gehört auch der Regenmacher in diese Gruppe von Klangerzeugern.

Die *Allbringe* lieben die Klopfinstrumente vor allem in der Mehrzahl. Jede Art von Klopfen auf Holz-, Metall- oder Steinxylophone oder andere beklopfbare Instrumente lieben sie. Auch jede Art von Rasseln, Schellen, Klingen, Glocken in der Vielzahl, je mehr, desto besser!

Die *Schwellenhüter* lieben die Töne der Blasinstrumente. Das sind ihre Klänge. Entscheidend ist hier, dass der menschliche Atem durch ein Instrument geformt wird. Die Fusion aus menschlichem Atem in einem Blasinstrument, das durch seine Materialität und Form diesem Klang und »Farbe« gibt, ist das für die Schwellenhüter Ansprechende. Sie fühlen sich durch diese Töne gerufen und angesprochen und gleichsam genährt. Mit Freude und Liebe schauen sie auf den Menschen, der diese Töne erzeugt. Der Torhüter der Pforte eines Baumes beispielsweise wird seiner Eigenart gemäß seine ihm eigenen Töne haben, die sich unterscheiden von jenem eines Tor- und Schwellenhüters eines anderen Baumes oder eines Ortes, einer Landschaft oder gar jener eines Schwellenhüters zu einem anderen Reich! Von der Flöte bis zum Alphorn, aus Holz oder Metall, gibt es die unterschiedlichsten Instrumente und deren Klänge. Auch ein Didgeridoo gehört in diese Gruppe.

Eine Sondergruppe der Blasinstrumente stellen z. B. der Dudelsack, die Mundharmonika und das Akkordeon dar, obgleich es bei letzterem nicht mehr der menschliche Atem ist, welcher den Luftstrom als Grundlage für die Tonausformung gibt. Von diesen Instrumenten, bei denen allen immer ein gleichzeitiges Erklingen mehrerer Töne in einer Art Gesamtklang erzeugt wird, werden die *Orts-Hüterwesen* angesprochen. Gemeint sind hier also nicht Tor- und Schwellenhüter an einer Pforte, an einem Übertritt in ein anderes Reich oder in einen anderen Bereich, der wirklich durch eine Pforte, einen Eingang, im Sinne einer Schwelle betreten werden muss, sondern es sind Hüterwesen, die anwesend an einem bestimmten Ort sind, die sich innerhalb einer Gesamtfläche eines bestimmten Ortes aufhalten. Sie hüten nicht den Eintritt und Austritt in diesen Ort oder aus ihm heraus. Sie haben auch nicht die Aufgabe, diesen Eintritt und Austritt zu gewähren oder zu verwehren, sondern, sie hüten den Ort, wenn man schon einmal darinnen ist. Sie sind absolut ortsgebunden und können diesen, ihren Ort, nicht verlassen. Sie sind seine Schutzgeister. Diese Schutzgeister eines Ortes brauchen auch Nahrung. Sie lieben es, aufgeheitert zu werden und mit den Menschen zu tanzen, sich zu wiegen und zu bewegen. Das tun sie sehr gerne zu den Tönen eines Dudelsacks, einer Mundharmonika oder eines Akkordeons. Diese Töne heitern sie auf, belustigen sie auf's Innigste und bringen sie in Bewegung. Weil sie ihren Ort nicht verlassen dürfen, ist diese Bewegung innerhalb ihres Bereichs lebensnotwendig für sie!

Die Allgarte brauchen, um wirklich angesprochen zu werden, den Vielklang vieler tiefer Töne, die vom Grund der Erde her gegriffen werden. Ich höre hierzu innerlich einen Männerchor: tiefe Männerstimmen, die ohne viel Variation und in einfachen Tonabfolgen durch das mächtige, gemeinsame Großtönen das Riesenhafte ansprechen. Fast stoßhaft wird dieser Einklang der vielen Männerstimmen hervorgebracht, wie ein Puls, getragen von einem Urrhythmus, begleitet, wenn es gewünscht wird, von tiefen Paukenschlägen.

Allgarte sind vom Aussterben bedroht! Das hängt damit zusammen, dass sie so gut wie nie vom weiblichen Element genährt wurden. Dieses brauchen sie dringend. Frauenchöre sollten sich zu den Männerchören gesellen, welche den Allgarten und den Allegorien Nahrung singen!

In dieser Zeit, Ende Juni, erlebt der Atem der Erde seinen Höhepunkt und Moment der Wandlung. Das große Ausatmen der Erde geht in ihr großes Einatmen über. Bis in die Raunächte hinein atmet sie nun wieder ein. Dann wendet sich erneut ihr Atem in den nächsten Ausatmungszyklus wieder bis in die folgende Johannizeit hinein. In dieser Zeit der Wende des Atems von Mutter Erde und Vater Erde sind die Töne für die Wesen der parallelen Welten von höchster Wichtigkeit! Das ganze Jahr über nähren sie die Wesen, nur zu dieser Zeit sind sie essentiell. Sie sind jetzt für ihr Überleben grundlegend! Es ist von derselben Wichtigkeit, wie man eben ein neugeborenes Menschenwesen einhüllen und nähren muss, sich um es kümmern muss, sonst ist es einfach verloren. So in etwa muss man sich das an dieser sensiblen Wendezeit vorstellen, wenn die Wesen jetzt diesen Wechsel von Erdenausatmung zur Erdeneinatmung mitgehen, mittragen, mitgestalten. Sie gehen jetzt in eine tiefe Vorbereitung auf ihr weiteres Leben und brauchen von außen Nahrung und Hülle, die sie durch die sensible Zeit der Wandlung und Neugeburt begleitet. Diese Nahrung und Hülle in einer Zeit, auf der sie sich ganz auf diese Umstülpung des Erdatmens konzentrieren müssen und ihm ganz und gar hingegeben sind, geben ihnen die Töne durch die menschliche Begleitung!

Die vierte Juniwoche:

Themen: Erdenmußezeit; die Zwerge wollen nicht mehr »Zwerge« genannt werden, sondern »Allbringe«; die Allbringe und ihre Wandlung

Warum kommt dieses Zeitenthema uns jetzt als Wochenthema entgegen, von dem wir ausgehen dürfen, dass es sich als Grundthema alljährlich wiederholt? Es ist in der Tat der ausgehende Juni, die Zeit des Frühsommers, eine Zeit, in der die Allbringe ihre ursprüngliche Ruhezeit und Festeszeit feiern. Im Frühling gibt es sehr viel für sie zu tun im Erdenreich, ebenso im Herbst und auch im Winter auf ganz besondere Weise. So ist eben dieser frühe Sommer eine Atempause für sie in ihren vielfältigen Tätigkeiten durch das Jahr. Diese Atempause wurde in den alten Tagen mit den Menschen gemeinsam gefeiert und als Erdenmußezeit erlebt. Es war eine ausgedehnte Festes- und Ruhezeit für die Allbringe, welche die Menschen begleiteten. Diese Ruhezeit wurde für sie im Laufe des Fortgangs unseres Missachtens ihrer eigenen Bedürfnisse immer kürzer. So ist es logisch, dass sie sich nun mit so einem wichtigen Anliegen zu unserem wöchentlichen Treffen gerade jetzt melden!

Das sich alljährlich im Jahreslauf wiederholende Wochenthema dieser Zeit ist es also, die Mußezeit der Erde als Ruhefesteszeit der Allbringe zu feiern. Das übergreifende Zeitthema ist es, ihre Allgemeinsituation bezüglich ihrer übergroßen Arbeitsbelastung zu ändern und zu allererst einmal, sie wieder mit ihrem ursprünglichen Namen anzusprechen! Der Name »Zwerge«, unter dem wir Menschen sie kennen, ist erstens zu allgemein und zweitens, was das eigentlich Schädigende für sie ist: Dieser Name prägt sie in das hinein, was sie unfreiwillig arbeiten müssen! Nun stehen sie derzeit an einer Schwelle zu einer großen Befreiung, und dass diese Revolution in den freien Willen und die freie Arbeit hinein friedlich verlaufe, ist von unsagbarer Wichtigkeit und hängt in hohem Maße vom Menschen und seiner Würdigung dieser Völker ab! Dazu gehört es zu allererst, dass wir sie mit ihrem wahren Namen nennen. Dieser Name wurde uns für Jahrtausende verborgen gehalten oder trat uns nur verschlüsselt in Ortsnamen oder Märchen entgegen. Dazu muss man wissen, dass es unzählige verschiedene ihrer Völker gibt. Es gibt mächtige und große, kleinere, fast familiäre, und alle unterscheiden sie sich sehr individuell voneinander.

Den Königen dieser Völker ist der Name »Alberich« gegeben. Alle »Zwergen«-könige sind Alberiche. Hier wird durch ihren Namen auf die gewollte und nötige Zusammenarbeit der Alberiche und der Alben hingewiesen. Alben und Alberiche und deren Völker haben es sich ursprünglich nicht freiwillig ausgesucht, Seite an Seite nebeneinander zu arbeiten und mit einander klar zu kommen. Ein jeder war nicht sonderlich am Anderen interessiert und hielt natürlicher Weise gerne Abstand. Zum Erhalt der Erde war ihre Zusammenarbeit allerdings notwendig, und beide wussten es. Doch diese Zusammenarbeit soll in Zukunft auf der Grundlage ihres freien Wollens geschehen!

In der Vergangenheit wurde dem Volk der Alben und dem Volk der Allbringe nicht nur ihre Zusammenarbeit verpflichtend aufgetragen, sondern auch eine ganze Reihe von unterschiedlichen Aufgaben. Im Fall der Allbringe unterschieden sich diese Aufgabenbereiche wieder sehr je nach Volk und Sippe. Diese Aufgaben brachten sie wahrlich oft an ihre Grenzen! Sie arbeiteten und arbeiteten unglaublich emsig, hart und pausenlos. Viele, wirklich viele von ihnen, sind erschöpft und sogar verbittert, vergrämt. Sie wollen frei arbeiten, ohne Zwang. Ebenso wollen sie der Alben Mitarbeit aus Freiheit, und sie brauchen des Menschen Dank! Über den Dank entstand zwischen Menschenreich und Allbringenreich ein wertvoller Kontakt für beide Seiten. Weil dieser auch in der jüngeren Vergangenheit viel zu selten kam, haben sich die Allbringe jenen Kontakt zu den Menschen, den sie dringend zum Überleben brauchen, oft für den Menschen unfreiwillig geholt. Märchen, Sagen und Erzählungen berichten davon, wie Menschenwesen, meist Frauen oder Kinder, unfreiwillig ins Allbringenreich gelangen und dort verbleiben …

Doch solange es auf der Erde noch Sklaverei und Unrecht unter den Menschen gibt, müssen die Allbringe dieses Los mit uns teilen. Sie spiegeln es uns, und durch ihr Mitleiden nehmen sie einen Teil des Unerträglichen von uns Menschen. Doch sie wollen es anders. Sie wollen die Freiheit für sich selbst und für den Menschen. Sie schwitzen und stöhnen unter ihrer unfreiwilligen Arbeit. Unter der Hast, die sie oft ertragen müssen, werden sie oft richtig zornig auf die Menschen, welche diese Zwänge nicht lösen.

Es gibt unglaublich viele Allbringenvölker und -sippen. Jede Landschaft, jeder Berg hat sein eigenes Völkchen. Sie alle haben ihre eigenen Namen. Die Namensgebung trägt zur Individualisierung der Völker bei und spiegelt ihre Tätigkeiten wider. Ihr Überbegriff ist »Allbring«. Hierin liegt der Verweis auf ihre Fähigkeit, wirklich alles zu bringen! Hingegen bindet sie der Name »Zwerge« an ihre Zwänge.

Dann gibt es noch die Alleriche: Sie stehen zwischen Volk und König. Sie sind des Königs Berater und die Vermittler zwischen den Allbringen und ihrem Alberich. Sie sind Anführer und wollen die Rolle des Befehlshabers aus der früheren Zeit ablegen. Sie wollen nur noch Berater und weise Führer sein.

Die Allbringe haben einen Großteil ihrer Freiheit, die sie naturgemäß als Zwischenreichwesen genießen, für den Menschen hingegeben, damit er seine freiheitliche Entwicklung gehen kann. Das heißt ganz konkret, dass wir unsere Entwicklung zur Freiheit unter anderem diesem Geschenk verdanken. Nun sind wir an der Reihe, es als menschliche Gabe zurückzuschenken!

Auch den Alben und Feen sowie den Allfeen und Allfaaen verdanken wir etwas: Diese beiden lebten den Verzicht der Trennung in unterschiedlichen Reichen, damit wir Menschen unsere zweigeschlechtliche Entwicklung gehen konnten. Auch hier vollzieht sich gerade eine dauerhafte Veränderung. Alben und Feen sowie Allfeen und Allfaaen verbinden ihre Reiche endlich und dürfen mit des Menschen Unterstützung ihre Wiedervereinigung feiern. Dies stützt der Mensch durch die Überwindung der Dualität innerhalb seiner Zweigeschlechtlichkeit sowie durch sein eigenes Aufeinanderzubewegen der Geschlechter in gleichwertigem Miteinander.

Die erste Juliwoche:

Themen: Fülle; Vielfalt der Blüten; Blütenreichtum

Wir werden daran erinnert, dass es wichtig ist, die Fülle zu genießen. Dazu gehört das Innehalten und Verweilen. Hierin setzt sich das Thema der Erdenmußezeit des gesamten Frühsommers fort. Wir sind aufgefordert nicht immer gleich im Zuge der vielen Arbeit, die es unendlich hier am Land gibt, sich ohne Pausen immer neuen Arbeiten zuzuwenden, sondern auch dem, was man gerade getan hat, nachzuspüren. Die Wahrnehmung der Blüten und der Blütenreichtum können uns dabei helfen, in diese Muße zu kommen.

In diesem Zusammenhang werden wir daran erinnert, wie wichtig es ist, den eigenen Körper immer als Lichtkörper zu denken und zu fühlen und durch die eigene Lichtgestalt wahrzunehmen. Dadurch bewirken wir bereits eine Wandlung in der Zusammenarbeit mit den Wesen. Wir erzeugen bereits eine Atmosphäre der Muße, der Lichtgeburten und der ständig webenden, strömenden Liebe, die heilt, die schöpft und erschafft und die klärt und ausrichtet.

Sternenkräfte können so durch uns, für uns und unsere Umwelt, für das Wachstum der Pflanzen und alle Kreatur wirken.

Ebenso machen wir uns in unserer Lichtqualität deutlicher für die Wesen der parallelen Welten wahrnehmbar! Wir müssen wissen: Genauso, wie wir oftmals diese Wesen nicht sehen oder gar wahrnehmen, kann es auch ihnen uns gegenüber gehen. Ein Mensch kann sich ihnen gegenüber regelrecht »unsichtbar« machen, wenn er einfach gleichgültig durch die Welt läuft. Ein Mensch, der durch sein Verhalten und seine Beschaffenheit weder stört noch Gutes tut, der wird den Elementarwesen und Wesen der Zwischenreiche kaum auffallen!

Wir werden weiterhin darauf hingewiesen, dass wir die Wesen aus unserem Umfeld und jene, mit denen wir bereits Bekanntschaft gemacht haben, auch jeder Zeit rufen können und nicht warten müssen, bis sie sich von selbst zeigen! Wir dürfen sie rufen und sie etwas fragen. Wenn wir sie etwas fragen, was uns betrifft, dann sollten wir nicht vergessen auch danach zu fragen, ob es etwas gibt, was wir für sie tun können.

Die zweite Juliwoche:

Themen: das Christuswirken als BEWUSSTES Wirken in der Elementarischen Welt wecken; die Blütenmeditation zur Reifung der Samen und Stärkung der Saatenkraft; die Vorbereitung auf die Raunächte hat bereits begonnen

Bei diesem Treffen, in dem wir mit unseren Freunden aus der Elementarischen Welt und den Zwischenreichen auf die zweite Juliwoche blicken durften, geschah etwas Außerordentliches. Unter den Anwesenden war ein Wesen, das wie das Christuskind in lichter Kindesgestalt aussah. Es stellte sich als Wesen vor aus einer Gruppe seinesgleichen, die aus den Sternenreichen eigens dafür entsandt wurden, in der Elementaren Welt das Christuswirken in ein *bewusstes* Wirken zu heben! Das Christuswirken unter den Elementarwesen fand bisher auf einer für diese unbewussten Ebene statt. Sie standen darinnen in einer unhinterfragten, dienenden Haltung. Der geistige Entwicklungsplan in dieser für uns neu angebrochenen Zeit will nun etwas Anderes: Auch die Elementarwesen sollen im Christuswirken bewusst darinnen stehen. Sie sollen sich bewusst dazu entscheiden und dies *wollen*! Dies, eine bewusste und willentliche Haltung zu beziehen, ist eine echte Lernaufgabe für die Elementarwesen und nötig für unsere zukünftige Zusammenarbeit, also für die Zusammenarbeit, bei welcher der Mensch die direkte Anleitung der Elementarwesen übernimmt und gleichzeitig bei ihnen in die Schule geht. Die Engel geben derzeit ihre direkte Unterweisung der Elementarwesen an den Menschen ab. Dies geschieht bereits seit einiger Zeit und signalisiert den Zeitenwandel. Die Engel sollen dadurch befreit werden in weitere Wirkensbereiche innerhalb unserer Begleitung und Entwicklung.

Dieses elementarisch wirkende Christuswesen nun ist dafür gesandt, diese Wandlung zu begleiten und zu ermöglichen. Es ist von beeindruckend lieblicher Gestalt und Ausstrahlung, vollkommen rein, lichterfüllt, jung und frisch, zart und kompromisslos wahrhaftig, einfach reine Liebe. Die Sternensphäre, aus der es mit vielen seiner Art gesandt wurde, legt sich wie eine Hülle um das uns direkt beeinflussende und näherstehende planetarische Geschehen. In dieser Ebene ist auch unser Tierkreis zu Hause.

Dieses Elementare Christuswesen hat nun eine Hauptaufgabe mitgebracht, anhand derer das Christuswirken ganz bewusst wahrgenommen und erkannt werden kann: Die Steigkraft des Wassers. Mit anderen Worten ist es die Lichtqualität und die Leichte des Wassers, welche das Wasser überhaupt erst befähigen, aus dem Grund aufzusteigen und einen Quellgrund zu schaffen.

Es ist allgemein ein Phänomen unserer Zeit, dass die Menschen ihre Quellen nicht mehr pflegen. Sie lassen sie verschlammen, versiegen. Damit versiegt ihr Leben. Die Christuskraft fließt nicht mehr frei und sprudelnd. Es wird höchste Zeit, das Rad dieser verheerenden Entwicklung wieder herumzudrehen! Unsere Quellen sind ein Spiegel für die bis ins Irdische hineingreifenden und erschaffenden Christuskräfte. Sprudeln unsere Wasserquellen nicht mehr, so ist dies ein Abbild unserer Herzensquellen und umgekehrt!

Die Quellen unserer Herzkräfte, unserer Herzensliebe und der Christusliebe müssen wieder freigelegt werden, ebenso wie es einer aktiven Quellenpflege bedarf! Das elementare Christuswesen hat die Aufgabe, uns darin zu begleiten und die Lichtkraft und damit die Steigkraft wieder dem Wasser zu schenken.

Diese elementaren Christuswesen, die sich derzeit vieler Orts bemerkbar und auch sichtbar machen, haben die Möglichkeit, Quellen anzuzeigen. Das heißt, auch Punkte, bzw. Bereiche anzuzeigen, wo eine Quelle sprudeln möchte und zu Tage treten möchte, wo also ein Brunnen gegraben werden kann!

Wir werden von diesen Wesen darauf aufmerksam gemacht, auf die verschiedenen Lichtqualitäten im Wasser zu achten, denn das durchlichtete, fließende Wasser ist für die Erde Träger der Christuskraft! So sollen wir üben, im Wasser das Sternenlicht wahrzunehmen, das Christuslicht und schließlich das Erdenlicht selbst! Die Erde hat sich verwandelt. Es gibt nicht mehr nur die alte Mutter Erde. Es gibt auch eine junge Tochter Erde. In der griechischen Antike wurde sie Persephone genannt. Diese Tochter der Erde geht nun in eine neue Reifestufe und damit eine neue Lichtqualität über. Sie geht eine Verbindung mit dem Christuslicht ein.

Auch innerhalb des Irdisch-Mütterlichen vollzieht sich gerade eine Wandlung. Auch hier findet eine neue Verbindung statt! Jene Kraft, die als »Die Schwarze Madonna« bekannt ist, die Maria-Magdalenen-Kraft, die Kraft der Urweiblichkeit, der freien und unabhängigen weiblichen Liebe, der freien und selbstständigen Frau, wandelt gerade ihr »Schwarz« in ein Violett! Dies geschieht, indem das mütterliche Element, das pfirsichblütfarbene Wesen der Mutter, sich als freie Qualität dieser ungebundenen Urweiblichkeit mit dem Magdalenenstrom, verbindet. Wenn es also gelingt, das Mütterliche als reine *Qualität* und als ungebundene Kraft in das urweibliche, freie Dasein der Frau zu übernehmen, dann geschieht etwas Wunderbares: Jegliche Bindung im Negativen, jegliche Verdrehung im Verständnis der Frau hebt sich auf! Dieser Prozess vollzieht sich gerade gleichzeitig mit dem Eintreten der bewusst wirkenden Christuskraft im Elementarischen und durch seine Wesen! Das Violett des neuen Marienstroms, der eine Verbindung der Maria Magdalena und der Mutter Maria ist, zeigt die fundamentale Wandlungskraft an, welche durch das Weibliche gelebt, getragen und genährt wird. Violett ist Wandelbarkeit, Transformation, und zeigt auch immer eine direkte Vermählung mit dem Geistigen an, das so die Verwandlung ergreifen kann. So wirkt hier im Weiblichen auch der Sophienstrom, der weibliche Erkenntnis- und Offenbarungsstrom!

In Wahrheit hebt sich hier die Trennung auf: die Trennung von Gaia und Sophia! Darum geht es in der Essenz! Das wiederum kann sich nur vollziehen, weil Christus aus der Einheit mit Sophia heraustritt und die Vermählung mit der jungen Erde eingeht.

Die Blütenmeditation zur Reifung der Samen und Stärkung der Saatenkraft:

Für die kommende Woche werden wir auf eine Meditation bzw. auf einen Bereich aufmerksam gemacht, auf den wir nun verstärkt unsere Aufmerksamkeit lenken sollen. Es geht um die Saatenkraft. Die Samen der Blüten, die derzeit heranreifen, müssen in ihre volle Kraft kommen, um wirklich fruchtbar und fortpflanzungsfähig zu werden! Diesen Prozess vervollständigen wir, indem wir die ab jetzt zu sammelnden Samen und Saaten in den Raunächten dem Sternenlicht preisgeben, also in einer sternklaren Nacht nach draußen stellen.

Damit hat die Vorbereitung auf die Raunächte begonnen. Dieser bewusste Beginn, nun wieder auf diese Zeit zuzugehen, hat sich innerhalb der letzten Woche vollzogen und tritt nun ins Bewusstsein. Mit diesem Bewusstsein sollen wir die Blütenformen betrachten und die um diese Blüten stattfindenden Ätherbewegungen. Durch unser Einfühlen in den Ätherraum einer Blüte stärken wir die ätherischen Wärmeflüsse und Lichtströme um diese Blüte herum, stärken also ihre Bildekraft und ihre Kraft, starke Samen in sich reifen zu lassen.

Indem wir in dieser mitfühlenden und seelisch mitbewegenden Kraft der Betrachtung um eine Blüte stehen, können wir wahrnehmen, wie sich dieselben Bewegungen, welche sich uns um diese Blüte herum offenbaren, auch in einer ganz bestimmten Region unseres Körpers wieder finden lassen. Eine Rosenätherbewegung, die ich durch diese mitfühlende Betrachtung in mein Erleben hole, wird ihre Resonanz in meinen eigenen Ätherströmen haben. Eine Calendula- oder Nachtkerzenblütenätherbewegung wird ebenfalls ihre Resonanz an einer ganz bestimmten Stelle in meinem eigenen Leib haben. Diese »Äthergymnastik« für die Blüten der Pflanzen ist gleichzeitig eine Äthergymnastik im eigenen Leib. Diese hat eine regelrechte Verjüngung zur Folge. Die Blumenätherströme regen so die Lebensätherströme des eigenen Leibes an! Dies ist ein phantastisches Geschenk!

Die dritte Juliwoche:

Themen: Kreise ziehen, Zusammenhänge in kleineren und größeren Landschaftsbereichen erschließen; von den Almen

Mit »Kreise ziehen« ist gemeint, die mehr oder weniger kreisförmigen Zusammenhänge in der Landschaft und damit ein Zusammenwirken von Ortszusammenhängen zu erschließen. Diese gibt es schon in ganz kleinen Bereichen innerhalb eines Gartens oder in großen Zusammenhängen innerhalb einer Landschaft. Sie gehen immer auf ein Zusammenwirken von Wesen zurück und beschreiben einen Raum. Dieser Raum ist ein Wirkensbereich, der sich deutlich unterscheidet von anderen Räumen innerhalb einer Landschaft. Solche Wirkensbereiche sind z. B. Quellbereiche. Eine Quelle steht immer im Zusammenhang mit anderen Quellen. Hier kann man den Quellraum mehrerer zusammengehöriger Quellen relativ leicht feststellen.

Bei uns vor der eigenen Haustür geht es in der kommenden Zeit auch genau um dieses Thema, da wir durch unsere Arbeit am Land zunehmend das Zusammenwirken der Quellen unseres Heimatberges wahrnehmen. Es entstehen neue Zusammenhänge und Zusammenflüsse im wahrsten Sinne des Wortes. Die unterirdischen Wasserströme unseres Berges ordnen sich gerade neu und stehen kurz davor, sich neue Austritte als Quellen zu schaffen, die wir in unsere Pflege nehmen werden.

Für diese bevorstehende Arbeit haben sich an dem vorbereitenden Treffen für diese Woche drei der Elementaren Christuswesen eingefunden, von denen das letzte Mal eines bereits als Vorbote erschien. Sie wollen uns bei der herankommenden Arbeit helfen und vor allem die Orte zeigen, an denen wir arbeiten sollen und uns zeigen, in welcher Weise dies geschehen soll. Quellen werden sich vermutlich auf unserem Hügel verschieben und verändern. Neue Quellen werden sich dabei auftun können. Der Vorbote jener Elementaren Christuswesen von letzter Woche hat mir jene Stelle gezeigt, an der ein solcher Austritt geschehen kann, der also günstig für eine Brunnengrabung ist.

Wir wurden weiterhin auf das Zusammenwirken der Graswesen aufmerksam gemacht. Hier können wir sogar so große Wirkensräume erfühlen, die sich um die ganze Erde spannen. Trotzdem fängt wie immer alles im eigenen Garten an.

Gras kommt wirklich überall vor: ob in einer Ritze im Asphalt, die sich die Natur gesprengt hat, auf Wiesen und Weiden oder im Garten vor der Haustür. Die Graswesen machen uns darauf aufmerksam, dass der Mensch hier in der Gestaltung der Kreise, innerhalb derer Graswesen zusammenwirken, von großer Bedeutung ist. Sie sagen uns z. B., wie sehr sie sich darüber freuen, dass mein Mann den Rasen jetzt nicht mehr einfach gleichmäßig mit dem Rasenmäher flach hält, sondern Blühinseln stehenlässt und eigentlich nur Gehwege innerhalb der Inseln im Gras mäht, auf denen das Gras wirklich auch hoch wachsen kann und zur Blüte kommt, auf denen es gemeinsam mit den Blüten anderer Kräuter und Blumen blühen darf. So blühen derzeit in den Grasinseln, die vom Mähen verschont geblieben sind, neben den Gräsern selbst auch der Weißklee und andere Kräuter, welche eine Bienenweide bilden. Hier kommt es auf die Vielfalt der Blühkraft an und auf das Auswachsen-können der Gräser.

Nun geschah im dieswöchigen Treffen etwas Außerordentliches! Wie in den letzten beiden Treffen war wieder im weiteren Umfeld der Alberich in Richtung Hagen anwesend, der unser Treffen aufmerksam aus einiger Distanz verfolgte und so auf seine Weise daran teilnahm. Er machte uns in verschiedenen Zusammenhängen bereits aufmerksam auf das Leid der Allbringe und die Notwendigkeit der Wandlung in seinem Volk. Die Notwendigkeit der Befreiung der Allbringe und Alleriche bis hin zu den Alberichen, ihren Königen, besteht darin, dass sie in Zukunft von den zwanghaften Aufgaben, die sie einfach nur willenlos und pflichtbewusst in unglaublicher Fülle und mit ungeheurem Fleiß zu erfüllen haben, befreit werden. Ihr Handeln soll willentlich und freiheitlich werden.

Nun macht uns dieser Alberich heute auf einen weiteren unsagbar wichtigen Aspekt der Befreiung seines Volkes aufmerksam: Er erinnert uns daran, dass der weibliche Aspekt der Allbringe völlig in Vergessenheit unter den Völkern der Erde geraten ist. Dadurch sind die weiblichen Wesen der Allbringe fast völlig ausgestorben und diejenigen, die noch am Leben sind, befinden sich in einem Lähmungszustand. Der Alberich spricht, dass ohne die Würdigung, Achtung und Wiederbelebung des weiblichen Teils seines Volkes und schlichtweg aller Allbringenvölker jegliche Bemühung, diesen Völkern zu helfen auf dem Weg ihrer Befreiung in ein freiheitliches und eigenbestimmtes Handeln hinein völlig vergebens sein wird. Die Befreiung der weiblichen Allbringe müsse ganz zu Anfang stehen!

Es ist sogar so weit gekommen, dass wir Menschen sogar ihre Namen vergessen haben. Schlimm genug, dass wir die Allbringe in den Märchen »Zwerge« nannten und sie dadurch verunglimpften. Aber immerhin haben wir uns dadurch noch an sie erinnert, wenn auch in einem Zerrbild. Mit dem Namen fängt es an. Wir müssen die weiblichen Wesen dieses Volkes mit ihrem ureigenen Namen ansprechen! Es sind die *Almen*, von denen hier die Rede ist. Eine Alme oder eine Alma ist ein weibliches Wesen dieses Volkes! Als dieser Name ausgesprochen wurde, ging ein Wind der Erleichterung über das Volk dieses Alberichs und alle benachbarten Völker! Die guten, lieben Almen und Almas regten sich auf einmal wieder! Almas sind diejenigen, die regelmäßig zu den Menschen kommen, um mit ihnen zu arbeiten und einen regen Kontakt zu ihnen pflegen! Eine Alme ist zurückgezogener und bleibt vorrangig in ihrem Volk!

Eine der Charaktereigenschaften sowohl von Almen als auch Almas ist der Humor, ja sogar die Auslebung und das Hüten des Weltenhumors! Diese Aufgabe wiederum schließt an unser Thema der Durchchristung der Erde an. Ohne Humor läuft hier gar nichts! Humorvoll sein ist eine Tugend, eine Qualität, mit der das Leben auf leichte und fröhliche Weise gelingt! Die Almen und Almas sind unglaublich humorvolle Wesen. Sie lachen und giggeln und haben die größte Freude daran, Menschen zum Lachen zu bringen und dieses Lachen zu hören. Das Lachen der Menschen nährt sie! Sie lehren uns auch, was ein wirklicher Scherz ist. Scherzen kann man und darf man nämlich nur, wenn alle Beteiligten daran Freude haben. Keiner soll über den Anderen lachen oder einen Scherz auf Kosten eines Anderen treiben. Dann ist die Situation verdreht und muss sofort richtiggestellt werden. Weil aber so viele Menschen in ihrem Egoismus genau diese Art von verdrehten, sogenannten »Scherzen« machen, haben sich die Almen und Almas fast völlig zurückgezogen.

Sie nähren das Lachen und Scherzen, das humorvolle Beisammensein in der Gemeinschaft! Überhaupt geht es bei ihnen immer um das Allgemeinwohl! Eine zweite Aufgabe von ihnen ist das Hüterwesen: Sie hüten Orte der Gemeinschaft; Räume und Gebiete, die für die Gemeinschaft wichtig sind, unterliegen ihrer strengen und äußerst aufmerksamen Überwachung! Das Wort »Almende« hat damit zu tun. Almenden sind Orte, die in der Vergangenheit noch von einer Gemeinschaft von Menschen zum Wohle der Allgemeinheit gepflegt wurden. So waren z. B. Quellen Almenden. Das heißt, die Dorfgemeinschaft hat sich gemeinsam um das Wohl einer Quelle gekümmert, sie hat ihre Brunnen gepflegt und an ihnen Feste gefeiert. Dies waren Almende-Orte! »Almende« kommt von »Alme«, welche die »All-Gemeinde« hüten und schützen und überwachen.

Almen und Almas sind nicht nur lustige Wesen, lebensfroh und ausgelassen, scherzen und lachen gerne, wenn es ihnen gut geht, sie sind auch sehr freigiebig, großzügig und schenken gerne. Sie geben gerne und freuen sich, wenn sich der Beschenkte freut. Die Freude kommt dann doppelt zu ihnen zurück. Sie mehren durch freigiebiges Verschenken ihrer Güter, Gaben und Eigenschaften die Freude und den Spaß am Leben. Sie können sehr hingegeben sein und haben etwas sehr Mütterliches, Umsorgendes.

Sie brauchen jetzt dringend unsere Achtung und Hinwendung, unseren Dank und unsere Liebe, und wir brauchen die ihre zum weiteren Leben auf dieser Erde!

Nun ist gerade etwas unglaublich Wichtiges geschehen: Eine neue Generation von Almen und Almas ist geboren! Das hat mit der neuen Zeit zu tun, die gerade angebrochen ist! Diese jungen Wesen, die mit unglaublich lieben und lebensfrohen Äugelein glücklich und fröhlich in die Welt schauen, sind noch völlig unbelastet und rein. Die Elementaren Christuswesen stehen so etwas wie Paten für sie! Diese neugeborenen weiblichen Wesen des Volkes der Allbinge und Almen werden in ihrem Kindesalter »Allminne« genannt und im Jugendalter »Almiene«. Aus ihnen werden die neuen »Alrunen« und »Alraunen« werden. Das sind die Heilkräuterkundigen unter ihnen. Alrunen sind jene, welche zurückgezogener in ihrem Volk wirken und Alraunen jene, welche den Kontakt zu den Menschen suchen. So wurden sie auch früher schon genannt. Nun wächst eine neue Generation unter ihnen heran, und das ist von unschätzbarem Wert für uns Menschen und unsere zukünftige Zusammenarbeit mit ihnen!

Thema: die Zwischenreichwesen Allgarte und Allegorien

Jetzt, wo der Sommer seine Hoch-Zeit hat, beginnt bereits die Vorbereitung auf die Wende zum Herbst hin, eine Zeit, in der wir bewusst mit den Algarten arbeiten und ihrer gedenken sollen. Dies gilt vorrangig für die Allegorien. Dazu ist es wieder einmal notwendig, sie bei ihrem richtigen Namen zu nennen! Hier teilt sich mir erstmals der Name *Allegoria*, im Plural *Allegorien*, mit! Dieser Name verrät ihr Wirken: Sie können von etwas erzählen. Sie erzählen Geschichten und stellen Vergleiche an. Sie stellen uns Menschen Gleichnisse und lassen uns Bilder in der Fülle und im Reichtum unseres eigenen, genauen Beobachtens entschlüsseln und entdecken.

Allegorien sind urmächtige Wesen, die insbesondere dafür verantwortlich sind, die Weisheit der Erde preiszugeben, die sie hüten. Es gibt ganz besondere Orte auf dieser Erde, an denen bestimmte Weisheiten und Botschaften verankert sind. Die bestimmte kosmische Weisheit, um die es an den jeweiligen Orten geht, ist dort wortwörtlich in die Erde gedrungen und geschrieben, ist dort im Stein, im Felsen, im Fluss oder Feld gespeichert, in einem See oder einem alten, uralten Baum.

Ich habe an mehreren Stellen in meinen Schriften erwähnt, dass Elementarwesen die großen *Erinnerer* sind, dass sie alles erinnern und speichern, was jemals auf dieser Erde geschehen ist. Sie können es über die Orte, an denen die Geschehnisse stattgefunden haben, an die Menschen wieder preisgeben! Diese Erinnerung und das Speichern von Geschehnissen findet im Erdenäther statt.

Bei den Informationen, welche die Allgarte und die Allegorien hüten, denn beide sind hier als Hüter tätig, verhält es sich etwas anders. Es sind andere Informationen, um die es geht. Weiterhin sind sie anders »gespeichert«. Es handelt sich hier um wirkliche Mysterien, um kosmische Weisheiten und um konkrete Bauanleitungen des Schöpfungsplans. Das Speichermedium ist in diesem Fall nicht der Äther, sondern dichte, physische Substanz: Erde, Stein und Wasser oder etwas Gewachsenes. Für das Hüten jener Weisheiten sind sowohl die Allgarte als auch die Allegorien verantwortlich. Für das Preisgeben und Offenlegen an bestimmte Empfänger, auch an den Menschen, sind ausschließlich die Allegorien zuständig!

Neben den Allegorien gibt es noch zwei weitere neue Namen, die wir Menschen uns einprägen sollten oder – besser gesagt – uns wieder in Erinnerung rufen sollten: *Allgate* und *Agate*. Eine *Allgate* ist eine riesenhafte Schutzpatronin für ein Menschenmädchen, also eine besondere Form einer Allegoria, die sich ganz für den persönlichen Schutz eines Mädchens und später dieser Frau bereitstellt. *Agate* ist der Name, den gerechter Weise genau diese Frau tragen dürfte, die von einer Allgate so eng begleitet wird. Er bedeutet: die von den Allegorien Geliebte und Geschützte.

Die Verunglimpfung der Allgarte in den Märchen zu tumpen Toren, die dort mit der Erscheinung der Riesen verschwimmt, die aber elementaren Ursprungs sind, also eine ganz andere Wesensart haben, und das nahezu Nichtmehrvorhandensein der Allegorien im Volkswissen, hat genau mit der ungeheuren Wichtigkeit ihrer Aufgabe, kosmische Weisheiten zu hüten und gegebenenfalls an jemand Auserwählten preiszugeben, zu tun! Es ist schlicht und ergreifend zu wichtig, um was es hier geht, als dass es jemals missbraucht werden dürfte! Als tumpen Tor erkennt man einen Riesen nicht mehr als weisen Hüter. Wenn keiner mehr von Allegorien spricht und sie im Bewusstsein hat, können sie und die Mysterien, die sie hüten, auch nicht missbraucht und vergewaltigt werden.

Aber nun ist der Zeitpunkt gekommen, an dem Allgarte und Allegorien vom Aussterben bedroht sind. Sie harren so lange schon an großen Felsen und alten Bäumen aus. Zu lange wurden sie von den Menschen nicht mehr erkannt, als die, die sie sind, und das schwächt sie!

Die Allgarte haben den Hünen geholfen, diese Erde zu gestalten. Sie waren und sind die Baumeister dieses wundervollen Planeten! Die Hünen, welche aus dem Kosmos von ihrem Heimatplaneten Pluto zu uns gekommen sind, haben sie angelernt und aufgrund ihrer Fähigkeiten als ihre Mitgestalter ausgebildet. Sie haben gemeinsam Täler und Berge geformt im Dienste des göttlichen Plans. Die Allegorien haben die Gewässer hineingegeben und die Ströme zum Fließen angetrieben. Sie haben wortwörtlich ur- und riesenhafte Kräfte und waren ganz im Urbeginn an der Gestaltung unserer Erde hier tätig. Bis in die atlantische Zeit gingen ihre weiteren Bauaktionen. Dann haben sich die Hünen allmählich zurückgezogen. Zurückgelassen haben sie einige ihrer heimischen »Elementarwesen« vom Pluto, die hier als Gäste auf der Erde die Urschöpferkräfte hüten sollen, tief in der Erde. Diese Wesen sind die Drachen. Zurückgelassen haben sie auch das kosmische Wissen ihres Bauplans, des göttlichen Bauplans und es an verschiedenen Stellen dieser Erde in der Physis versenkt, eingegraben, versteinert im Felsen oder als gewachsenen Baum, als See oder als Gewässer. Ihre Hüter sind die Allgarte und die Allegorien.

Es liegt im göttlichen Schöpfungsplan, dass der Mensch diese Schöpfungsgeheimnisse entschlüsseln und verantwortungsvoll umsetzen darf, und so die Weitergestaltung und Erhaltung unserer Erde übernehmen darf. Die Zeitenwende, an der dies an den Menschen übergehen darf, hat jetzt begonnen. Aber es gibt noch nicht genügend Menschen, die demütig, verantwortungsvoll und liebend genug sind, die ihr Herz so weit machen können in reiner Liebe, dass sie an diese Geheimnisse und Schöpfungsweisheiten herankommen können. Das heißt, dass sie von den Allegorien als würdig empfunden würden, ihnen dieses Wissen des göttlichen Schöpfungsplans zu offenbaren. Es braucht eine gewisse Anzahl von Menschen, die derzeit noch nicht ganz erreicht ist. Es wäre gefährlich für die Erhaltung der Erde und ihrer Lebewesen, die göttlichen Schöpfungskräfte und Schöpfungsfähigkeiten zu offenbaren, wenn noch nicht genügend verantwortungsvolle Menschen beisammen sind, welche diese in liebevoller Weise umsetzen und weiterhüten. Ebenso tragisch ist es aber, so weiter zu machen wie bisher, die Erde weiterhin zu zerstören und sich gegen den göttlichen Plan und die göttliche Schöpfung zu stellen. Die Allgarte und die Allegorien befinden sich gerade in einer äußerst angespannten Notlage. Sie wollen und müssen dem Menschen ihre Schöpfungsgeheimnisse übertragen, und doch ist die Gruppe jener Menschen, die dafür geeignet wären, noch zu klein!

Menschen, geht zu den großen Felsen, geht zu den alten Bäumen und den stillen Seen und lauscht! Bitte!

Es gibt Allgarte und Allegorien aller Elemente, wobei sie vornehmlich im erd- und feuerhaften Element zu Hause sind. Es gibt sie aber auch, wenn auch seltener, im wässrigen und im luftigen Raum. Im wässrigen Raum gestalten sie die großen, weiträumigen Strömungen, die Meere miteinander verbinden oder Flüsse fließen lassen. Hier walten hauptsächlich die Allegorien.

Dass wir so viele trübe und träge Gewässer haben, hängt vor allem mit der einschlafenden Tätigkeit der Allgarte und Allegorien im wässrigen Bereich zusammen und unserer menschlichen Missachtung dieser großartigen Wesen!

Für den Wärmeäther sind die *Goldmarien* zuständig. Dieser Name wurde mir bei der Bekanntschaft mit dreien ihrer Art genannt, die eine besondere Familie innerhalb der Allegorien darstellen. Sie werden höchstens so groß wie ein Baum mittlerer Größe. Sie sind lieblich und strahlen einen goldenen Glanz aus. Sie tragen ein Lächeln auf ihrem Gesicht und sind den Menschen wohlgeneigt. Sie arbeiten mit den Bienen und den Eichen zusammen. Bei den Bienen habe ich sie auch kennengelernt. Beide, Bienen und Eichen, etablieren immer wieder neu den Wärmeäthermantel unserer Erde. Sie sorgen damit dafür, dass die Erde durchwärmt und durchluftet bleibt. Das wiederum ist die Voraussetzung, dass sie den Regen aufnehmen kann und fruchtbar bleibt. Verdichtete Erde stirbt. Durchluftete, durchlichtete und durchwärmte Erde lebt. Die Goldmarien halten den Raum dafür, dass die Elementarwesen des Wärmeäthers überhaupt erst tätig werden können!

Um diese Prozesse als Mensch zu unterstützen, tut man gut daran, Eichenblätter zu trocknen, zu pulverisieren und auf's Land zu streuen. Man sollte die alten Eichenhaine pflegen und aufforsten, Eichen pflanzen in Hülle und Fülle und Bienen pflegen!

In dieser Zeit kann man auch als Dank für unser aller Zusammenarbeit etwas Honigwasser auf's Land sprühen. Das ist eine Gabe der Licht- und Wärmeätherernte.

Es ist tatsächlich nicht nur ein wichtiges, übergeordnetes Zeitthema unserer Epoche, dass die Allgarte und die Allegorien sich jetzt endlich zum Fortbestehen unserer Erde mitteilen wollen, dürfen und müssen, sondern es ist auch tatsächlich die besondere Zeit im Jahr, die sich in der Vorbereitung auf den Herbst immer wiederholt. In dieser Zeit, in der wir gerade noch den Hochsommer genießen, und bereits von diesem Höhepunkt auf den herannahenden Herbst blicken, können wir leicht die Allgarte und die Allegorien in unsere Aufmerksamkeit nehmen. Jetzt fangen die Steine an zu sprechen, die Seen an zu singen, die Bäume an zu raunen und zu berichten, sehr genau zu berichten!

Die erste Augustwoche

Thema: Metalle in der Erde

Bevor ich auf das Arbeitswochenthema *Metalle in der Erde* eingehe, möchte ich Folgendes berichten: Zu diesem Treffen erschienen eine Nixe und ein Nögg aus unserem direkten Umfeld, die ihre Neuvermählung bekanntgaben als Zeichen der Neuzusammenführung von Nixen und Nöggs allgemein, die in diesem Jahr zum ersten Mal für mich wahrnehmbar wurde. Nixen und Nöggs waren getrennt innerhalb eines Reiches. Man traf sie vorrangig alleine an, auch Nixen in Gruppen waren bisher eine bekannte Erscheinung.

Das Thema unseres Treffens in dieser Woche führte uns zur Erde und ihren Metallen. Die Fragen waren folgende:

Wie kann es geschehen, dass die Erde so ausgezehrt wird?

Wie bekommt man eine Wahrnehmung dafür, welche Metalle in der Erde fehlen, und wie fügt man sie dann der Erde wieder hinzu?

Die Antwort der Wesen führt uns direkt zur Eiche. Die Eiche ist ein Alleskönner: Pulverisierte Eichenblätter können, ähnlich wie pulverisierte Beinwellblätter, die Neubildung von Metallen in der Erde anregen. Bei dem Beinwell ist es wichtig, die jungen Blätter vor der Blüte zu verwenden, sie zu trocknen, zu pulverisieren und auf die offene Erde zu streuen. Dies kann ganzjährig aufgebracht werden. Im Herbst ist es aber besonders wichtig, regt die Wandlungskräfte an und stimuliert die Neugeneration der Metalle in der Erde.

Bei der Eiche sind es tatsächlich alle Metalle, die sich durch sie angesprochen fühlen, auch wenn sie als Schwerpunkt das Eisen hat. Birke regt die Magnesiumbildung an. Es ist auch die grundlegende Frage, welcher Impuls die Erde öffnet und die vorhandenen Metalle in der Erde aufschließt und für unsere Nahrungspflanzen verfügbar macht! Dies geschieht tatsächlich über die Pulverisierung der Blätter einiger bestimmter Pflanzen, so wie eben bereits beschrieben.

Wenn ich die Asche dieser Bäume streue, setzt das grundlegend andere Impulse für die vorhandenen Metalle in der Erde: Hier ist es nicht die Fähigkeit der Metalle des sich Aufschließens und Öffnens für die Aufnahme durch die Pflanzen, die angesprochen wird, sondern ein sich Verschließen und Bewahren. Die Metalle in der Erde reagieren durch den Ascheimpuls mit einem sich Abkapseln. Sie wollen ganz für sich bleiben in Reaktion auf die Asche. Eine leichte Aufnahme der Metalle durch die Pflanzen wird hierdurch verhindert. Eine Neubildung von Metallen wird stimuliert aus einer Kraft der Metalle, die ganz aus ihrem Eigensein heraus kommt.

So sollte man Asche nur in der Zeit zwischen den Frucht- und Wachstumsphasen streuen, also im ausgehenden Herbst, den Winter über und im Frühfrühling. Sobald eine Pflanze junge Blätter austreibt und Blüten ansetzt, sollte man ihre Erde nicht mehr mit Asche bestreuen, sondern nur noch mit pulverisierten Blättern der verschiedenen Bäume oder krautigen Pflanzen.

Die zweite Augustwoche

Thema: Was können die Menschen von den Lüften, von den Winden lernen?

Aufgrund der immer stärker werdenden und allgegenwärtigen Windtätigkeit, kam bei uns die oben genannte Frage auf, die das Wochenthema bildete.

Die Winde regen unsere Wandelbarkeit, unsere Verwandlung und innere Beweglichkeit an. Sie wollen jedoch gestaltet werden, geformt, sonst kommen sie allzu ungestüm daher. Dies geschah in diesen Tagen sehr auffällig, denn die Engel, welche bisher die Ausformung und Gestaltung der Windkräfte übernommen hatten, haben dies an den Menschen abgegeben.

Der Mensch hat es jedoch noch nicht begriffen. Viel zu wenige an der Zahl übernehmen derzeit die Ausformung der Windkräfte, die Gestaltung dieser Ur- und Schöpfungskräfte!

In diesem Zusammenhang und als Fortführung des Themas der letzten Woche wurde uns ein Kraut genannt, das die Durchluftung und Atmung in der Erde stärkt: Das Lungenkraut hilft den Feinwurzeln der Bäume. Es hilft der Baum-Erdatmung. Es steigert die Fließkraft in der Erde und ihre Feinströmungen.

Winde gestalten kann auch ganz spielerisch gehen und mit Windspielen im eigenen Garten beginnen. Phantastisch wäre eine Windharfe, die der Wind spielen darf. Das freut die Windgeister und gibt ihnen im wahrsten Sinne Form und Klang.

Die dritte Augustwoche

Themen: Herzenslichtarbeit und Strahlenschutz

Es besteht ein Strom, der aus dem hohen Norden kommt und bis zu uns seine Weisheit durch die Wesen, vornehmlich die Feen und Alben trägt. Dieser Strom ist ein alter Strom, hat aber bis heute seine Wirkung. Er verändert gerade seine Qualität. In diesem Zusammenhang hatten wir Besuch einer weisen Schwellenhüterin dieses Nordstroms. Sie kam in Vorbereitung für unseren Besuch auf der Nordhelle, die jetzt ein Verteiler geworden ist des alten Nordstroms durch viele junge Hüterinnen, Verteilerinnen, die jetzt von dort aus in die Welt gehen. Die Nordhelle ist ein Berg im Ebbegebirge im Süderbergland, bis zu der dieser Nord-Südstrom sich erstreckt. Hier war bisher ein Hüterpunkt, ein Schwellengebiet. Die alte Schwellenhüterin übergibt nun all das, was sie gehütet hat, den jungen Feenhüterinnen des Nordweisheitsstroms, nicht um es weiterhin dort zu verankern, sondern um es von nun an von dort aus zu verteilen. Dies geschieht durch Herzenslichtarbeit, in der die Menschen eingeschlossen sind. Ohne die Menschen und ihre Herzensqualität der Liebe und der Hingabe kann dies nicht bewerkstelligt werden.

Auf einer ganz anderen, für den Menschen leider gesundheitlich sehr unzuträglichen Ebene, wird dieser mächtige Verteilerort auch benutzt: Auf ihm stehen mehrere große Sender.

Da ich leider sehr empfindsam gegenüber der starken Strahlungsfelder bin, welche von dieser Art Sendern aufgebaut werden, würde dieser Besuch auf der

Nordhelle wieder einmal eine große Herausforderung für mich werden, das war mir schon vorher klar. Mein Herz reagiert bis ins Physische sehr stark und unangenehm auf diese Felder. Es wird aus seinem Rhythmus gebracht und ich fühle es stolpern. Mein ganzer Körper wird dadurch geschwächt und das kann bis zu Schweißausbrüchen gehen. So fragten wir in diesem Treffen auch danach, wie ich mich schützen könnte vor solcherlei Strahlung. Die Antwort der Wesen war folgende:

Strahlenschutz kann durch Brennnesselstiche, Bienenstiche, Honig und Bienenwachs, eine Sonnenblume und die Zweige einer Thuja oder eines Wacholders auf dem Scheitelchakra bewirkt werden. Das geht so: Die Haut soll mit frischen Brennnesseln bearbeitet werden, am besten von dem Ort, an dem das schädigende Strahlungsfeld sitzt, in das ich mich hineinbegeben möchte. Dann soll ich frische Brennnesseln unter meine nackten Füße legen. Das leitet die Strahlung in die Erde ab. Ebenso schützt das Bienengift in meinem Körper, denn es macht mich durchlässig für die Strahlung, dass ich so lichtvoll werde, dass die Strahlung, ohne einen physischen Ankerpunkt zu finden und Schaden anzurichten, einfach durch mich hindurchwellt. Das Bienengift hält meine eigene Lichtordnung aufrecht. Am besten soll ich mich direkt ins Sakrum stechen lassen. Eine Sonnenblume stärkt ebenfalls den eigenen Lichtätherkörper durch ihr Sonnenraster im Blütenstand. Ich kann mir zu diesem Zweck eine Sonnenblumenblüte direkt mit dem Blütenstand nach unten auf mein Scheitelchakra legen. Wenn ich mir dorthin einen Wacholderzweig lege, dann stärkt dieser meinen gesamten Lichtkörper. Ein Thujazweig würde so etwas wie einen zusätzlichen Licht-Schutzmantel um mich herumlegen. Außerdem könne ich mir eine Bienenwachs-Honigsalbe mit Öl von darin eingelegten Bienen machen. Das ist eine Strahlenschutzsalbe.

Am nächsten Morgen stand ich früh auf, um mir jene Salbe herzustellen. Gutes Bienenöl, in dem viele Bienchen einen Sommer über lagen, Bienenwachs und Honig hatte ich von unseren Bienen parat. Wenig später stapften wir also los auf die Nordhelle: Mit einem Wacholderzweig unter dem Hut und Brennnesseln in den Socken, eingesalbt mit meiner frisch hergestellten Bienenstrahlenschutzsalbe und zusätzlich noch einer Platte Bienenwachs auf Seide komplett um meinen Brustraum gelegt, fühlte ich mich bestens ausgestattet ... und musste zugeben über mich selber lachen! Ich war wie so oft so dankbar, dass ich so hilfreich begleitet werde!

Die vierte Augustwoche

Thema: durch die Füße Leichtigkeit und Licht in die Erde bringen

Dies darf man ganz wortwörtlich nehmen: Gehe barfuß über dein Land! Schicke dabei Licht und Liebe in die Erde. Stell dir deine Füße voll des Lichtes vor, wie aus ihren Sohlen ständig Licht und Leichtigkeit geboren wird und diese Quelle unerschöpflich ist!

Die erste Septemberwoche

Thema: Versöhnung – so etwas wie Segnen

Wir wurden in unserer Runde darauf aufmerksam gemacht, dass die menschliche Qualität der Versöhnung im besten Falle einem Segen gleich kommt. Das heißt, wenn sie reinen Herzens und vollkommen geschieht, wird ein Segen auf die Beteiligten gelegt.

In Bezug auf die Arbeit am Land heißt das die Aussöhnung mit den Widersprüchen, die wir bei unserer Arbeit empfinden. Ich beispielsweise erlebe einen Widerspruch in mir darin, dass ich so viele gute Hinweise bekomme, und meine Zeit gar nicht reicht, sie alle in dem Maße umzusetzen, wie ich es mir wünsche, um daran konkret zu arbeiten! Deshalb schreibe ich das ja auch alles auf, in der Hoffnung, dass es so mehr Menschen erreicht als die, denen ich es direkt erzählen kann. Versöhnen mit mir heißt hier, dass ich einfach mit dem zufrieden bin, was ich schaffe, und mich daran zu erfreuen. Es heißt auch, sich mit den widrigen Umständen auszusöhnen, die der eigenen Arbeit oft im Wege stehen.

Es ist hier auch ein Versöhnen mit dem Land selbst gemeint, ein Versöhnen als Vorstufe des Segnens. Das Versöhnen ist so zu verstehen, dass man die Erde und das Land, auf dem man arbeitet, den Garten, das Beet, die Pflanzen so annimmt, wie die eigene Familie, wie jemand, der mir wie ein Sohn oder eine Tochter anvertraut ist, um den ich mich kümmere ohne Bedingungen zu stellen. Das ist ganz entscheidend: Ich stelle keine Bedingungen. Wohl aber stelle ich die Notwendigkeiten sicher, die mein »Sohn«, meine »Tochter«, zum Gedeihen braucht.

Themen: Streben nach Vollkommenheit; die Hochzeit von Feuer und Wasser

Es ist in dieser Zeit die Aufgabe, das Feuer in allem, in allen Elementen und Stoffen wiederzufinden und es anzusprechen! Alles, was hier auf unserer Erde sinnlich, leiblich erscheint in seiner Feuerqualität zu erspüren, ist ein wichtiger Blick in die Welt und ihre Teile, in uns selbst und unsere Organe. Ebenso können wir das mit dem Wasser tun: Alle Teile unserer selbst und unserer Welt, jedes Leben auf seinen Wasseranteil und seine Wasserqualität zu prüfen! Uns einzufühlen in dieses wässrige Element und es in allen Stoffen aufzuspüren, ist ebenfalls eine wichtige Sicht in die Welt und ihre Schöpfung.

Zu unserer Runde mit den Wesen, welche diese Woche vorbereitet, bemerkte ich unseren Feuerallgart zum ersten Mal im engeren Kreis. Er kann seine Größe variieren und erschien mir heute wirklich sehr groß, weitaus größer als unser Haus. Er ragte auch über die Stockwerke hinaus und das machte ihm gar nichts aus. Er war sehr frohgemut und hatte uns etwas ganz Erfreuliches mitzuteilen: Er bedeutete mit einem Kopfnicken ihm schräggegenüber, wo ich eine mächtige Wasserallegorie sah. Sie bebte vor Aufregung und Tatendrang, vor Freude und Erwartung. Aus jeder Pore ihres Seins sprudelte die pure Lebenskraft und es war offensichtlich, dass die beiden sich in großer Liebe zugetan waren. Auch war diese Liebe ganz frisch und etwas Außergewöhnliches für die Zwischenreichler, denn bisher kannte man Paare von Allgarten und Allegorien nur unter ihresgleichen, also Feuerallgart mit Feuerallegorie, Wasserallgart mit Wasserallegorie usw.

Die Wasserallegorie, welche nun zu uns gekommen war, ist ebenso groß wie ihr Liebster, der Feuerallgart, der in unserem Garten zu Hause ist. Sie ist sehr schön und mächtig beeindruckend, was ihre Lebensvitalität ausmacht. Ihre langen, kräftigen Haare wellen sich in wunderschöner Zartheit um ihren kräftigen Körper, von dem ein erdig-wässriger Geruch ausgeht. Ich fühlte mich sehr angenehm angeregt von ihr und ihrem Duft! Sie war von weit hergekommen.

Es war offensichtlich, dass diese beiden zusammengekommen sind, um ihre Hoch-Zeit zu feiern und wir, in unserer Familie, sind sehr berührt von diesem Ereignis und freuten uns mit ihnen! Wie großartig dieses Ereignis war, kann ich gar nicht in Worte fassen, denn ich fühlte, dass diese Verbindung nicht nur unser Wochenthema ausdrückte, sondern gleichzeitig ein Zeitenwandelthema: Hochzeiten und Verbindungen unter den Reichen, die Schöpfung leben! Ich fühlte, dass diese Verbindung die Kraft schafft, Gewaltiges zu schöpfen! Wir hießen dieses wundervolle Wesen von Herzen hier bei uns willkommen und sofort teilte sie uns ihren Namen mit!

Nicht lange nach unserer Runde gingen wir wieder hinaus und kamen an unsere Quelle. Da wir einen sehr trockenen Winter hatten, konnten sich die Quellen der Umgebung nicht in ihren Reserven füllen und versiegten bereits sehr früh im Jahr. Der gewohnte gewaltige Schwall zu Ostern blieb völlig aus. Die wenigen Niederschläge, die wir in diesem Jahr hatten, dienten nur dazu, oberflächlich das Pflanzenreich zu nähren. In die Tiefe drang der Niederschlag nicht. So war unsere Quelle seit Monaten bereits trocken. Als wir nun zu ihr kamen, war ich wie vom Donner gerührt – im positiven Sinne – und obgleich es schier unfassbar schien, was wir da sahen, so war es doch als wäre es unter den jetzigen Umständen ganz normal: Unsere Quelle sprudelte wieder. Ein kräftiger Strahl, wie in ihren guten Zeiten, drang wieder aus dem Bachlauf und sprudelte in die Fassung.

Das war und ist das Werk und das Willkommensgeschenk der Allegorie! Sie hatte in einer unsagbaren Geschwindigkeit und Kraft unterirdische Ströme wieder zusammengeführt und hier in unsere Quelle kanalisiert. Ein Wunder, das wir ohne das soeben Erlebte nicht hätten verstehen können!

Die dritte Septemberwoche

Themen: Reinheit und Reinigung; von der Ichkraft der Bienen und des Menschen und deren Zusammenhang

Zu dem Zustand der Reinheit gehört auch die Reinigung als Tätigkeit, um die Reinheit immer wieder neu herzustellen und als Zustand aufrechtzuerhalten. Deshalb muss es gemeinsam betrachtet und angegangen werden!

Was heißt Reinheit in mir? Der Verweis geht also zunächst einmal wieder zur eigenen Person. Reinheit ist in jeder Pore meines Seins. Wann kann ich das wirklich sagen? Dazu müsste ich ein absolut wahrhaftiges Leben führen, das keine Kompromisse bezüglich einer Unaufrichtigkeit zulässt. Das betrifft das tägliche Leben im Alltag: Wenn ich z. B. doch weiß, dass ich all die Prozesse, die in der Fleischgewinnung stecken, nur dann verantworten kann, wenn ich mein Rindersteak vom Demeterhof hole oder noch besser: Das Huhn für die Hühnersuppe selber schlachte und spüre, was es bedeutet, dass ein Huhn sein Leben lässt für mich, dann ist das Fleischkaufen im Supermarkt für mich eindeutig vorbei. Das heißt Aufrichtigkeit gegenüber den eigenen Vorsätzen, Überzeugungen und Erkenntnissen. Das heißt Aufrichtigkeit gegenüber mir selbst!

Wenn ich Reinheit in mir selber spüre, erkenne und fühle ich sie auch in anderen Wesen deutlich leichter und vor allem direkt und vollkommen, soweit sie vorhanden ist. Ich fühle auch die Unreinheit deutlicher und direkter, was für mich nicht immer einfach sein wird, bei all den Verunreinigungen seelischer und körperlicher Art unter den Menschen sowie in der heutigen konventionellen Landwirtschaft!

Was können wir für die Reinigung tun?

Zunächst einmal bei uns selber anfangen! Wir können versuchen, unserem Gegenüber von Reinheit zu Reinheit zu begegnen. Mein reiner Wesenskern ertastet den reinen Wesenskern des Anderen. Bei Pflanzenlebewesen geht das z. B. gar nicht anders. Sie lassen es überhaupt nur so zu. Sie offenbaren sich nur der Reinheit unseres Fühlens, Denkens und Wollens. Ein Gespräch und eine Begegnung mit ihnen sind überhaupt nur auf dieser Ebene möglich! So können sie uns hierin große Lehrmeister sein!

Dann können wir viel von den Luft- und Windgeistern lernen, die viel für die Reinigung der Lüfte, unserer Atmosphäre und unserer Umgebung tun. Durch ihre starken Bewegungen reinigen sie ihren Bereich. Sie schütteln ab, was ihnen fremd ist und was nicht zu ihnen gehört! Auch den Tieren dürfen wir danken, denn auch sie reinigen für den Menschen durch ihr Dasein und ebenfalls durch ihre Bewegungen, die sie vollführen, den Lebensraum der Menschen, ja sogar deren feinstoffliche Leiber! Sie können Stress oder fremde Anhaftungen von uns nehmen. Sie tun das, indem wir mit ihnen einen gemeinsamen Seelenraum aufbauen. Sie haben die Fähigkeit, dieses Fremde, das sie vom Menschen von ihm abfließen lassen können, das, was ihn sonst schädigen und weiterhin schwächen würde, einfach durch ihr Dasein und ihre Bewegungen in die Erde abfließen zu lassen, um es dort in die Wandlung zu geben. Die Befreiung durch die Tiere ist für den Menschen in dieser Form aber nur von Dauer, wenn er diesen Prozess und das Großartige, das die Tiere da für ihn tun, mit Dank an sie *erkennt*! Erkennt er es nicht, und unterlässt er zu danken, so bleibt die Erleichterung nur von kurzer Dauer.

Reinigen hat mit Durlichten zu tun. So ist alles, was wir an Durchlichtungstätigkeiten für uns und unsere Umwelt vornehmen, reinigend: Durchlichten von Landschaften, Pflanzen und Gewässern, Durchlichten von Erde und Stein, von Tier und aller Kreatur in unserem Umfeld, mit dem wir arbeiten und leben. Das ist eine Übung und Haltung, die der Reinheit und dem Reinigen dient.

Was die Wahrhaftigkeit nach Innen und nach Außen betrifft, wurde ich in unserem Treffen von einer der drei Goldmarien aus unserem Bienenkreis aufmerksam gemacht, dass ich in meiner Behandlungsart der Bienen sehr wahrhaftig bin. Daran hatte ich gerade in den vorangegangenen Tagen wieder Zweifel, nachdem ich nach einer Varroahkontrolle den hohen Befall an Milben in unseren drei Völkern festgestellt hatte. Zwar fielen die hunderten von Milben nach meiner Behandlung mit den selbsthergestellten Tinkturen und Präparaten, sodass ich den Abfall als Erfolg meines Präparats deuten durfte, doch die hohe Zahl an Milben schockierte mich. Ich bekam aber die Botschaft von den Bienen, dass ich mit dieser Art der Behandlung bitte weitermachen sollte und dass ich jetzt nicht wankelmütig werden dürfte. Sie vermittelten mir, dass die Tinkturen, die ich auf sie sprühte, sie zu einem großen Putztrieb aufforderten und dass sie sich jetzt gründlich reinigten. Sie sagten mir auch, dass sie jetzt gerade mit mir gemeinsam durch diese Umstellung hindurch gehen von der konventionellen Behandlungsart zu dieser eigens neu entwickelten mit den Tinkturen und Präparaten, deren Ursprungspflanzen ich ja schließlich von den Bienen selbst genannt bekommen hatte! Ich erlebte, wie wir beide, ich und die Bienen, gerade gemeinsam durch ein Nadelöhr gingen. Hier, so wurde mir gespiegelt, lebt das Thema Reinigung und Reinheit durch Wahrhaftigkeit!

Es wurde mir weiterhin gespiegelt, dass die Bienen in ihrer gesamten Organisation als Volk sowie jedes einzelne Bienchen an sich Ungeheures für die Reinigung unseres Lebensraums, für die Durchlichtung und somit das Aufrechterhalten der Reinheit unseres Lebensraumes tun. Ich wollte nun wissen, was ich selbst noch für die Bienen tun könnte!

Da wurden wir in unserer Runde von den anwesenden drei Goldmarien auf einen Exkurs zur Ichkraft des Menschen und zur Ichkraft der Bienen und ihren gegenseitigen Zusammenhängen mitgenommen: Ich sah einen Lichtstrahl in mir vom Sakrum zum Scheitel und darüber hinaus und erlebte meine eigene Aufrichtekraft als Bild meiner Ichkraft. Mir wurde gesagt, dass wir Menschen unsere Ichkraft unter anderem nur deshalb entwickeln konnten, weil die Bienen uns etwas von ihrer Ichkraft schenken. Die Bienen haben schon lange vor dem Menschen eine Ichkraft entwickelt und dies nicht nur als Volk, sondern ebenso als einzelne Biene. Jede einzelne Biene ist Träger dieser Ichkraft. Ihre Ichkraft liegt in ihrem Stachel und der Fähigkeit zu stechen. Ihr Gift und die Dosierung dessen ist unter anderem die Triebfeder für die Entwicklung der menschlichen Ichkraft. Wem es an Ichkraft fehlt, der braucht sich nur von einer Biene ins Sakrum stechen zu lassen, und er wird dadurch einen gehörigen Schub an Ichkraft erfahren. Allerdings wird dieser nur von Dauer sein, wenn der Mensch das Bienenvolk zuvor darum gebeten hat, ihm zu helfen und darauf wartet, welche Biene ihm dafür entgegenkrabbeln wird, und wenn er dann dieser Biene nach dem Stich dankt und ihren Körper würdig beisetzt, und wenn er weiterhin auch bereit ist, etwas für die Bienen zu tun. Die Bienen haben uns also wortwörtlich etwas von ihrer Ichkraft abgegeben und können dies heute noch ganz konkret durch ihren Stich tun. Ihr Opfer für uns ist ihr Leben. Sie sterben, wenn sie uns stechen. Allein die Fähigkeit, dies zu tun und einen Raum zu schaffen, in dem das möglich ist, hilft uns Menschen schon bei unserer Ichentwicklung.

Wieder will ich wissen, wie ich denn den Bienen helfen kann! Ich habe erfahren dürfen, wie sie uns von ihrer eigenen Ichkraft abgegeben haben und damit verbunden oft sogar ihr eigenes Leben geben. Ich finde, nun sind wir dran. Ich möchte wissen, wie ich ihnen auch von meiner Ichkraft geben kann!

Die Antwort ist klar und deutlich:

»Gebe ihnen von deinem Blute! In deinem Blut ist alles, was dein Ich ausmacht! Gebe einen Tropfen Blut in Wasser, verwirble es und sprühe es ins Volk. Über die Zeit werden die Bienen nicht mehr sterben müssen, wenn sie stechen, ja, sie werden sogar nicht mehr stechen müssen. Das macht das Geschenk deines Blutes, deiner Ichkraft. Wenn sie das erreichen, hast du ihnen sehr geholfen. Wenn du das beginnst, hilfst du ihnen von diesem Augenblick an!

Auch dein Urin hat etwas von ihrer Stechkraft und ihrer Ichkraft und ebenso von der deinen. Mit diesem, deinem goldenen Saft, kannst du ihnen auch schon helfen. In etwas abgeschwächter Form bewirkt er dasselbe wie dein Blut!

Außerdem fange an, jede einzelne Biene als Persönlichkeit anzureden und zu erleben, denn das ist sie! Die Zeit, in der ihr die Bienen immer nur kollektiv als Volk ansprecht, soll jetzt vorbei sein. Sie sind ebenso Einzelwesen und dürfen und müssen von euch als solche angesprochen werden, wenn sie bei euch Menschen die Stellung halten sollen, und das müssen sie, wenn euer Leben hier auf der Erde weitergehen soll!«

An diesem Nachmittag stach mir eine Brombeere bei der Gartenarbeit in den Finger. Freudig lief ich zu den Bienenständen und drückte einen Tropfen Blut für jedes Volk aufs Flugloch, das zu dieser Zeit nur noch so breit wie mein Finger ist, sodass so gut wie jede einzelne Biene nun über diesen Tropfen ging beim Herein- und Herausfliegen. Ich freute mich wie ein kleines Kind unterm Weihnachtsbaum darüber!

Am nächsten Morgen setzte ich gleich die Sprühlösung mit weiteren Tropfen meines Blutes im Quellwasser an. Nur diesmal tat der selbstzugefügte Stich viel mehr weh als bei der Brombeere ...

Themen: Lichttaufe; Freude und die sanfte und stetige Verwandlung

Ein übergeordnetes Thema, was nicht nur diese Woche, sondern den großen Zeitenwandel, in dem wir uns befinden, insgesamt betrifft, ist die sanfte und stetige Verwandlung. Es ist die Verwandlung der eigenen Herzenssonne, welche den Menschen in sein freiheitliches und verantwortungsbewusstes Schöpferhandeln führt. Diese neue Herzenssonne nimmt nun bewusst die Verbindung zu den eigenen universellen Wurzeln auf. Das heißt, jedes Wesen ist aufgefordert, seine Linie zu verfolgen bis in seines Geistesseelenwesens Ursprung, bis in Sternenweiten.

Jeder Mensch wird von vielen guten Geistern begleitet. Sie alle stehen miteinander in Verbindung und in regem Austausch. Hier ist der Schutzengel so etwas wie die leitende Instanz, doch wird er unterstützt, beraten und begleitet von sehr vielen weiteren, dem Menschen zugehörigen, guten Wesen, darunter auch die Körperelementarwesen unter der Führung und Leitung des Körpermeisters/der Körpermeisterin, Wesen der Zwischenreiche und Elementarreiche sowie von Sternenwesen. Diese Sternenwesen sind tatsächlich Bewohner von teilweise sogar außerhalb unseres Sonnensystems liegenden Sternen. Sie helfen dem Menschengeistwesen, sich auf die kommende Inkarnation vorzubereiten und sind so etwas wie gute Paten. Sie sind im wahrsten Sinne des Wortes unsere »Leitsterne«. Sie können uns auch später im Leben selbst immer wieder an unsere »inneren Leitsterne«, das heißt: an unsere ureigenste Ausrichtung erinnern. Sie halten für uns die Verbindung zu der Konstellation unserer Geburtssterne, die uns den Strahl schenkten, auf dem unser Seelengeistwesen zur Erde reiste in einen neuen Körper. Dieser Strahl, der eigene Sternenstrahl, wird das ganze Leben von diesen, uns begleitenden Sternenwesen aufrechterhalten und nährt uns. Solange wir leben, wird diese Verbindung gehalten. Es sind immer mehrere Himmelskörper, wohl gemerkt: keine Planeten, also wirklich Sterne, welche hier bei der Geburt eines Menschen ihre begleitenden Strahlen und ihre Paten schicken! Die planetare Ebene ist der Erde dann schon sehr nah. Hier durchschreitet das menschliche Seelengeistwesen noch einmal bestimmte Seelengeisthaltungen, von denen es sich etwas in die bevorstehende Inkarnation mitnehmen darf. Es erhält hier seine »Geschenke des Himmels« für das kommende Leben auf der Erde! Dies ist aber eine andere Sphäre als jene, aus der die kosmischen Paten stammen. Diese sind die Sternewesen. Natürlich gibt es auch hier, wie überall, Ausnahmen und Sonderfälle.

Bevor das Menschenseelengeistwesen in die erdennahe planetare Ebene eintritt, durchschreitet es mehrere Prüfungen, die in den Reichen der Engel und der Sternenwesen stattfinden. Hier erhält es auch seinen Segen. Je nach Prüfungsergebnis wird nun sein Weg bereitet für die bestmöglichste Begleitung und auch sein Weg durch die planetare Ebene vorbereitet und ausgerichtet.

Viele Menschen sprechen derzeit von einer großen Lichttransformation, die vor einigen Jahren begonnen hat und ein neues menschheitliches Zeitalter einleitet. Diese Lichttransformation kann sich überhaupt erst für uns im Äußeren sichtbar machen, wenn sie innerlich vollzogen wird. Es ist die sich wandelnde Herzenssonne, welche jetzt in der Lage ist, ganz bewusst zu den eigenen kosmischen Wurzeln Kontakt aufzunehmen, zu den Sternenpaten, zu dem eigenen Geburtsstern und seinen Begleitern, zu dem eigenen Sternenurgrund. Es ist ein Sternenlicht, was sich dem Herzenssonnenlicht eint. So wird die warme Erdensonne sternenklar und hell. Denn eines ist gewiss: Auch die Erde wandelt sich und wird in ihrer Erdensonnenkraft zukünftig viel weiter atmen als bisher. Auch sie wird Erdensonnenstern. Das betrifft den Zeitenwandel, in dem wir stehen! Dies ist die großartige Verwandlung, die vor einigen Jahren begonnen hat, sich zu manifestieren!

Dies alles hat mit der Überwindung der Dualität zu tun. Es muss das weibliche Element endlich aus seiner Gefangenschaft und Einengung entlassen werden. Nur wenn das männliche und das weibliche Element in Gemeinschaft aus ihrem je eigenen Seelengeistesurgrund wirken, kann die menschliche Herzenssonne frei atmen, glücklich lachen, kraftvoll strahlen! Nur dann können wir, so wie es im göttlichen Plan bestimmt ist, uns frei aufeinander zu bewegen und verbinden.

Es wird in diesen Tagen die vielfache Verbindung, das heißt ganz konkret gesprochen: die *Hochzeit der Elemente* sichtbar, die Hochzeit also zweier Wesen aus unterschiedlichen Lebensbereichen und von unterschiedlichen Lebensformen. Die Vermählung von der wundervollen Wasserallegorie, die von weit her zu uns gekommen ist, mit unserem Feuerallgart ist nur ein Beispiel davon! Diese Bewegung braucht des Menschen Unterstützung. Auch wir dürfen uns trauen, Dualitäten zu überwinden und wahrhaftige Verbindungen zum Andersartigen in Liebe einzugehen!

Dies verlangt eine Lichtkraft in uns, die eine innere Stärke und Beweglichkeit gleichzeitig fordert und fördert. All unser Handeln und all unsere Begegnungen in diese Lichtkraft zu stellen, bedeutet die Voraussetzung für die Lichttaufe zu erwerben. Diese kommt als Segen.

Herzensfreude bedeutet, ganz in dieser Lichtkraft zu stehen, ganz unsere Herzenssonne strahlen zu lassen. Der Schlüssel hierzu liegt in den ersten Worten des Spruches, den uns der Erzengel Michael schenkt:

Mein Herz öffnet sich

Und es heißt weiter:

Dankbarkeit und Liebe will ich singen

Erst die Dankbarkeit für all das Schöne, was uns entgegenkommt, lässt die Freude wachsen und Liebe spinnt das Lied unseres Lebens. »Singen« heißt »von Herzen«. Ein Urlaut von Bedeutung ist hier gemeint, bevor der reflektierende Verstand einordnen und vergleichen, analysieren, verstehen und bewerten will, denn *Verstehen* kann in seiner Tiefe und Weite, seiner Anbindung bis zu den Sternen nur vom Herzen her geschehen. Das geöffnete Herz singt. Worte, die es spricht, sind aus dem tönenden Laut geboren. Der tönende Laut hat noch seine Uranbindung zu den Sternen. Er schwingt noch in Sternenrhythmen und macht einen kleinen Teil hieraus spürbar, holt ihn durch unsere Menschenstimme auf die Erde.

Sonne ziehet ein in mein Herz

Dann wird das Herz zum Erdensonnenstern, zur Erdensternensonne, zur Herzenssonne, die das Tor zu allen Reichen ist, in Liebe und Licht.

Eine jede Zeile in diesem Spruch ist eine Einweihung. Eine jede Zeile ist eine Prüfung der Seele, eine Anrufung des Geistes und eine Ebene auf dem Weg der Entwicklung in der Einheit unseres Seelengeistwesens in einem Menschenkörper, der Entwicklung und Befreiung der inneren Herzenssonne.

Mit der Michaelizeit, in der wir Ende September stehen, erleben wir Menschen jedes Jahr neu die Aufforderung, die Sonne nach innen zu holen, das innere Feuer zu wecken, in die Wandlung zu gehen, Entscheidungen zu treffen. Es ist dies eine Zeit, die Drachenkraft in uns als Urschöpferkraft zu wecken und in ihrer geläuterten und bewusst von unserem Ich geführten Kraft zu nutzen, immer angebunden an die menschlichen Herzenskräfte.

Diejenigen Geschöpfe, welche uns helfen, in diese Wandlung zu gehen, sind die Bienen. Sie leben und halten eine ständige Verbindung der Sonne der Äußeren Erde, die unseren Lebensraum erhellt, mit der Sonne der Inneren Erde, die im Lebensraum der Drachen leuchtet. Die Bienenkönigin geht jeden Winter über zu der Sonne der Inneren Erde, um dort die Verbindung zur Sonne der Äußeren Erde zu stärken und so die Strahlkraft für beide zu erneuern. Dies ist für das Fortbestehen unseres menschlichen Lebensraumes Erde unumgänglich. Von der Sonne der Inneren Erde geht die Erdwärme aus vom Erdenzentrum. Von der Sonne der Äußeren Erde geht die Wärme und das Licht für unsere Atmosphäre aus und damit die Grundlage für jedes Wachstum allen Lebens.

Manchmal ist es notwendig für diese Neustärkung und Verbindung beider Sonnen, dass sich das Geistwesen der Bienenkönigin dauerhaft mit der Sonne der Inneren Erde verbindet und bei dieser bleibt. Ihr Geistwesen kehrt dann nicht mehr in die körperliche Hülle im Bienenvolk zurück. Es heißt dann von den Menschen: Die Königin sei gestorben. Wenn das Volk dann keine neue Königin bekommt, stirbt es auch. Als dies bei vier unserer Völker im letzten Winter der Fall war und ich den Zustand im frühen Frühling bemerkte, wurde mir von dem elementaren Bienenmeister eines Volkes ein Weg gesagt, den ich an anderer Stelle noch genauer beschreibe, wie ich dem Volk helfen kann, mit der Behandlung meines Morgenurins erst einmal zu überleben. Urin hat die stechende Schärfe eines Bienenstichs in abgemilderter Form, bringt also etwas von der Drachenurschöpferkraft und von dem Sonnenich ihrer Königin zu ihnen. Er ist der goldene Saft des Morgens, der Sonnenkraft, der Wärme und Nahrung in sich trägt, ähnlich wie Honig, dem er auch in seiner Farbe gleicht.

An dieser Stelle möchte ich eine Botschaft der Bienen aus den Raunächten vom 28.12.2016 aufschreiben. An diesem Morgen meldeten sich die Bienen bei mir und summten:

> *Sonnenäther*
> *Weltenlicht*
> *Erdenliebe webt und flicht*
> *Wärmehülle, Herzensleuchten*
> *Menschenich*
> *im Weltensein*
> *und der Sterne singen*
> *wiegt und trägt bis zur Geburt*
> *unsern Erden-Sonnenstern*

»Tief in der Erde ist ein Leuchten, und dieses Leuchten tritt an mannigfachen Stellen in diesen Tagen hervor. Es braucht nur ein wenig klopfen und schaben an der Oberfläche, und schon bricht sie auf und es strömt aus der Erde hervor: das wärmende, klare, milde, gütige, weiche, zarte, helle Licht, das Licht der Erde. Denn ihre Kruste ist locker in diesen Tagen und das Klopfen und Schaben, welches es braucht, damit die Erde ihre Kruste öffnet und aus vielen Spalten ihr mildes Gütelicht verströmt, sind die geöffneten Herzen der Menschen und ihre Liebe, ihre Herzensliebe.«

An dieser Stelle schenkten mir die Bienen noch das Winterbienenraunachts-märchen von der Biene Lioba (s. Seite 221). In diesem Märchen sind alle Themen dieser Woche und des übergeordneten Zeitthemas des aktuellen Zeitenwandels bildhaft im Leben der Biene enthalten. In diesem Märchen wird auch die beson-dere Qualität der Verwandlung deutlich, die hier vollzogen wird. Es ist eine dem eigenen göttlichen Plan folgende Metamorphose, die an einem bestimmten Punkt ihres Fortschreitens an ein »Nadelöhr« kommt, durch das der Betreffende hindurch muss, einem Umstülppunkt gleich. Mit dieser Botschaft der Bienen greife ich auf ei-nes der Wochenthemen in der vierten Dezemberwoche vor. Ich bringe sie deshalb hier, weil die Vorbereitung darauf bereits jetzt in der Michaelizeit beginnt. Jetzt be-ginnt für den Menschen diese umfassende Verwandlung seiner eigenen Herzens-sonne, deren unterschiedlichen Lichtqualitäten es erst richtig auszubilden gilt und der jene Sternenlichtqualität nun bewusst zufließt.

Vollziehen wir diesen Prozess in uns, so helfen wir der gestärkten und gesun-den Samenbildung in allen Pflanzen unserer Umgebung!

Die erste Oktoberwoche

Themen: die Äther-Geist-Blüten-Meditation für die Samenbildung der Pflanzen; dem eigenen Weg treu bleiben; Wahrhaftigkeit; Feuerformen finden

Seit zwei Jahren gehe ich einen Weg mit unseren Bienen, in dem ich ganz auf die konventionelle Weise der Varroahmilbenbekämpfung verzichte. Das heißt: Ich wende keine Ameisensäure und Oxalsäure an. Unter anderem beinhaltet dieser Weg, wie schon mehrfach hier angeklungen, die Herstellung von eigenen Tink-turen und Präparaten für die Milbenbehandlung aus Kräutern, welche mir die Bienen selbst gesagt haben. Dabei gehe ich so vor, dass ich zum einen Pflanzen wähle, die um die Bienen einen Ätherraum schaffen, welche dem Wärmeäther der Milben sehr ähnlich wird, so dass die Bienen nicht mehr als »Nahrung« für die Milben erkannt werden! Zum anderen wähle ich Pflanzen, welche ein für die Milben unzuträgliches Milieu schaffen. Nun hat meine letzte Varroahmilbenkon-trolle eine bisher nicht dagewesene hohe Anzahl von abgefallenen Varroahmil-ben ergeben und ich bekam schon wieder Zweifel, ob mein Weg für die Bienen und mich so weiter gut ist.

Bei den Anwesenden in unserer Runde war nun bei unserem Treffen war ei-ner unserer elementaren Bienenmeister zugegen und trat sofort als Erster hervor! Er sagte mir, ich solle Vertrauen in meine Arbeit haben! Die Bienen und ich, wir würden gerade neue Wege gehen und auch die Bienen gerade erst lernen, damit umzugehen. Sie würden sich mit mir gemeinsam umstellen. Er betonte:

»Wenn wir wüssten, wie viele Milben in Wirklichkeit in jedem Bienenvolk sind, uns würden die Augen geöffnet werden über die tatsächliche Bedrängnis der Bienen, die ein konventionell behandelnder ›Imker‹ gar nicht mitbekommt!«

Bei dem Begriff »Imker« verzieht sich das Gesicht des elementaren Bienenmeisters, denn die elementaren Bienenmeister möchten diese Menschen eigentlich auch »menschliche Bienenmeister« und »menschliche Bienenmeisterinnen« nennen oder »Bienenfrau« und »Bienenmann«. Das setzt aber voraus, dass sie eben wirkliche Bienenmeister und Bienenmeisterinnen sind! Er fährt nun weiter fort:

»Eine konventionelle Behandlung mit chemischen Mitteln, mit Ameisensäure und Oxalsäure, zielt auf die Tötung der Milben ab. Es fallen also hier nur die durch die Behandlung getöteten Milben herunter. Bei unserer Methode mit den Tinkturen hingegen fallen sowohl lebende als auch tote und auch ganz junge Milben ab, denn diese Methode regt erstens den Putztrieb der Bienen an, zweitens macht es sie als Wirt unattraktiv für die Milben, sodass sie von ihnen ablassen!«

Es ist also logisch, dass ich dieses Mal so viel mehr Milben nach meiner Behandlung mit den Tinkturen auf dem Varroahsheet sah, als noch vor zwei Jahren nach der konventionellen Behandlungsmethode. Der elementare Bienenmeister bat mich noch einmal mir ins Bewusstsein zu rufen, dass die Anzahl der jungen, durchsichtigen Milben und die Anzahl der herumkrabbelnden, lebendigen alten, die ich durch ein Olivenöl getränktes Tuch unten hielt, mit jeder Behandlung gestiegen war! Es ist ohne Zweifel ein Erfolg, dass nun auch in so hoher Zahl junge und lebendige Milben abfallen!

Die Äther-Geist-Blütenmeditation

Direkt im Anschluss an das eben Beschriebene schenkte uns der elementare Bienenmeister eine wundervolle Meditation für diese Jahreszeit, die auch das Bienenvolk auf ihre Weise begleitet. Führen wir sie durch, so unterstützen wir auch die Bienen in ihrer Arbeit, jetzt im Herbst! Er spricht:

»Jedes Mal, wenn eine Blüte welk zu Boden fällt, steigt von ihr eine Ätherblüte auf, durch welche das Geistige der Blüte weiterlebt und jetzt in seine neue Daseinsform übergeht. Diese Ätherblüte ist um ein vielfaches größer als ihre ehemals blühende physische Blüte, die nun verwelkt zu Boden gefallen ist. Während sie aufsteigt, nimmt sie noch an Größe zu, bis sie dreißig- bis fünfzigmal so groß wie die ursprüngliche Erdenblüte ist, die sie versorgte. Dabei atmet und pulst sie. Viele solche Ätherblüten, die von Einzelblüten aufsteigen,

vereinen sich dann zu einer sehr großen Ätherblüte, der Ätherblüte ihrer Blumenart!

Solche Ätherblüten können durch Menschwirken zu Ätherherzen werden. Wenn Menschen in einer Gruppe gemeinsam zur selben Zeit am und für denselben Ort diese Ätherblütenimagination durchführen, dann geht diese Ätherblüte in ein Ätherherz über und verbleibt von nun an als Ätherherz wirkend in der Landschaft. Das ist etwas Großartiges! Das ist eine Aufgabe für die Zukunft und zukünftige Gemeinschaften!«

Nun sollen wir Menschen den eben beschriebenen Wandlungslauf der Erdenblüte mit der emporsteigenden Äther-Geist-Blüte bis hin zum Ätherherzen als innere Bilder lebendig werden lassen und sie so in die Landschaft setzen!

Ich dankte dem elementaren Bienenmeister für solch eine grandiose Botschaft! Auch hier schließt sich die Arbeit der letzten Woche nahtlos an: Die bewusste Begleitung und Stärkung der Samenbildung für die Blumen des kommenden Jahres durch diese Meditation.

Nun trat das hohe Geistseelenwesen des Feuersalamanders hervor:

Vor kurzem fand auf unserem Grundstück die Vermählung unseres Feuerriesens und der Wasserallegorie statt. Dieses Geschehen setzte ein Zeichen für die Feuer-Wasser-Vermählung, die es in Zukunft noch stärker von uns Menschen zu stützen gilt! Diese Feuer-Wasservermählung liegt in der Aufgabe unseres Landes, das wir hier pflegen dürfen, des gesamten Höchstreichsbergs, auf dem wir wohnen. Dieses Wirkensfeld trägt der Feuersalamander in sich und sein hohes Tiergeistwesen hat nun eine große Aufgabe mit uns Menschen für die Zukunft, denn es will uns helfen, unsere Gewässer wieder sauber und lebendig zu bekommen! Dazu ließ es mir nun folgende Botschaften in Form von Gedanken und inneren Bildern zufließen:

Das Feuerelement in jedem Menschen ist derzeit total vernachlässigt und soll wieder gepflegt werden! Dazu dienen unter anderem auch Feuerrituale. Wir sollen wieder öfter Feuer anzünden und am Feuer sitzen, den Flammen zusehen und uns an ihnen freuen. Wir dürfen Feuersäulen in die Erde bauen. Das sind Luftschächte, die unter einem Feuerplatz senkrecht in die Erde gehen. Damit schaffen wir eine Verbindung des Feuers der Äußeren Erde zum Feuer der Mittleren Erde und dem Reich der Mittleren Erde. Außerdem sprechen wir die eigene Feuerkraft im Ich des Menschen an!

Ohne das Feuerelement kommt das Wasser nicht zum Fließen. Ein Wasser ohne Feuer hat keine Steigkraft, keine Leben, keine Lebendigkeit und Beweglichkeit. So ist es notwendig, dass diese beiden Elemente sich verbinden. Beim Menschen hat dies wiederrum mit dem alt bekannten Thema zu tun, dass er erlerne, wie scheinbare Gegensätze einander nicht blockieren und auslöschen, sondern sich ergänzen und stützen. Es ist die Übung der Überwindung der Dualität. Auch der Mensch muss lernen, in sich sein Feuerelement mit seinem Wasserelement zu vereinen!

Ich bekomme ein inneres Bild des Geformten Feuers. Der Mensch ist aufgefordert, das Feuer zu formen, zu gestalten. Dann wird es in seiner Urschöpferkraft, geformt durch den Menschen zu einer wahrhaften Neuschöpfung, ein gewaltiges Schöpferwerkzeug!

Finde Feuer Formen, forme Feuer, finde Formen

heißt die Aufforderung an uns Menschen. Von dieser Tätigkeit strömt unsagbare Kraft und Freude aus!

Es kam im Gespräch dieser Wochenrunde die Frage nach der Wahrhaftigkeit hier im Zusammenhang auf. Jedes Element trägt die Wahrhaftigkeit, doch die Feuerelementarwesen sind die Hüter der Schwelle, die Prüfer an der Pforte, die Torwächter auf jedem Einweihungsweg, bei jeder Prüfung eines jeden Erkenntnisweges bis man den Zustand der reinen Wahrhaftigkeit erreicht hat!

Beim Menschen hat das mit Mut und Beobachtung zu tun.

Beobachtung spricht einen Zeitraum an, ein Innehalten, bis es zur Offenbarung kommen kann, zu der man Mut braucht. Mut, sich zu zeigen, sich zu offenbaren, ganz zu dem zu stehen, für das man sich entschieden hat, ganz ehrlich und nachhaltig dies auch weiterzutragen zu anderen!

Im weiteren Gespräch gelangten wir zu den zwei möglichen Entwicklungen der Erde:

Die erste Möglichkeit: Die Erde verlässt ihren physischen Körper und ihr Seelengeistwesen sucht sich irgendwann einmal einen neuen Körper. Dann werden nur wenige Menschen mit ihr gehen, die ebenfalls bereit sind, innerhalb ihrer Inkarnationsfolge mit der Erde diesen gigantischen Neuanfang zu gehen und mit ihr ihren neuen Körper zu beziehen.

Die zweite Möglichkeit: Die Erde verwandelt sich. Diese Verwandlung ist so radikal, dass sie ebenfalls einem Neuanfang gleichkommt, denn sie wird durch einen kompletten Umstülppunkt gehen. Diesen gestaltet sie mit und durch den Menschen, durch seine Mithilfe, durch seine Schöpferkraft, durch seine Herzensliebe. Hier wird auch der Mensch einen ebenso nachhaltigen und unwiderruflichen Wandel seiner Erscheinung und Neuorganisation innerhalb seines Wesens gehen. Das Erdenseelengeistwesen bleibt im Fall der Verwandlung seines physischen Körpers in diesem, seinem Erdenleib und wird darin auch hier weiterleben. Ebenso wird es der Mensch. Die Erde wird dann ein neuer Himmelskörper sein. Dies beschreibt die Entwicklung, die innerhalb meiner Aufzeichnungen an verschiedenen Stellen immer wieder als die Verwandlung von der Erdensonne zum Erdenstern anklingt. Dies ist die Wandlung und Entwicklung, der ich mich sehr hingegeben fühle und an der ich arbeiten möchte und mich auf meine Weise beteilige!

Derzeit arbeiten viele Menschen an der Auflösung der Erde, also am ersten Modell der möglichen Weiterentwicklung. Die meisten von ihnen wissen gar nicht, dass sie es tun! Sie sind fremdgelenkt. Sie folgen einem Plan, der begonnen hat, sich zu entwickeln, mit dem ausgehenden Atlantis. Sie haben sich freiwillig dazu entschieden, aber zu was sie sich genau entschieden haben, wissen sie nicht. Das macht das Fremdbestimmte in ihnen.

Es braucht nun eine gewisse Anzahl von Menschen, um den zweiten Plan der Erdenentwicklung zu erreichen. Diese Anzahl von Menschen wächst derzeit täglich! Wir brauchen aber noch mehr, als es aktuell sind! Wir brauchen noch mehr Menschen, die genau beobachten und Mut haben, Veränderungen mit nachhaltigen Folgen wahrhaftig zu beschreiten, Menschen, die sich gegen die Barcodes einsetzen, die ihren Urin selbst aufarbeiten, welche die Lügen über die Chemtrails beim Namen nennen, die bereit sind, neue Wege zu gehen gemeinsam mit den Elementarwesen und den Zwischenreichwesen!

Und das ist das Entscheidende: Der nächste Entwicklungs- und Verwandlungsschritt unserer Erde ist nämlich noch nicht entschieden worden vom hohen Rat der Lenker aller Reiche. Diese Entscheidung hängt ganz wesentlich von der Entwicklung der Menschheit ab! Es ist noch offen, welche der beiden möglichen Wege die Erde nehmen wird und mit ihr die Menschen oder genauer gesagt nur ein Teil der Menschen!

Was geschieht aber in beiden Fällen mit den Elementarwesen? Bei dieser Frage kamen mir die Tränen. Ich konnte jetzt nicht mehr an mich halten. Ich erlebe in der Elementaren Welt meine Brüder und Schwestern in solch großer Bedrängnis und Abhängigkeit, dass ich schreien könnte vor diesen Menschen, die diese Bedrängnis durch ihren Egoismus auslösen bei diesen großartigen, hingebungsvollen Wesen, vor diesen Menschen, welche derzeit aktiv an der Auflösung unserer Erde arbeiten! Die Elementarwesen wollen natürlich mit dem Menschen gemeinsam gehen und sie wollen auch die Erde als Heimatplaneten behalten!

Im ersten Fall der Auflösung der Erde können sie nur von Menschen mitgenommen werden, die bereit sind, sie in ihrer Aura zu verankern, am besten solche, welche gelernt haben, ihre feinstofflichen Leiber so weit zu machen, dass möglichst viele Elementarwesen und Zwischenreichwesen darin Platz finden.

Die Zwischenreichwesen sind insofern in einer besonderen Situation, als dass sie sich nicht voll und ganz in der Aura eines Menschen verankern müssen, um mit ihm mitzugehen, sondern können sich über die Ätherherzqualität, die in beiden lebt, direkt mit ihm verbinden. Ihre Sternenanbindung gibt ihnen dazu eine bewusste und auch von ihnen selbst aus initiierte Befähigung.

Im zweiten Fall, können wir alle Elementarwesen mitnehmen in die große Verwandlung der Erde selbst, die sogar von ihnen wesentlich vorbereitet, getragen und gestützt wird und die ohne sie überhaupt gar nicht geht!

Auf diesen Sachverhalt haben mich immer und immer wieder die Wesen der Elementarreiche und auch der Erzengel Michael aufmerksam gemacht, wie es auch hier in diesem Buch bereits im Text »Das menschliche Herz aus der Sicht der Elementarwesen « (s. Seite 213) sowie im Text »Die parallelen Welten« (s. Seite 216) angeklungen ist!

Die zweite Oktoberwoche

Thema: die unterirdischen Flüsse pflegen

In diesen Tagen geht die Erde in ihren Strömungsadern, den überirdischen und den unterirdischen Flüssen und Bächen, bereits in ihre Vorbereitung auf die kalte Zeit. Dazu ist es für uns Menschen wichtig, auch die unterirdischen Flüsse und Ströme in unser Bewusstsein zu heben. Unterirdisch laufen mindestens ebenso viele Ströme und Flüsse wie oberirdisch. Diese Wasseradern finden jedoch immer seltener einen geeigneten Quellpunkt für sich. Sie finden keine Austrittsmöglichkeit für sich an die Oberfläche der Erde. Dies hängt vor allem mit der mangelnden Pflege unserer oberirdischen Quellen und Ströme zusammen, mit ihrer Verschmutzung, ihrer Trägheit und Trübe. Alles, was bisher zur Quellen- und Flusspflege in anderen Wochenthemen gesagt wurde, ist grundsätzlich das ganze Jahr über von höchster Wichtigkeit, findet aber im Laufe des Jahres eine unterschiedlich starke Resonanzbereitschaft bei den Wesen. Immer, wenn diese Resonanzbereitschaft bei den Wesen grundsätzlich sehr hoch ist, findet sich dieses Thema in den Wochenthemen. Es ist also in dieser Zeit ganz besonders günstig, an der Quellenpflege und Pflege der Flüsse und Bäche zu arbeiten, weil wir auf besonders viel Unterstützung von Seiten der feinstofflichen Welt und ihren Wesen hoffen dürfen.

Diese Zeit im Oktober ist wieder eine solche mit verstärktem Augenmerk auf die unterirdischen Strömungsverläufe. Ich bekomme ein Bild geschickt, das mir unterirdische Schlammfelder zeigt. Riesige wabernde, unterirdische, verschlammte und träge Wassermassen sitzen dort fest. Dieses Bild ist beängstigend. Es eröffnet die Ahnung, dass diese Situation nicht mehr lange von der Erde zu halten ist und dass es Landrutsche und -verschiebungen geben wird. Die Erdkruste sitzt wie auf einem wabernden Pudding, der stinkt und fault. Das haben die Menschen verursacht.

Wenn die unterirdischen Ströme nicht mehr fließen können und sich von einer schönen Quelle als ihr Quellpunkt angezogen fühlen, wenn also keine Quellen mehr die Kraft haben, dank ihrer Klarheit und Reinheit die unterirdischen Ströme wirklich wie ein Magnet anzuziehen und hervortreten zu lassen, dann verlieren sie unterirdisch ihre Richtung. Die Folge ist ein Aufstauen und Verschlammen.

Wenn in den kalten Tagen viele Gewässer einfrieren, dann sind die fließenden Ströme und die sprudelnden Quellen in ihrer Fließ- und Quellkraft noch wichtiger als sonst das ganze Jahr über sowieso schon. Deshalb fällt auch in diese Zeit wieder die Pflege der uns umgebenden Gewässer und Quellen. Nur, wenn oberirdisch Klarheit und Beweglichkeit des Wassers gefördert wird, kann unterirdisch seine Steigkraft erhalten bleiben. Eine schöne Tätigkeit für diese Jahreszeit wäre es auch, Wasserspiele anzulegen, Fließformen für das Wasser zu gestalten und vor dem Winter einzurichten.

Eine große Anzahl von Allgarten und Allegorien ist hierzu anwesend, um uns dies mit deutlichem Nachdruck zu sagen!

Die dritte Oktoberwoche

Themen: Lichtwandlung, ein neues Licht wird frei; sich trauen und Entscheidungen treffen, die Hochzeit von Wasser und Feuer

In die folgenden Aufzeichnungen für die dritte Oktoberwoche fließen die Mitteilungen von zwei Begegnungsrunden, die kurz hintereinander stattfanden. Die erste war unsere Familienrunde und die zweite die Runde in der Ausbildungsgruppe.

Neben vielen anderen Gästen waren zum ersten Mal Allfeen aus dem Osten anwesend. Sie erstrahlten in einem wundervollen, goldenen und warmen Licht. Es waren viele an der Zahl, und ihr helles, mildes Honiglicht strömte wie ihr

Atem in einem Strahlegelb, so voll und satt und gleichzeitig licht und zart, von ihnen aus. Sie schenkten dieses Licht mit ihrem Atem der Welt. Es scheint ihr Atmen zu sein, welches dieses Licht immer wieder neu erschafft und verströmen lässt. Sie feierten unser Zusammensein als ein Fest. Sie zeigten uns damit an, dass sich die Tore nach Osten hin geöffnet haben und ein geistiger Strom im Austausch von dort nach hier und umgekehrt in sein freies Fließen eingetreten ist!

Das Licht, das sie verströmen hat eine milde und doch klare Ausrichtung. Es wirkt in der menschlichen Seele als Herzöffnungslicht mit all seinen Facetten: liebende Hinwendung, wohliges »Zuhausesein«, sicheres Vertrauen, webende Verbundenheit, reine Freude, strahlendes Glück, Honigglanz! Es ist ein geheiligter Honigglanz, der dadurch vollkommen, heil und ganz ist, und rundherum in sich geschützt. Nun kann die Lichttaufe, die sich vollzogen hat, erst den Herzraum als geheiligten und geschützten Raum in sein volles Wirkensspektrum öffnen und befreien.

Es sind Seelenqualitäten, die hier befreit und in ihr Wirkensfeld gehoben werden. Es geht hier sowohl um die Seelenqualitäten der menschlichen Seele als auch die der Landschaft. Die Ausbildung und der Einsatz dieser Seelenqualitäten ist die Grundlage für die Lichtwandlung und -befreiung, von der die durch Honiglicht leuchtenden Allfee und Alben aus dem Osten künden. Die Lichttaufe, um die es letztens ging, war hierzu der göttliche Segen. Nun kann die Lichtarbeit in ihr Wirkensfeld treten, und diese Lichtwandlung, um die es geht, wirklich spürbar machen!

Nun spüre ich, wie sich die Allfeen zu einem riesigen strahlenden Licht zusammentun. Die drei anwesenden Alben positionieren sich nun um die Allfeen herum in einem Dreieck, das sofort eine schützende und haltende Kraft auf die Allfeen und ihr Licht bewirkt.

Nun sprechen die Allfeen:

»Wir freuen uns, dass wir in euch Menschen erkennen, die schon über einen weiten Spielraum von Herzmelodien verfügen. Dieser Spielraum ist deutlich größer als es weithin so üblich ist. Um genau zu sein: Wir hören eure Herzmelodien. Das hat uns eingeladen und begrüßt jetzt unser Kommen. Das ist großartig! Wenn ihr eure Herzmelodien hören könntet, ihr würdet gerade eine vollkommene Symphonie hören. Das Wunderbare ist, dass diese Herzmelodien, sobald sie sich vereinen durch eure Zusammenkunft, einfach weiterschwingen. Das ist das Großartige an Gemeinschaften!

Eine einzelne Herzmelodie eines Menschen, der mit seinem geöffneten Herzen einem Baum, einer Landschaft, einer Blume begegnet, wird ganz und gar in diesen oder diese übergehen und sich dort verwandelnd weiterweben.

Mehrere Herzmelodien von mehreren Menschen in Verbundenheit einer Ge-
meinschaft schaffen durch ihr Zusammenklingen das, was du vielfach als Äther-
herz kennen gelernt hast! Diese Herzmelodiensymphonie mehrerer Menschen
fließt dann sofort dem örtlich jeweils nächsten, bestehenden Ätherherz zu und
stärkt es in seinen Atem- und Strömungstänzen. Dies wird von der menschli-
chen Herzatmung unterstützt.

Besteht örtlich noch kein Ätherherz so wird tatsächlich durch diese Herzme-
lodiensymphonie ein neues geschaffen!

Diese Ätherherzen sind Tore der Schöpfung. Zwischen ihnen webt der le-
bendige Puls, der unseren Lebensverbindungen zwischen den Reichen einen
Grund gibt, sie gründet! Sie sind ätherische Lebensorgane mit Herzqualität. Sie
können nur durch das gemeinsame Wirken von Menschen und Elementarwe-
sen in Gemeinschaft geschaffen werden. Hier, genau hier an diesem Ort, be-
steht bereits ein riesiges Ätherherz zwischen diesen beiden Hügelbergen, dem
Höstreichsberg und dem Böllberg. Die beiden Berge hüten ein stilles Tal, das
heute durch die Straße durchschnitten wird. Das muss wieder richtig gedacht
werden. Eine Höhenanbindung über die Lichtqualität beider Berge besteht im-
mer noch deutlich und wird durch die Gemeinschaften aufrechterhalten, die
auf und an beiden Bergen arbeiten.

Das Thema dieser beiden Berge ist die Hochzeit von Wasser und Feuer, was
auch ein übergeordnetes Zeitthema für die menschliche Entwicklung ist! So ist
hier an diesem Ort ein sehr gutes Übfeld für dieses Thema. Deshalb liegen hier
auch zwei Ausbildungsorte! Einer ist hier im Heilegarten und einer dort drüben
auf dem Hof (der Demeter Hof Sackern).

In dieser neuen Lichtqualität, in der wir mit den Menschen arbeiten wollen,
geht es um die Verbindung von tiefer Herzenswärme mit voller Klarheit und
Entscheidungskraft. Es ist eine Herzenswärme, die ein großes Feld umspannt
mit liebender Hingabe, und die gleichzeitig voll und ganz bewusst ist, die wach
aus dem eigenen Ich-Bewusstsein strömt. Dass solch eine Seelenhaltung mit
täglichen Entscheidungen zu tun hat, ist unumgänglich! Wahrhaftigkeit ist hier
Voraussetzung. Bequeme Kompromisse funktionieren nicht mehr! Die Dinge
müssen ganz durchfühlt und durchdrungen werden, nicht mehr nur so an der
Oberfläche!

Wir wollen euch begleiten und spüren, Ihr seid bereit. Deshalb ist es ein Fest
heute für uns!«

Ein Jubel geht durch die Menge!

»Wir wissen noch nicht, wie der Weg aussehen wird, den wir gemeinsam gehen werden mit euch, ebenso wenig wie ihr es wisst, Aber wir sind bereit so wie ihr auch! Eure Herzmelodien sind unser Anker. Lasst unser Honiglicht in eure Herzen. Riecht an Sonnenblumen und Bienenvölkern, oder eben an Honig, da ist alles drin, um was es geht: Entscheidungen, Klarheit, die Einzelkraft in der Gemeinschaft, wahrhaftig seiner Bestimmung folgen, ohne Kompromisse, mutig, vertrauend, freudig, dankend, liebend.

Was heißt es, in seiner eigenen Bestimmung zu erwachen? Es ist ein Geisterwachen. Dieses Geisterwachen gründet sich in eurer menschlichen Ich-Geburt und in der Gabe der Herzöffnung. Herzöffnung kann nur in Liebe und Vertrauen geschehen, in Hingabe und Dankbarkeit und in der Bereitschaft, sich zu geben. Dann findest du dich. Dann erkennst du und erahnst du etwas von deiner Unendlichkeit.

Wir sind jetzt eure Begleiter. Jeder Einzelne von euch ist aufgefordert, seinen ganz eigenen Weg zu betreten. Wir laden euch ein, nach einer Allfeenschwester Ausschau zu halten unter uns oder nach einem Albenbruder. Na, wär das was? Traut euch doch einfach und gemeinsam wollen wir's wagen!«

Die vierte Oktoberwoche

Themen: Selbst-Besinnung; Klangräume schaffen

Wir werden darauf verwiesen, wie wichtig es ist, sich jetzt in dieser Zeit auf sich selbst zu besinnen. In Bezug auf unsere Arbeit am Land heißt das, dass wir dem nachspüren, was all die getane Arbeit in uns bewirkt hat, welche Resonanz ich zu ihr in meinem eigenen Inneren fühle und wie ich selbst daran gewachsen bin. Daraus erwächst ein inniger Dank, dem ich dem Land und seinen Wesen schenken möchte und dies auch tun sollte. Ein Dank soll ausgesprochen werden für die gemeinsame Arbeit und in einer persönlichen Form, die jeder selbst dafür findet, rituell bekräftigt werden.

Weiterhin werden wir wieder einmal, wie so oft, von den Wesen daran erinnert, wie wichtig es ist, ihnen immer wieder Nahrung durch Klänge zu geben. Diese Klänge stärken und nähren nicht nur die feinstofflichen Wesen, sondern auch unsere Vögel, die sich dadurch angesprochen und begrüßt fühlen. Von Menschen erzeugte Klänge und vor allem ihr Gesang schaffen Vögeln regelrecht eine Heimat! Hier ist ein Singen ohne Worte, ein Singen in Melodien, sogar nur Klang- und Tonabfolgen in ganz einfacher Weise ebenso schön und kraftvoll wie ein Gesang mit Worten. Das Singen in Gruppen schafft Klangräume in der Landschaft, die noch lange im Äther anwesend sind. Dieser umspannende Klangraum legt sich wie eine schützende »Glocke« über das Land, über einen Garten oder ein Beet.

Wenn man nun diesen Klangraum direkt unter einem Baum erzeugt, wenn also eine Gruppe direkt unter einem Baum singt, in Tonintervallen improvisatorisch einen Gesang entstehen lässt im gemeinsamen Allklang, dann schlüpft der entstehende Klangraum direkt in die Baumkrone. Dort kann er über Monate erhalten bleiben! Etwas von ihm verbindet sich sogar dauerhaft mit dem Kronenraum des Baumes und bereichert so die Heimat der dort lebenden Baumwesen und Vögel. Dies ist besonders in dieser Zeit, in der sich die Vögel auf den Winter einrichten, für sie wichtig. Es gibt ihnen eine Hülle und sie können sicher und freudig ihren Winterraum beziehen. Diese Aufgabe sollten wir für sie sicherlich auch noch in der kommenden Woche weiterführen.

Die erste Novemberwoche

Themen: Erdbesinnung; Erdatmung

Das Thema dieser Woche führt uns ganz zur Erde im Hinblick auf ihr Ätheratmen. Dieses Ätheratmen bereitet ihr Geisterwachen vor, ihr lichtes Strahlen, das sie in der Weihnachtszeit in den Kosmos sendet. Wir werden aufgefordert, dieses Erdatmen zu beobachten und dabei ganz konkret auf die Ausstrahlungen, auf die Farben der unterschiedlichen Erden zu achten. Wir können in dieser Zeit auf unseren Landschaftsgängen die unterschiedlichen Felder in unserer Umgebung und deren Ätheratmung, deren Farbigkeit betrachten. Wenn wir sie uns gegenseitig beschreiben, schenken wir den Feldern damit unsere Aufmerksamkeit, die garantiert ankommen und sie freuen wird!

Die zweite Novemberwoche

Themen: Erdweben; Durchhalten; Vorbereitung

Wenn auch die Seele oft suchen muss nach dem eigenen Weg, wenn auch die Erdenstürme zuweilen mächtig wehen, darf ich wissen, dass mein Dranbleiben und Durchhalten an all den Themen meines Wesens, an all den Fragen meines Seins im Eingebundensein mit Erdenweben, Erdenatmen, den gemeinsamen Schöpferraum von Erde und Mensch erschaffen und immer wieder neu vorbereiten. So sind die Wunder vorbereitet, die uns auf diesem Schöpfungsweg beschenken. Erdenweben heißt, bewusst Verbindungen nachzuspüren, die zwischen Orten unserer Erde hin und her gehen, Verbindungen auch, die sich bis in den Kosmos weben und wieder zurück zu uns Menschen.

Wir dürfen in diesen Tagen der Erde Geschenke machen, im dem wir etwas ganz Persönliches von uns hinaustragen und dort lassen.

Die dritte Novemberwoche

Themen: Erdscheinen; Stille

Stille hat einen Klang. Diese Klänge aus der Erde zu vernehmen, dahin zielt die Übung für diese Woche. Das Volk der Mittleren Erde hat in diesen Tagen alle Hände voll zu tun, die Erde mit einem lebendigen Erdenäther zu umkleiden, der wintertauglich ist. Ein lebendiger Erdenäther ist ein solcher, der sich deutlich bewegt. Er hat in sich Strömungen. Der Wintererdenäther bewegt sich schneller als der Sommerwärmeäther. Die allerbeste Beschleunigungshilfe für die Erdenätherbewegungen ist Kinderlachen. Da dies jedoch nicht auf Bestellung zur Verfügung steht, sind wir aufgefordert, den Qualitäten, die im Kinderlachen sind, nachzuspüren und sie als Seelengestaltungskraft in uns zu wecken und für die Landschaft bereitzustellen. Es hilft auch schon, wenn wir Erwachsenen uns in dynamischen Bewegungen draußen zusammenfinden. Kreistänze wären gut, mit einer Verbeugung anschließend, um dann wieder in die Stille zu kommen und den Schein zu beobachten, der bleibt, wenn man selber wieder geht.

Die Erde reagiert sehr deutlich in diesen Tagen auf menschliche Zuwendung. Sie zeigt uns ihr Scheinen.

In dieser Woche waren die Kinder des Volkes der Mittleren Erde anwesend. Es erschien bei uns eine große Vielzahl von ihnen und uns wurde mitgeteilt, dass gerade eine Generation des Volkes der Mittleren Erde heranwächst! Die Kinder trugen uns ihr Kinderlachen zu, ihre Freude, ihre Leichtigkeit, ihr freudiges In-die-Zukunft-gehen. Ja, das brauchen wir gerade jetzt, wo wir doch so viel von den zerstörenden Einflüssen auf die Erde wissen und am eigenen Leibe zu spüren bekommen!

Das Volk der Mittleren Erde und ganz besonders ihre Kinder freuen sich sehr über alle Menschen, die barfuß gehen oder mit ihren bloßen Händen die Erde berühren und über alle, die singen! Immer wieder werden wir darauf hingewiesen, wie wichtig die menschliche Stimme im Gesang ist. Das ist Nahrung für alle guten Wesen der Reiche unserer parallelen Welten, für die Kinder des Volkes der Mittleren Erde.

Wir wurden aufgefordert unseren Morgenspruch des Erzengels Michael (s. ganz zu Beginn des Buches) zu singen, am besten in einer Gruppe. Das kann schon mit zwei Menschen beginnen. Jeder ist aufgefordert, seine eigene Stimme im Allklang ganz genau wahrzunehmen, genau wie die anderen Stimmen auch, sich also ständig in Resonanz zu allen Stimmen voran zu bewegen und mit zu schwingen. Das ist eine hohe Kunst des freien Gesangs, die geübt werden will! Ein möglicher Übweg wäre, damit zu zweit anzufangen. Die Bedingung dabei ist, dass gewartet wird im Gesang, bis beide Singenden die Zeile vollendet haben in ihrem Tempo. Keiner darf voranpreschen. Ebenso gilt für eine größere Gruppe, dass jeder Singende bis auf den letzten in jeder Zeile wartet, bevor einer die neue Zeile anstimmt.

Weiterhin ist es wichtig, zu klären, zu was oder zu wem man seinen Gesang ausrichtet, wo man ihn hin schicken möchte oder was man verbinden will. Wir bekommen den Vorschlag, ihn in diesen Tagen zu den Wurzeln der Bäume zu richten, die dadurch in ihrer Tätigkeit, Licht in die Erde zu tragen, unterstützt werden und es dort dann leichter unaufhörlich strömen lassen können.

Die vierte Novemberwoche

Themen: Erdleuchten; Steine polieren; Wichteltürme bauen; Stille

Das Erdscheinen wird zu einem Erdleuchten. Die Stille kann zu Andacht und Innigkeit werden. Es fällt meistens in diese Woche, die Erde für das Erderühren in den Raunächten einzuholen! Ein weiterer Brauch dieser Tage, der in den alten Zeiten noch verbreitet war, und den mir das Volk der Mittleren Erde mitteilte, ist das Steine polieren. Besonders schöne Steine werden geputzt und poliert und an ausgewählte Orte im Garten und auf das Land, das ich bestelle, gelegt! Daran freuen sich besonders die Wichtel und auch die Graswesen freuen sich darüber, die in dieser Zeit eine sehr enge Zusammenarbeit mit den Wichteln pflegen und die Samen in die Erde für den nächsten Frühling betten.

Des Weiteren sollen wir Wichteltürme bauen. Daran erinnern uns zwei aus dem Volk der Mittleren Erde. Ich hatte diesen schönen Brauch schon im Oktober vernommen, dann geriet er für mich wieder etwas in Vergessenheit, aber jetzt ist es wohl wirklich wichtig, bestehende Wichteltürme neu in Stand zu setzen und neue aufzubauen. Wicheltürme sind kleinere oder größere Steinaufschichtungen von dafür eigens bestimmten Steinen, die bewusst dafür gesetzt wurden und auch von da an dort verbleiben sollten. Dies können die Steine sein, die ich beim Graben aus meinem Gartenland hole, dies können auch eigens dafür gesuchte Steine sein. Schön wäre es, wenn mindestens ein Kristall oder ein anderer Edelstein darinnen wäre. Man kann auch einige der Steine dafür bemalen. Besonders mit Kindern ist dies eine schöne Handlung.

Das Volk der Mittleren Erde teilte mir mit, dass diese Wicheltürme überall auf der Welt gebräuchlich waren und erst in allerjüngster Vergangenheit bei uns in Europa in Vergessenheit geraten waren. Die Wichtel hüten und pflegen unsere Orte und sind ihrerseits sehr ortstreu. Sie verfolgen alles mit größter Genauigkeit, was wir an »ihrem« Ort tun und verändern. Wir hatten Ende Oktober Besuch von meiner Cousine und ihrem Mann aus der Mongolei. Als ich ihm von dem Brauch erzählte, traf ich auf ein Wiedererkennen in seinen Augen, und er berichtete, dass in der Mongolei auf dem Land noch überall solche »Ovos« für den »Ortsgeist« errichtet werden! Ich war glücklich darüber, denn es zeigte mir wieder einmal, wie wortwörtlich ich wirklich die Mitteilungen der uns begleitenden Wesen nehmen darf, und wenn sie sagen: »überall auf der Welt«, dann ist das wirklich so!

In dieser Zeit ist erneut die Hinwendung aus der Elementaren Welt zum Christuswesen spürbar. Jene Wesen, die ich an anderer Stelle mit »Elementare Christuswesen« bezeichnet habe, und die innerhalb der Elementaren Welt das Christuswirken für die Elementarwesen bewusst werden lassen, sind ursprünglich kosmische Wesen. Ein jedes dieser kosmischen Wesen ist eine Wesensverschmelzung mit einem Hüterwesen aus der Elementarwelt eingegangen. Dies war für das von nun an dauerhaft bewusste Wirken der Christuskraft in der Elementarwelt notwendig. Die wiedergeborene Christuskraft ersteht über die Herzen der Menschen, in den Ätherherzen der Reiche, und webt im Äther, unserem gemeinsamen Atem!

Die erste Dezemberwoche

Themen: Erdstrahlen; die Kraft des Segnens; Lichtverwandlung; die geläuterten Drachenkräfte

Die Erde, die zum Erderühren eingeholt wurde, wird nun im Innenraum ausgebreitet, damit sie ausatmen und die überschüssige Feuchtigkeit oder Nässe abtrocknen kann, bis sie in einen siebbaren Zustand kommt. Dabei darf ich sie immer wieder mit einem sauberen und dafür bestimmten Handbesen in die

Schale fegen und erneut auskippen und ausbreiten. Ich hatte dabei immer den Eindruck, dass sich die Erde richtig freut und bereits jetzt eine Verbindung entsteht!

Vielfach ist es hier angeklungen, dass die Erde sich zu einem Erdenstern verwandelt. In der gesamten Advents-, Weihnachts- und Raunachtszeit lebt diese Verwandlungsbereitschaft sehr stark. Die Verwandlung selbst hängt wesentlich von den Handlungen des Menschen ab, und sein Wissen darum steht ganz am Anfang! Wir werden aufgefordert, auf die Strahlequalitäten der Erde und der verschiedenen Erden zu achten.

Ein Ort, an dem das Strahlen als eine besondere Lichtqualität sehr präsent ist, und der mit seiner Erde in diesem Jahr, wie auch in einigen vergangenen Jahren von meinem Mann mit in sein Erderühren genommen wurde, ist der markante Hügel, auf dem die alte Stiepeler Dorfkirche steht. Von hier aus geht wie ein Sonnengeflecht in die weite Welt ein Sonnen-Sternen-Erdenstrahlen aus. Als ich diesmal beim Erdeeinholen den Ort fragte, was er uns für die bevorstehende Arbeit mitzugeben hat, und was er uns generell zu sich sagen möchte, kam Folgendes:

Dieser Ort ist ein Ort des Segens und des Segnens! Von hier aus geht ein Segnen und Segen aus für die Welt und für die Menschen. Dieser Segen wird durch die Menschen selbst von hier in die Welt getragen, deshalb ist es auch ein Ort, zu dem so viele Menschen strömen, und diese immer mehr so in jüngster Vergangenheit. Ob sie es nun bewusst oder unbewusst tun: Sie nehmen etwas von dem Segen dieses Ortes für die Welt mit, soweit sie diesem Ort mit geöffnetem Herzen begegnen konnten. Durch sie und ihr Handeln wird dieser Segen dann frei in der Welt. So soll auch die gerührte Erde in diesem Jahr von diesem Ort nur in Fingerhut großer Portion an den Ort zurückkommen. Alles andere soll an verschiedene Orte wo anders verteilt werden.

Für das Erderühren schenkt uns der Ort einen Segensspruch, den wir allerdings nicht nur zur Erde beim Rühren in den Raunächten sprechen können, sondern wo immer und wann immer wir diese Kraft des Segnens, die eine Urschöpferkraft ist, aufrufen und stärken wollen. Das Segnen ist deshalb eine Kraft der Schöpfung, weil es alles bereits veranlagte Gute erst durch den Segen freisetzt und ins Wirken bringt!

Segensspruch:

Segne das Land
Segne die Gewässer
Segne die Winde
Segne das Erdenfeuer
Segne das Licht
Segne das Menschenich
Segne die Kinder

Ich segne das Land und seine Bewohner
Ich segne die Gewässer und ihre Wesen
Ich segne die Winde und ihre Geister
Ich segne das Feuer der Erde und das Feuer in mir
Ich segne mein Licht und das Licht der Welt
Ich segne mein Menschenich
Ich segne meine Kinder und die Kinder der Welt

Wir segnen die fruchtbare Erde in uns
Wir segnen das strömende Wasser in uns
Wir segnen Gottes Atem in uns
Wir segnen das nährende Feuer in uns
Wir segnen das Licht in uns und unserem Handeln
Wir segnen unsere Kinder, die Liebe, die Schöpfung
in uns, durch uns, für uns
Wir segnen unseren Dank

Körper mein, sei Du gesegnet
Seele mein, sei segensreich
Geist, der in mir lebt und waltet, sei Segensbringer, Du
auf dass mein Handeln und Verwandeln
segnet immer dar
So ist es und so sei es

VON DEN ORTSHÜTERN DER STIEPELER DORFKIRCHE, AM 3.12.2017, SIRI TROST

Auf unserer nächsten Station des Erdeholens fuhren wir zu einem Ort, der mit Stiepel energetisch eng verbunden ist und in Sichtweite auf der anderen Seite der Ruhr, der Schwelle dazwischen, liegt: der Ort Blankenstein bei Hattingen an der Ruhr. Er vertritt den Feuer-Wärme-Aspekt, der von dort in dieses Element den Segen verteilt und ihn hütet. Blankenstein ist ein Hüterort und sein Hüter ist ein mächtiges Wesen, der unter anderem einen direkten Zugang zu einem unter der Erhebung von Blankenstein wohnenden Drachen gehütet hat und immer noch hütet und dadurch dafür gesorgt hat, dass dieser Drache nicht völlig in einen Lähmungsschlaf gefallen ist wie so viele seiner Artgenossen hier im Ruhrgebiet! Ihm geht es noch erstaunlich gut und er ist den Menschen wohl gesinnt.

Stiepel und Blankenstein haben als Orte für den Menschen je eine Aufgabe. Beide Aufgaben sind miteinander verbunden. Stiepel soll dem Menschen helfen, das Weibliche im Männlichen zu leben und stärker zu entwickeln. Blankenstein hat die Aufgaben, das Männliche im Weiblichen zu verankern und entfalten. Hier lebt stark eine empfangende Geste, in Stiepel eine lichthaft aufsteigende und sich senkrecht in die Erde ergießende. Hier, in Stiepel ist die direkte Sternenanbindung spürbar und das Sophienhafte. In Blankenstein lebt als weibliche Seite stark das Marienelement. Beide im Zusammenklang finden in das Marien-Sophienwesen der Jetzt-Zeit! Die St. Georgsmotive im Innenraum der Stiepeler Dorfkirche der romanischen Wandmalereien verweisen auch darauf: St. Georg ist einer, der sich um Sophia bemühen muss, ihr dienen darf.

Der Hüter berichtet, dass andere Orte der unmittelbaren Umgebung ebenfalls Verteilerorte für den Segen von Stiepel sind, ein jeder vorrangig für ein Wechselspiel zweier Elemente. So spricht die Hohensyburg das fließende Strömen, das Wasser und das Licht an. Zu ihrem Fuße vereinen sich die Lenne und die Ruhr! Die Isenburg steht in Verbindung zur Physis und dem Geist.

Der Hüter von Blankenstein schenkt uns nun einen Spruch zur Lichtverwandlung, mit der er stark über die Feuerkräfte zu tun hat und ganz dem Verwandlungsprozess der geläuterten Drachenkräfte im Christuswirken folgt:

Licht verwandle
Licht entfalte mir Erkennen
Licht erleuchte Innenschau und Weltenblick
feurig Sinnen, wärmend Weben
lichterfüllt voll Liebesgeben
Liebessingen
dankend
das bin ich

Es geht in dieser Zeit nun ganz bewusst darum, ein Bewusstsein für die geläuterten Drachenkräfte zu entwickeln und praktischen Handlungen zu folgen, welche dieses sensibilisieren und entfalten. Es wird mir von einem Drachen aus dem Ender Tal (bei Herdecke) gesagt, wie wichtig es sei, sich in einer Gruppe zu verabreden, dass mehrere Menschen zur gleichen Stunde einer Dämmerungszeit Feuer zu Ehren der Drachenwesen entzünden, welche die Wärmefeuerkraft als Schöpfungskraft für unsere Erde eingebracht und gehütet haben, und welche heute ganz direkt an der Schwelle einer neuen Entwicklungsphase stehen und diesen Schritt nur mit Unterstützung des Menschen schaffen werden. Es ist eben jener Schritt als Dienende in den Christusstrom einzutreten. Dies sind die geläuterten Drachenkräfte!

Dies in Gedanken und im Herzen fühlend und den Willen bekundend, daran mitzuarbeiten, zünde man nun zur vereinbarten Stunde an unterschiedlichen Orten seiner Umgebung viermal die Feuer in folgenden Dämmerungen an:

- in der Abenddämmerung vom einundzwanzigsten auf den zweiundzwanzigsten Dezember
- in der Morgendämmerung vom vierundzwanzigsten auf den fünfundzwanzigsten Dezember
- in der Abenddämmerung vom siebenundzwanzigsten auf den achtundzwanzigsten Dezember
- in der Morgendämmerung vom zweiten auf den dritten Januar

Weiterhin übe man die Zuwendung zu den Drachen an ihrer jetzigen Aufgabe in den Christusstrom einzutreten in Folgendem:
1. Die eigene Lebenshaltung: Keine Verschwendung, Nachhaltigkeit, Wandlung. Damit ist in erster Linie eine Grundachtung vor allem Dinglichen, was die Erde uns schenkt gemeint, also eine Wertschätzung aller Materialien, Res-

sourcen und Rohstoffen. Sie nicht zu verschwenden und in einem Kreislauf der nachhaltigen Wiederverwendbarkeit zu halten ist dabei selbstverständlich. Keine Vernichtung von Materialien oder Lebensprozessen darf hierbei geschehen, sondern die reine Wandlung von einer Energieform in eine andere. Diese Lebenskreisläufe im Bewusstsein zu halten ist die Übung. Hierzu gehört ein Vorausahnen der Resonanzen und Konsequenzen des eigenen Handelns.

2. Überwindung der Dualität:

Es ist an der Zeit die Dualität von Mann und Frau zu überwinden. Das heißt: die Kluft überwinden, die immer noch zwischen uns liegt und einen Weg wählen aufeinander zu in Liebe und Achtung, in Anerkennung und Vertrauen. Wunden, die das Weibliche vom Männlichen erfahren musste in den letzten Jahrtausenden, müssen geheilt werden. Das Männliche soll sich neu in seiner lebenserhaltenden, lebensbejahenden und lebensliebenden Kraft finden.

3. Das Weibliche in Allem zu finden und zu ehren sowie das Männliche in Allem zu finden und zu ehren:

Dabei geht es darum, die Zerrbilder zu beseitigen, die im Laufe der letzten Jahrhunderte und Jahrtausende von »DEM Männlichen« und »DEM Weiblichen« entstanden sind. Das heißt, es richtig zu denken und richtig zu fühlen! Das ist richtig Arbeit, denn die Zerrbilder geistern als Phantome mächtig herum und suchen sich Verkörperung durch Menschen. Das ruft nach Erlösung! Da dies ein Kollektivwirken geworden ist, darf und kann sich jeder Mensch an dieser Erlösungsarbeit beteiligen, ganz gleich, ob er selbst einmal solch einem Zerrbild Leben verliehen hat oder nicht. Normalerweise müssen im Geistigen Phantome (Hüllenwesen) von ihrem Erzeuger aufgelöst werden. Das verhält sich hier inzwischen anders, da diese Zerrbildphantome mittlerweile in einem menschheitsergreifenden Kollektivbewusstsein wirken.

4. Das Element des Kindlichen:

Hier geht es darum, in seinem eigenen Wesen das Heilige, Unantastbare aufzusuchen, zu stärken und zu schützen. Kinder sind die Tore zu einer neuen Generation. Sie tragen die Kraft der Wandlung in sich. Und ihre Wandlungskraft prägt das Kindliche. Das meint ein ständiges Hineinfühlen in Verwandlungsprozesse, das Wunder zu erleben, dass aus der Raupe ein Schmetterling wird und das ganze Leben als dieses Wunder zu begreifen. Es ist die Grundhaltung: *Alles ist möglich aus Liebe!* Und: *Ich bin bereit!*

Bereit zu was? Das spielt hier erst einmal keine Rolle, solange es dem Leben und der Liebe dient! Die kindliche Entdeckerfreude ist hier ebenso wichtig wie das spielerische Element.

Es ist auffällig, dass in der letzten Zeit viele Kinder der Völker der Elementaren Reiche und der Zwischenreiche sich zeigten. Die ersten, die ich wahrnahm, waren die Kinder des Volkes der Mittleren Erde, die auf einmal zu Hauf erschienen und mir mitteilten, dass gerade eine neue Generation des Volkes der Mittleren Erde heranwächst!

5. Erderühren mit Lehm:

Als ganz konkrete Anweisung, die geläuterten Drachenkräfte zu unterstützen und ins Wirken zu bringen, wird uns nun das Erderühren mit Lehm genannt. Ich muss es also Lehmrühren nennen! Dieses Lehmrühren soll nicht nur auf die Raunächte beschränkt sein, sondern auch über das ganze Jahr gehen. Der Lehm, der in den Raunächten gerührt und abgeschlossen wurde als »fertig«, also seine Baldriansprühung erhalten hat und in Tüchern gewiegt wurde, der soll auch nicht nur, wie sonst beim Erderühren üblich am Tag der lichten Erde ausgebracht werden im Land, sondern ebenfalls verteilt auf das ganze Jahr zu verschiedenen Festeszeiten und Tagen im Jahreskreislauf!

Der Lehm spiegelt das Element des Kindlichen wieder! Er liegt gebettet zwischen Mutterboden, der fruchtbaren Erde und Vaterboden, dem Gestein. Hier, bei uns im Ruhgebiet sind wir mit meterdicken Schichten von Lehm gesegnet! Er trägt als Geisteskraft die Christuskraft in sich, die Christus- Sophien-Marienkraft in einer neu erblühenden, jugendlichen und Zukunft orientierten Wachstumskraft und Wandlungsmacht. Die Bienen, von denen wir viel über die geläuterten Drachenkräfte lernen können, fühlen sich deshalb auch besonders wohl in Lehmbehausungen! Das habe ich selbst an meinen Bienenvölkern erfahren dürfen!

Die heilende Kraft von Lehm durfte ich unmittelbar in den letzten beiden Wochen erfahren, als ich eine sehr schmerzende Schleimbeutelentzündung in der linken Schulter hatte. In der zweiten Woche kam mein Mann auf die Idee, mir unseren eigenen Lehm aufzulegen, den er in den letzten Raunächten gerührt hatte, und der so zu »Heilerde« geworden war. Von ihm hatten wir noch ein Glas voll bewahrt. Bereits nach dem ersten Auftragen im Wickel gab es einen ruckhaften Heilungsschub. Die Entzündung klang sofort ab, die Schmerzen ließen nach und ich hatte das Gefühl, meine Schulter war einmal ausgetauscht!

Lehm hat nun darüber hinaus auch die Eigenschaft, das, was im Physischen bereits geheilt ist, im Ätherischen zu stabilisieren, damit der neu geheilte Körper durch die im Ätherleib noch gespeicherten krankhaften Muster, nicht gleich wieder neu krank wird! Deshalb war es für mich sehr wichtig, auch im schon merklich gebesserten Zustand, fleißig weiter meine Lehmwickel zu machen!

Von den Germanen erzählte mir mein Mann, dass die letzte Speisung vor dem Hinübertreten über die Schwelle des Todes immer etwas Lehm war. Ein Fingertip auf die Zunge genügte. Auch die Gefallenen auf dem Kriegsfeld wurden so bedacht, ganz gleich, ob es Freund oder Feind war, den man sterbend antraf. Damit haben die Germanen den Sterbenden in den Christusstrom gestellt, ihm sein Licht und seine Liebe mitgegeben, von dem sie wussten, dass er kommen wird. Alle germanische Kultur hat das Kommen des Christus im Herzen der Menschen vorbereitet sowie seine Wiedergeburt durch die Herzen der Menschen und im Äther der Welt, der uns alle verbindet und unser aller Atem ist!

Unser Schwerpunkt im diesjährigen Erderühren wird also der Lehm sein. Die Frage, wie wir Menschen aktiv an der Lehmbildung mitwirken können, taucht auf. Die Antwort: »*Lerne mit den Bienen!*«

Wir werden nun Lehm aus unserem Bienenkreis in den Raunächten und noch das ganze Jahr danach rühren und lauschen!

Die zweite Dezemberwoche

Themen: Versöhnung; Feuer anzünden, Reinigung

Eine Aussöhnung mit allem, was mich bedrückt, mit allem, was in mir noch ungelöst sein mag, zu suchen, ist jetzt Voraussetzung, an der großen Versöhnung teilzuhaben, die jetzt als Erdengeschenk überall atmet, über die Erde weht und sich als Seelenkraft in uns bemerkbar macht.
Wir sollen Feuer anzünden. Auch dieser Hinweis kam öfter im Laufe des Jahres. Jetzt helfen die Feuer draußen unserer Seele, den eigenen Widerschein im Innern zu fühlen, das eigene innere Feuer kräftig anzufachen, auf dass der eigenen Seele Leuchten die Seelenkeime wachsen lässt!

Wie immer, wenn das Feuer wieder Thema wird, ist es auch die Reinigung. Es ist die Reinigung durch das Feuer, welche eine grundsätzliche Verwandlung ermöglicht, Verwandlung und Lösung bis hin zur Auflösung und Neuerschaffung. In das Feuer kann ich feine Kräuter des letzten Sommers und Herbst legen. Der über das Land ziehende, wohlriechende Feuerrauch hat für dieses eine reinigende Wirkung.

Die dritte Dezemberwoche

Thema: Frieden

Wir sind angekommen. Ein Jahreskreislauf vervollkommnet sich. Ich darf für das Land aussprechen:

»Friede sei mit dir!«

Ich darf für mich selbst aussprechen:

»Friede sei mit mir!
Friede sei in mir!
Friede sei mein Grund,
aus dem ich lebe, schöpfe, nähre
Freiheit!«

Zur Vervollkommnung des »immerwährenden Jahreskalenders« anhand der Wochenthemen mit den konkreten Arbeiten am Land sowie den dazu gestellten Wahrnehmungsübungen und Betrachtungen, soll und kann jeder Einzelne durch seine eigene Verbindungskraft zu den Reichen und ihren Wesen Weiteres erspüren und so ergänzen und erweitern, was hier weitergegeben ist. Es ist von äußerster Wichtigkeit, dass diese Impulse jetzt in die Welt kommen, denn ebenso wie es auf jeden Einzelnen ankommt, der sie ergreift und in sein Tagewerk mitnimmt, so kommt es auf jeden Tag an, an dem sie ihre Entfaltung finden!

Anrufungen der Elementarkräfte
und ihrer Wesen

Anrufung des Lichts

Weltenlicht, ich grüße dich
und öffne dir mein Sonnenherz
Sonnen-Welten-Licht
ich danke dir
du scheinst mir und erhellest mir
mein Sein
ich erschaffe dich
mit meinen Licht-Gedanken
in meinem Freude-Schaffen
so darf sich einen Seelenlicht mit Weltenlicht
und öffnen Herzensschauen
auf dass des Menschenherzens Licht
die Welt erwärme
die Reiche eine
und uns erkennen lässt
und fühlen
das eigne lichterfüllte
Sein

Licht eine sich mit Licht
Licht erschaffe Licht
Licht eröffne Licht
Licht durch's Herz geschaut
lässt mich erkennen
mein göttlich Ich
Licht erleuchte
mich
dass ich dir dienen darf
in Freiheit
und in Liebe

Hierzu ist uns eine Übung der Aufmerksamkeit geschenkt: Wir sollen ganz hineintauchen in die verschiedenen Lichtqualitäten und sie untersuchen, herausspüren, was dies heißt und ist:

Licht des Feuers

Licht des Wassers

Licht des Gesteins/der Sterne

Licht der Erde

Licht der Luft

Licht der Wärme

Licht des Herzens

Licht der Gestirne

Licht der Seele

Anrufung des Feuers
Verwandlung und Pflege des Feuers

Feuer in mir
Feuer des Himmels und der Gestirne
Feuer der Erde und des Gesteins
Feuer der Luft und der Gewässer
heiliges Feuer der Schöpfung
Feuer des Heiligen Geistes
ich öffne dir mein Menschenherz
so kann es nähren Licht und Liebe
Kraft und Freiheit
ewige Erneuerung

so sei es

Jedes der angesprochenen Feuer hat seine ureigene Botschaft. Spüre ihr nach, tauche dort ein. Jede Zeile soll ein Übfeld werden und eine Meditation, eine Erkenntnisebene:

Feuer des Himmels und Feuer der Gestirne

Feuer der Luft

Feuer der Gewässer

Feuer der Erde

Feuer des Gesteins

Feuer der heiligen Schöpfung

Feuer des Heiligen Geistes

Feuer in mir

Was geschieht, wenn ich all dies durch mein Herz lasse? Dann durchlichtet es sich. Dann nährt es Liebe und Licht und Kraft und Freiheit in ewiger Erneuerung.

Ein Schöpfermensch muss das Feuer achten und es unaufhörlich lichten und gestalten, durch sein Herz lassen, es pflegen und mit ihm arbeiten.

Wenn ich »Seelengymnastik« machen möchte, kann ich in folgende Grundhaltungen schlüpfen:

Das Feuer spricht das Wesen an

Das Feuer spricht das Wesen aus

Das Feuer spricht durch mein Wesen

Das Feuer spricht mit meinem Wesen

Das Feuer spricht in meinem Wesen

Anrufung des Wassers, Segnung und Ehrung

Wasser in mir
ich ehre und ich segne dich
Wasser, du heiliges, uraltes Wesen
du immer Junge, Neue, Frische, Liebende
ich segne dich
ich ehre dich
Wasser der Welt
Wasser der Lüfte
Wasser des Himmels und der Erde
Wasser des Lichtes
Wasser des Feuers
du lehrst uns die Kraft der Verwandlung
die da bewirkt, beschützt und bestärkt
das Leben im Urbeginn und seinem Ewig-Sein
du verbindest alle Reiche und alle ihre Wesen
durch deine Wandlungs- und Erneu'rungskraft
so bitt' ich dich um deinen Segen
nimm mich auf in deinen Strom
des Segnens und Erschaffens
in Hingabe und Dankbarkeit
so ziehet ein in mein Herz
die Freude
und die Leichtigkeit
in Ewigkeit
so sei es
und so ist es

Anrufung der Erde,
empfangen an den Externsteinen

Körper, mein Tempel
Erde, mein Sein
Leibessinneschaffen
und -erschöpfen
schöpfen

immer neu
singen und lobpreisen
will ich den Leib der Seele und des Geistes
den Leib der Liebe und des Lichtes
Seelenleib im Erdenleib
Erdenleib im Geistesleib
Leibeskräfte
wachsen mir
aus meiner Allverbundenheit
mit dir
geheiligt bist Du mir
ich danke dir

Erde trage
Erde halte
Erde lasse wachsen alles Sein
des Seins
allumfassend
alles nährend
bist du mir
große Mutter Erde

Anrufung der Mutter

Die Wiege des inneren Feuers
schwingt und klingt
immerdar
und es singt aus mir
in dir
Mutter, ewige, liebende
lehre mich
zu wiegen
zu singen
zu segnen
alle Zeit
alles Sein
im Licht und der Liebe
ich danke von Herzen

Von Botschaften und Ansagen aus der geistigen und der elementaren Welt, von Tempeln und Ätherherzen

Meine Erfahrungen mit den Ansagen der Wesenheiten der geistigen Welt, eingeschlossen die Wesenheiten der Elementaren Welt, ist folgende:

Sobald die Wesen sehen, dass der Mensch ihre Botschaften in sein direktes alltägliches Leben umsetzt, werden ihre Ansagen immer direkter, verständlicher und vor allem selbstverständlicher. Sie sprudeln geradezu freizügig damit heraus, beschenken uns mit so vielen Erkenntnissen und Weisheiten ihres Lebens, das ganz eng mit dem unseren verbunden ist! Sie prüfen uns an unserem alltäglichen Leben. Nur das zählt! Das heißt, dass der Mensch, der mit Elementarwesen bewusst zusammenlebt und sie verstehen will, bereit sein muss, sich von ihnen in bestimmten Bereichen führen zu lassen, genau wie es umgekehrt auch der Fall ist. Sein Verbindungs- und Verständnisorgan ist sein Herz. Ein im Umgang mit Elementarwesen geübter Mensch wird bald die gemeinsamen Ätherherzen spüren und sehen, welche sich durch die gemeinsame und bewusste Arbeit von Menschen und Elementarwesen an deren Wirkensstätte bilden. Das Eintreten in solche Ätherherzen unterstützt, erleichtert und beflügelt den Menschen geradezu, der mit reinem Herzen dort eintritt. In Hingabe und Liebe zu seinen Brüdern und Schwestern der feinstofflichen Welt wird er dort mit Leichtigkeit Ansagen empfangen. Diese Ätherherzen sind wahre Tempel der Schule der Elementarwesen. Sie bleiben lange noch in der Landschaft erhalten, auch wenn das gemeinsame und bewusste Zusammenwirken von Menschen und Elementarwesen an diesen Orten schon lange zurückliegt. Die Elementarwesen als die großen Erinnerer halten sie lebendig und bereit, diese Ätherherzen-Tempel, bis endlich einmal wieder ein Mensch mit jener Gesinnung eintritt. Viele Menschen laufen einfach so durch die Ätherherzen-Tempel hindurch, ohne zu merken, welch Heiligtum sie gerade betreten und welche Möglichkeiten der Heilung und Erkenntnis für ihn hier unbemerkt bleiben. Die Voraussetzung, dass dieser Tempel als Tempel für den Menschen wirkt, ist, dass dieser ihn als einen solchen erkennt, d. h.: ihn wahrnimmt. Das liegt begründet in einer bestimmten Lebensweise des Menschen. Dies wiederum hat mit täglichen Entscheidungen zu tun, die vom Menschen getroffen werden. Eine Veränderung der Weltentwicklung kann nur vom Einzelnen, individuellen Menschen ausgehen, dessen tägliche Entscheidungen und tägliche Lebensführung Auswirkungen auf seine Lebensgemeinschaft haben. So wirken kleine Gemeinschaften in größere Gemeinschaften usw. Das ist die Sicht der Elementarwesen für den Menschen:

Vom Kleinen ins Große, vom Einzelnen in die Gemeinschaft. Der Einzelne ist hierbei stets Repräsentant für die gesamte Gemeinschaft: Ein Mensch für die Menschheit! Das macht uns zweierlei deutlich: Die Elementarwesen anerkennen uns als Schöpfer, und sie erinnern uns unausweichlich und unwiderruflich an unsere Verantwortung hierin!

Ihre Ansagen und Botschaften für uns, ihre Antworten auf unsere Fragen, mögen sich wie Gedanken offenbaren. Nun geht es darum, diese von den eigenen selbsterzeugten Gedanken zu unterscheiden. Dafür gibt es keine Rezepte, es geht vielmehr um das Erspüren von Qualitäten, von Wesensschwingungen. Man muss wirklich ganz mit seiner Hingabe hineinlauschen und dies genau und immer genauer tun, so wird man mit der Zeit tatsächlich innere Klänge vernehmen. Manchmal kann sich dies bis zu einem den ganzen körpererfüllenden Tönen steigern. Wie einen Klangkörper fühlte ich einst meinen eigenen Körper als ich die Stimme des Schutzengels meines Sohnes und später auch meiner Tochter während ihrer Geburten ihre jeweiligen zweiten Namen tönen spürte und hörte. Wenn ein Mensch dann einmal soweit ist, von diesen inneren Gedanken ein Schwingen und Klingen zu erspüren, dann ist das tatsächliche Hören wiedererkennbarer Klangstimmen ganz individueller feinstofflicher Persönlichkeiten ganz nah. Das ist eine Übungssache. Dieser Übungsweg ist voller unvorhersehbarer und grandioser Geschenke!

Die Wesen sprechen zu mir:

»Das menschliche Herz ist das, worauf wir bei einem Menschen als erstes blicken, und durch das wir überhaupt nur zu ihm Kontakt aufnehmen können. In ihm sehen und erleben wir alles, einfach alles, was dieser Mensch ist, und was ihn ausmacht. Wir sehen und erleben seine Einzigartigkeit und seine Liebenswürdigkeit und wir sehen noch mehr: wir nehmen seine Verbindung zu seinem Schutzengel wahr und zu anderen, ihn begleitenden geistigen Wesen. Das ist etwas Großartiges für uns, denn wir sehen und erleben dadurch gewissermaßen mit einem beobachtenden Abstand die Engelwelt, unter deren Anleitung wir ja bis vor kurzem ausschließlich arbeiteten und deren Anweisungen für uns ihr Menschen nun mehr und mehr übernehmt! Ihr Menschen müsst wissen, dass wir sonst in dem Wirken der Engel als ihre Mitarbeiter ganz und gar darinnen stehen. Wir gehen ganz in unserer Aufgabe auf und haben keinerlei Möglichkeit eines beobachtenden Abstands. Dieser Abstand, den wir zur Engelwelt auf einmal als Beobachter durch euer Herz haben dürfen, macht uns zu Erkennenden. Wir dürfen ein Stück weiterkommen auf unserem Erkenntnisweg, denn auch wir streben danach, größere Bewusstheit in unser Handeln zu bekommen und mehr Eigensein, mehr Einsicht darüber, wer wir eigentlich sind! Und genau das passiert, wenn wir die Engelwelt und die Engel selbst sowie andere geistige Wesen durch das Herz eines Menschen sehen und erleben dürfen. Ich kann nur noch einmal betonen, wie außerordentlich wichtig dies für uns Elementarwesen ist und wie großartig!

Das menschliche Herz ist also ein Tor für uns zu unserer Bewusstwerdung, zu unserer Erkenntnis der Schöpfung, in der wir mitten darinnen stehen als Mitarbeiter genau wie ihr! Nur – ihr Menschen seid schon sehr bewusst. Euer Eigensein ist schon sehr weit ausgebildet, bei manchen leider, zuweilen sehr vielen, auf eine für die Schöpfung durchaus krankhafte Weise. Sie sind Egoisten geworden. Sie schaden damit nicht nur der Schöpfung und allen ihren Wesen, sie schaden auch ihrem eigenen Schöpfungsplan, den sie mit dieser Seelenhaltung blockieren! Ihr Ich hat in diesem Fall keine Führungskraft für uns. Wir versuchen so gut es geht, uns diesen Menschen zu entziehen. Aber sie schaden uns trotzdem, denn wir sind nicht frei, so wie ihr. Wir können nicht hingehen wohin wir wollen. Dieser Menschen Herz strahlt nicht wie eine Sonne, wie das bei Menschen reinen Herzens der Fall ist, die sich ver-

antwortungsvoll in die Schöpfung eingeben. Deshalb hat ihr Ich keine Führungskraft. Kein Elementarwesen würde diesen Menschen freiwillig gehorchen. Dieses ›frei‹ und ›willig‹ als eine Seelenkraft zu vereinen, müssen wir allerdings noch gehörig lernen. Das können wir nur von Menschen mit einer rosa ›Aura‹ im und um das Herz herum.«

Bei dem Wort »Aura« kichern und giggeln die Wesen und sagen:

»So nennt ihr doch unseren gemeinsamen Raum. Wir nennen diesen Raum den Schöpfungsraum. Alles, was Form annimmt, entwächst diesem Raum. Ihr umschreibt es mit ›feinstofflicher Raum‹ oder ›feinstofflicher Leib‹, mit ›Schwingungsfeld‹ oder ›Resonanzfeld‹. Wir nennen es ganz direkt bei dem Namen, was es wirklich ist: Es ist die Schöpfungskraft, der Schöpfungsraum, das Schöpferlicht und so weiter. Also, wir blicken auf euer Schöpferherz! Ihr Menschen würdet sagen: Wir blicken auf euer feinstoffliches Herz! Ein Mensch mit großen Liebeskräften hat ein rosa Schöpferherz, in dem alle anderen Farben, je nach Schöpfungsplan und -fähigkeit auch vorhanden sein können, aber seine Grundschwingung ist rosa! Als du den Engel der Herzöffnung wahrgenommen hast, durften wir das durch dein Herz auch tun, und es war für uns eben eine solche Offenbarung wie für dich! Großartig, – dafür danken wir dir!

Es gibt Menschen, deren Herz ist für uns schlichtweg nicht sichtbar. Es ist wie ein Loch. Seine restliche Gestalt ist dann wie ein Schatten, dem wir aus dem Weg zu gehen versuchen. Das sind Menschen, die besetzt sind mit Fremd- und/oder Dunkelmächten. Darunter fallen Menschen, die ihr ›böse‹ nennt. Wir nehmen sie gar nicht als ›Menschen‹ wahr! Sie sind schlichtweg keine Menschen! Menschsein heißt etwas anderes. Sie haben ihr Menschsein aufgegeben. Das ist in der Tat etwas Furchtbares. Es kann nur geheilt werden durch das Mitwirken von allen Reichen, die Vergebung und Liebe mit hinzu geben.

Normalerweise erscheint uns das Herz eines Menschen farbig, im rhythmischen Tanz von wunderschönen Bewegungen, die zuweilen sehr weit gehen. Die Weite der Bewegungen zeigt uns, wie weit dieser Mensch in der Lage ist, seine Herzkräfte auszudehnen. Das klingt logisch, nicht wahr? Es lässt uns auch fühlen, wie weit er in der Lage ist, uns zu berühren und wir ihn! Wir tanzen und schwingen mit seinen Herzbewegungen. Wir freuen uns natürlich riesig über Menschen, die uns einen wohlklingenden Rhythmus anbieten, in den wir gerne und voller Freude einschwingen!

Das menschliche Herz ist für uns umso deutlicher wahrnehmbar, je bewegter und kräftiger es schwingt. ›Kräftig‹ muss nicht heißen, dass es wirbelt und sich sehr heftig bewegt. Es kann ruhig schwingen, aber eben von einer inneren Stärke und Wahrhaftigkeit getragen. ›Bewegt‹ muss nicht heißen ›schnell‹, es meint eher die Variationsbreite der Herzflüsse! Die Bewegungen der Ätherströme des Herzens verändern sich nämlich ständig von Augenblick zu Augenblick. Es gibt für jeden Menschen einen Grundrhythmus, eine Grundschwingung und eine Grundfärbung, an dem und an der wir ihn auch erkennen. Innerhalb dieses Grundrhythmus hat jeder Mensch unendliche Variationsmöglichkeiten. Viele Menschen schöpfen die Variationen ihrer ganz persönlichen Herzströme gar nicht aus! Das ist dumm, tragisch, schade, einfach schade. Ja, wir versuchen ihnen dann zu helfen, in größere Variationsmöglichkeiten zu finden und zu kommen. Nur sind unsere Mittel, solange der Mensch selbst über diese Prozesse unbewusst bleibt, begrenzt!

Menschen, die um unsere Mithilfe und unser Mittanzen, unser Mitschwingen mit der eigenen Herzmelodie wissen, die werden so unendlich von uns beschenkt, denn sie können sich, wenn sie wollen, mit uns gemeinsam auf ganz neue, für sie bisher ungekannte Fließrichtungen und Sing- und Springvariationen ihres Herzens einlassen. Das ist Schöpfung! Ein neuer Herzenstanz entsteht! Und das ganze Schöpfungsfeld jubelt mit! Das Herz ist der Schöpfungsquell!

Das ist es, wie wir es vielleicht am besten für euch zusammenfassen können:

Das menschliche Herz ist der Schöpfungsquell!«

Ich danke den Wesen für diese Botschaft aus ganzem Herzen!

Ich habe die Frage, wie es sein kann, dass ein Mensch hinüber geht in ein Zwischenreich oder sogar darüber hinaus in ein Elementarwesenreich, und ich wende mich mit dieser Frage an den Erzengel Michael.

Der Erzengel Michael spricht:

*»Es kommt sehr selten vor, dass ein Mensch in das Elementarwesenreich oder in ein Zwischenreich gehen darf. Er kann tatsächlich von seinem Menschsein aus ein Zwischenreichwesen werden und er bleibt doch Mensch! Das heißt, er wird in seine menschliche Inkarnationsfolge wieder eintreten, geht dort auch nicht hinaus! Das ist von äußerster Wichtigkeit! Als Zwischenreichwesen hat er dann auch Zutritt zu den Elementarwesen und ihren Reichen und kann mit ihnen für eine bestimmte Zeit sogar leben. Er kann mit ihnen fühlen, sein und arbeiten, eigentlich alles mit ihnen teilen, außer das **pure Sein**. Das pure Sein ist der Seinszustand des Alleinseins im Eigensein. Es ist die Essenz aller Seinszustände, aus der alles kommt und zu der alles geht und dies in ständiger Verwandlung, ständiger Entwicklung, ständiger und beständiger Fortbewegung in allumfassender Ruhe, Innigkeit und Herzlichkeit.*

Der Mensch darf als Zwischenreichwesen ein Gast in den Elementarreichen sein, also als Allffee oder Nixe, Albe oder Nögg, Allbring, Alma oder sogar Allgart oder Allegoria dort sein, und kann so teil an ihrem Leben haben. Ein Leben als Zwischenreichwesen für den Menschen ist so etwas wie eine ›elementare Tankstelle‹ innerhalb seiner Inkarnationsabfolge. Er mag es als eine Art Parallelstrom zu seinem Menschheitsstrom empfinden, denn er erlebt sein Menschsein doch noch parallel mit und auch seine Entwicklung als Mensch innerhalb der Elementaren Welten. Er erlebt seine Zeit mit den Elementarwesen und den Zwischenreichwesen als eine Auszeit aus dem anstrengenden Mischeninkarnationsstrom. Dies ist immer ein Geschenk von unsagbarem Wert, von dem er weitergeben darf in die Menschheit. Es kann allerdings nur Menschen gewährt werden, die gut inkarniert sind, das heißt, die über einen stark ausgebildeten freien Willen verfügen, einen guten Anteil Sternenweisheit und menschlich liebevolle Verantwortung und Konzentrationsgabe im Sinne von Wachheit gepaart mit Achtsamkeit voller Vertrauen in die göttliche Schöpfung. Es sind Auserwählte, die bereits gewisse Eignungsprüfungen bestanden haben, und die mit diesem Leben in der Parallelwelt für die andauernde Verbindung der Reiche sorgen. Sie verbinden die Ströme der Reiche. Dies ist für das Fortbestehen beider grundlegend.

Die Bezeichnung ›Parallelwelt‹ ist aus Menschensicht gesprochen. Die Elementarwesen und die Zwischenreichwesen empfinden es etwas anders. Ihre Welt ist untrennbar mit der euren verwoben und auch abhängig von eurem Handeln, wobei die Zwischenreichwesen noch sehr viel stärker ihr Sternenbewusstsein und ihre Ausrichtung von dort bewusst in sich tragen. Ihr Menschen tretet ununterbrochen in ihre Welt ein, ungefragt oder gefragt. ›Parallel‹ wird es nur dann aus ihrer Sicht, wenn ihr euer Eintreten in ihre Welt, eure Berührungen mit ihnen **nicht** bemerkt. Ihr lauft dann parallel neben ihnen her. Dann legt sich für sie ein Schleier zwischen euch und ihnen selbst. Es ist dann wie zwei nebeneinander herlaufende Welten und Geschehnisse.

Beim Menschen ist es in seinem Empfinden umgekehrt: Erst wenn er es bemerkt, dass er voll und ganz eingetreten ist als Zwischenreichwesen in deren Reich und darüber hinaus in ein Elementarwesenreich, empfindet er es als ›parallele Welt‹, in der er sich voll und ganz darinnen fühlt und doch weiß, es ist eine andere Welt als die seine, vertraute. So erlebt der Mensch das gleichzeitige Dasein dieser Welten aus seinem Anderssein heraus, aus der Erkenntnis dessen, während die Elementarwesen und Zwischenreichwesen ihn und seine Welt immer aus ihrem Gleichsein und eben über ein Gleichsein in ihm heraus erleben können.

Menschen, die sich in ihrer Welt bewegen, diese aber nicht beachten und achten, diese auch nicht bemerken, bestätigen die vollzogene Trennung der Reiche. Sie werden von den Elementarwesen in Extremfällen gar nicht wahrgenommen als ›Menschen‹, wenn ihr Herz voll der Nichtachtung ihrer Welten gegenüber ist. Menschen, die ihre Welt betreten und sich dessen bewusst sind, diese achten und beachten, überwinden die Trennung der Reiche. Beide Male geht die je unterschiedlich erlebte Trennungserfahrung vom Menschen aus: Die bestätigte Trennung ohne Bewusstheit und die bewusst überwundene Trennung in Bewusstheit.

Nun ist es aber genau die Aufgabe für beide, dies voneinander zu lernen: Für den Menschen ist es die Aufgabe und der große Entwicklungsschritt, nun mit seinem geborenen, erkennenden Ich durch seine Gleichheit mit den Zwischenreichwesen, durch seine innige Verbundenheit mit den Elementarwesen ihre und seine Welt als Eine zu erleben, zu erkennen, sich in seiner Gleichheit und nicht in seiner Andersartigkeit mit ihnen zu erkennen. Nur so kann sein jetzt erst wirklich geborenes Ich als Schöpferwerkzeug in seinem Geisterwachen be-

nutzt werden! Und dies ist der Entwicklungsschritt für unsere Jetzt-Zeit! Ebenso ist es für die Elementarwesen und die Zwischenreichler der anstehende Entwicklungsschritt, ihre Verbundenheit mit dem Menschen durch ihre Andersartigkeit zum Menschen zu erkennen, zu finden, zu leben. Es ist für sie der Entwicklungsschritt, sich dann nicht für ihn, den Menschen unsichtbar, unfühlbar und unwissbar zu machen, wenn sie seine Andersartigkeit erleben und seine Fremdheit ihnen gegenüber, sondern gerade dann, auf eine Verbindung zu zugehen. Dies kann natürlich nur mit Menschen geschehen, die ein geöffnetes Herz haben. Ja, das ist ein großer Schritt für die Elementarwesen und die Zwischenreichler, denn das ist wahrhaft Entwicklung für sie. Auch sie sollen ihre Einzigartigkeit als eigenes Wesen, ein jedes für sich, mehr wahrnehmen und achten lernen als dies in der Vergangenheit möglich war. Sie sollen und dürfen selbstbewusster werden. Dies bedeutet für den Menschen, dass sie sich in Zukunft auch stärker gegen seinen Missbrauch an ihnen auflehnen werden! Die ersten Zeichen hiervon bekommt ihr Menschen gerade! Eure Zukunft geht nur gemeinsam hier auf der Erde weiter!

Wenn ihr hier auf dieser Erde als euren gemeinsamen Heimatplaneten weitergehen wollt, und die Erde ihre nächste Entwicklungsstufe als Erdenseelengeistwesen als eine Verwandlungsstufe ihres jetzigen physischen Erdenkörpers betritt, bedeutet das eine große körperliche Verwandlung für sie und auch für euch Menschen. Ihr werdet gemeinsam mit ihr eine grundlegende Umformung erleben und mitgehen, mit tragen und mitgestalten als Mitschöpfer! Dies ist wie gesagt nur in gemeinsamer Arbeit mit den Elementarwesen und den Zwischenreichwesen möglich! Muss die Erde zu lange auf die nötigen Voraussetzungen des Sich-Verwandelns in diesem Erdenkörper zu einem neuen Erdenkörper warten, muss sie zu lange auf die nötige Anzahl von Menschen warten, die daran bewusst mitgestalten, wird sie weiterziehen und sich im Himmelsraum einen neuen Körper suchen! Dies bedeutet die Auflösung dieser Erde, mit der ihr derzeit lebt! Es werden dann nur wenige Menschen-Seelengeistwesen mit dem Seelengeistwesen von Eurer Erde mitgehen können und mit diesen Menschenseelengeistwesen ebenfalls nur eine bestimmte Anzahl von Elementarwesen, welche sich mit diesen innigst verbunden haben!

Es ist tatsächlich so, dass es noch nicht entschieden wurde vom hohen Rat, welche der beiden eben beschriebenen Entwicklungsschritte die Erde und ihr Menschen einschlagen werdet. Das hängt ganz von eurem Handeln, eurer Lebensführung ab!

Die Menschen, welche nicht von Anfang an schon Mensch waren, welche hinübergekommen sind zu den Menschen, eingetreten sind in die menschliche

Inkarnationsfolge und Mensch geworden sind als ehemaliges Elementarwesen über die Zwischenstufe des Zwischenreichwesens, zur Zeit des ausgehenden Atlantis, sind hier unsagbar wichtige Vermittler, ebenso wie jene Menschen, welche eingeladen werden als Mensch für eine bestimmte Zeit als Zwischenreichwesen in deren Reich sein zu dürfen und auch die Elementarwesenreiche zu besuchen.

Menschen, denen es gewährt ist, ein oder sogar mehrere Leben als Zwischenreichwesen in einem Zwischenreich zu leben, tun dies allerdings in etwa der Dauer eines Menschenlebens. Sie können nicht über Jahrhunderte oder über Jahrtausende wie die urgebürtigen Zwischenreichwesen dort leben! Ein Leben dort wird ihnen geschenkt, um die Menschenwelt mit besonderen Gaben zu befruchten. Sie bringen die Gaben der puren Freude am Leben mit zurück in die Menschenwelt in ihrer nächsten Inkarnation als Mensch, die Gaben der Hingabe, der Allgegenwart, der Begeisterung, der Allliebe im Allsein, der sprudelnden Tätigkeit und Kreativität. Was als Mensch aus diesen Tugenden und Qualitäten dann oft wird, sind die Hochtugenden eines Schöpfers, eines wahren Künstlers, eines schaffenden, schöpfenden Menschen. Eine dieser Hochtugenden ist die Innigkeit! Wahre Innigkeit wird immer gepaart aus der elementaren Kraft der vollkommenen Hingabe und der menschlichen Kraft der Herzensliebe!

Deshalb erscheint jener Erzengel Eliasee, der Engel der Innigkeit, der dieses Zusammenführen von elementarer Hingabe und menschlicher Liebe begleitet, auch eben in diesem Farbspektrum: Da schwingen all die wunderbaren Türkis-, Grün- und Blautöne, die so stark und unmittelbar mit der Elementaren Welt verbinden, und das Türkis an sich, welches die Verbindung zum atlantischen Zeitalter hält, in welcher die bewusste Zusammenarbeit von Mensch und elementarer Welt noch lebte, ebenso wie die Rosa-Gelb-Töne, welche die menschliche Liebes- und Herzenskraft tragen und gebären. Auch der ›Engel der liebenden und heilenden Verbindung vom Menschen zu den Wesen der Natur‹ zeigt sich in diesem Farbspektrum!

Beharrlichkeit und das mutige Voranschreiten sind weitere Hochtugenden, die sich aus der elementaren Grundkraft des Allseins und der menschlichen Ichkraft paart und die von beiden Reichen eine ihr jeweils eigene Kraft des Durchhaltens, Dranbleibens erhält. Die **elementare** Kraft des Durchhaltens trägt in sich die Qualität des Nicht-in-Frage-stellens, der Selbstverständlichkeit bezogen auf die eigenen Aufgaben. Das **menschliche** Durchhalten trägt genau das Gegenstück dazu: das In-Frage-stellen und sich immer wieder freiheitlich und neu zum eigenen Weg und zu den eigenen Aufgaben Entscheiden-können! Dies trägt die Qualität der Verantwortung in sich!

Das Allsein zeigt das Türkis im Resonanzleib des ›Engels des mutigen Voranschreitens‹ und im Grün des ›Engels der Beharrlichkeit‹, welche beide diese Fusion aus menschlichen und elementaren Durchhaltekräften begleitet, das freiheitliche Entscheiden, sind die Blautöne, die Ichkraft liegt im Rot gebettet, und die Verantwortung schwingt zwischen Rot, Blau und Pfirsichblüt!« (vgl. hierzu die Engelsiegelblume des »Engels des mutigen Voranschreitens« in meinem ersten Buch: »Die Blumen der Engel«, Seite 116). *»Die meisten Engel, die dir begegnet sind, begleiten eine Fusion von elementaren und menschlichen Grundkräften, die so Hoch-Tugenden entfalten: Wenn die elementare Hingabe in die Menschenwelt getragen wird und sich dort mit der menschlichen Herzensliebe paart, dann entsteht die **Zärtlichkeit**!«* (s. »Engel der Zärtlichkeit«. Alle hier genannten, bisher noch nicht in Büchern veröffentlichten Engelsiegelblumen, sind bis zu diesem Zeitpunkt ausschließlich im Selbstdruck über das atelier-2 erschienen). *»Wenn sich elementares Allsein mit menschlichem Eigensein paart, dann entsteht **Allverbundenheit**«* (s. »Engel der Allverbundenheit« in meinem zweiten Buch: »Die Monatssprüche des Michaelischen Schulungswegs«, Seite 44). *»Paart sich elementare Begeisterung mit menschlicher Freiheit, entsteht **Neuschöpfung**«* (s. Engel der Neuschöpfung). *»Ein Mensch, der hinüber darf in die parallelen Welten, der wird zunächst doch als Mensch geboren. Dies ist die Regel. Er kommt dann, irgendwann einmal, meist noch als sehr kleines Kind, in ein Zwischenreich und darf dort bleiben. An seinen Augen wird man dort immer sein menschliches Wesen erkennen, auch in der Gestalt eines Zwischenreichwesens. Genau, wie du an den Augen immer erkennen wirst, wie stark ein Mensch, der vor dir steht, noch elementare Anteile hat, und ob er ursprünglich aus einem der elementaren Reiche herüber gekommen ist! Ja, es wäre eine wahre Wohltat, wenn Lehrer ihre Schüler daraufhin erkennen könnten und sie dementsprechend fördern und begleiten könnten!«*

Das Winterbienenraunachtsmärchen
von der Biene Lioba

Es war einmal eine kleine Biene. Die lebte glücklich und voll Hingabe in ihrer täglichen Arbeit in ihrem Volk, hatte ihre Aufgaben dort und ihr zu Hause. Den ganzen Sommer flog sie im lichten Sonnenschein umher, und nun hör fein zu: sie sammelte …! Was sammelte sie? Ja freilich, sie sammelte auch den Nektar, der dann zu Honig wird, sie sammelte auch den Blütenstaub als Pollen. Damit sollte sie sich üben für ihre eigentliche Bestimmung. Eines Tages als sie wieder einmal viel und emsig gesammelt hatte, wurde ihr vom Rat der Bienen mitgeteilt, dass sie von nun an etwas ganz Besonderes da draußen in den Blumenkelchen sammeln sollte: keinen Nektar und keinen Pollen, sondern: Freude, pure Freude, Freudesonne, Freudeliebe, Freudewärme, Freudestrahlen! Und noch etwas sollte sie sammeln und in Hülle und Fülle mit in den Bienenstock zurückbringen: Lieder und Geschichten! Sie sollte singen und erzählen können. Ihre Freude, die sie sammeln würde, sollte sie in Lieder und Erzählungen kleiden, und die Blumen, bei denen sie diese abholen dürfte, die wussten viele davon. Die Blumenkelche sind großartige Empfänger für die guten Geschichten und Lieder unserer Erde. Überall, wo in ihrem Umfeld Lieder gesungen werden, Melodien gesummt werden oder eine Mutter ihrem Kind eine Geschichte erzählt, sammeln sie diese, nehmen sie ganz in sich auf. Auch die Geschichten, die sie sehen und selbst erleben, sind wohl bewahrt in ihren Kelchen.

Das sollte die kleine Biene also von nun an sammeln! Das war ihre ureigenste Bestimmung! Von Stund' an, da ihr dies mitgeteilt wurde, machte sie sich eifrig ans Werk. Sie flog emsig und voll Vorfreude auf das Freudesammeln ihre ersten Blumen an. Mit dieser Vorfreude auf ihre jetzige Aufgabe, gelang diese natürlich besonders gut. So viel Licht und Farben, wie sie da zu sehen bekam! Jede neue Lichtsituation in einer Blüte erschuf völlig neue Farben. Die kleine Biene war so Farb- und Lichtestrunken von all den Freudeeinflüssen und Freudeerlebnissen, dass es ihr am ganzen Leibe kitzelte.

Und wie sie so voll beladen mit all der Freude und Lichteserlebnissen in allen Farben wieder in den Bienenstock zurückkehrte, da wurde sie nun an ihren neuen Arbeitsort im Bienenstock geführt: Sie kam zu den Honigmachern. Dort, wo aller gesammelte Nektar in Waben abgeladen wurde, saßen viele Bienen, welche diesen Nektar aufnahmen und in ihrem eigenen Leibe zu Honig verarbeiteten. Mitten unter ihnen saßen andere Bienen, die keinen Nektar in sich aufnahmen, um ihn zu Honig zu verarbeiten. Von ihnen strömte ein mildes Summen aus, ein liebevolles Tönen und sofort wusste die kleine Biene, dass sie gerade in ein großes Geheimnis eingeweiht wurde, dass sie in den Kreislauf des alltäglichen Wunders aufgenommen wurde, der sich im Bienenstock, ganz im Innern, bei der Herstellung des Honigs vollzieht. Sie wusste auch, dass sie eine von diesen Bienen war, die da saßen und sangen und erzählten, tönten und summten und brummten und lachten, und in ihrem Lachen und Summen und Erzählen, in ihren Melodien und Worten gaben sie all die Freude wieder frei, und um ein Vielfaches vermehrt, die sie gesammelt hatten!

Die kleine Biene merkte, dass hier wahre Meisterinnen am Werke waren, und dass sie sicherlich noch viel üben müsste, im Finden der rechten Worte, Weisen und Melodien. Voll Dankbarkeit, zu diesen Freudebienen jetzt dazuzugehören, zu den Erzählerinnen und Sängerinnen, erkannte sie eines: ohne diese Bienen würde kein einziges Tröpfchen Honig geschaffen werden können! Und als sie sich voll Ehrfurcht mitten unter sie und unter die Honig produzierenden Bienen gesellte, da geschah etwas Wundervolles. Auf einmal tönten alle Sänger- und Erzählerfreudebienen ihr Willkommen für sie und es erklang ihr Name: »Lioba«! Dies war ihre Taufe. Die kleine Biene war nun Lioba, die Biene Lioba, in ihrer Berufung als Freude-Liebes-Lichtessängerin und -erzählerin. Aber die Bienen haben selbst einen viel einfacheren Namen dafür. Sie nennen diese Bienen die »Honighebammen«! Lioba war zur Honighebamme geworden. Sie liebte ihren neuen Beruf sehr und war damit in ein Geheimnis ihres Volkes eingeweiht worden. Dies war das erste von weiteren Geheimnissen, die sie in ihrem Bienenleben kennen lernen sollte.

Den ganzen Sommer über sammelte sie also fleißig Freude. Mit dieser Freude sammelte sie Licht, Liebe, Lust am Leben, Milde, Güte und Schönheit. Sie lernte ihre Weisen, die sie den Honigbrüterbienen tönend erklingen ließ, so zu modellieren, dass es einmal ein milder Honig wurde, ein andermal ein herzhaft würziger, ein duftiger oder ein frischer, ein satter voller oder ein leichter lichter. Die Honighebammen bildeten mit den Honigbrüterinnen zusammen eine verwobene Einheit.

Eines Tages saß sie in einem Blumenkelch, als die großen Augen eines kleinen Mädchens ganz dicht zu ihr herein schauten. Schon an den Augen konnte sie sehen, dass sich das Gesicht des Mädchens bei ihrem Anblick zu einem Lachen erhellte. »Eine Biene!«, hörte sie das Mädchen voller Freude ausrufen. Es war die Tochter der Bienenmutter. Lioba kannte sie, denn sie war oft dabei, wenn die Mutter nach ihren Bienenvölkern schaute. Deshalb hatte sie auch keine Angst vor den Bienen, sondern kannte sie als Freunde.

»Was macht sie?«, hörte sie die Mutter aus einiger Entfernung fragen. »Bewegt sie sich emsig in der Blüte mit schwirrendem Flügelschlag?« »Nein«, lautete die Antwort des kleinen Mädchens, »es sieht so aus, als würde sie der Blume lauschen!« Da kam die Mutter näher und sagte: »Tatsache, es sieht wirklich so aus, als würde sie einer spannenden Geschichte zuhören und dabei den lieben Sonnenschein genießen.« »Sieh nur!«, sprach nun das Mädchen weiter, »Sie bewegt sich ganz langsam.« »Vielleicht ist sie alt und muss bald sterben«, sagte die Mutter. Lioba erschrak. Anscheinend wussten die Menschen nichts von den Honighebammen, die nicht ausflogen, um emsig Nektar oder Pollen zu sammeln, sondern pure Freude und Glückseligkeit. Zum Glück hatte sie nicht lange Zeit, in ihrem Schrecken zu verweilen, denn da sprach das Mädchen weiter: »Nein, Mutter, sie sieht nicht aus, wie eine, die sterben will, – sieh nur, sie streicht ganz leise mit ihren Beinchen über die feinen Härchen der Blütenblätter, aber sie sammelt keinen Blütenstaub! Ihre Beinchen sind ganz rein, wie glattgeleckt.« »Das muss wohl eine besondere Biene sein!« sagte die Mutter lachend, und strich ihrer Tochter über den Haarschopf.

Die Bienenmutter wandte sich nun wieder ihrer Arbeit an den Bienenkästen zu. Es waren die letzten Sommertage. Etwas Herbstluft lag schon über dem Land. Deshalb begann für die Bienenmutter die Arbeit an den Bienenhäusern. Sie mussten noch einmal hübsch in Stand gebracht werden für die zweite Jahreshälfte, vor der Herbstfütterung und dem Winterbeginn. Die Farbe sollte noch im Sommersonnenschein gut trocknen können. Die Bienenmutter hatte die Eigenart, ihre Bienenkästen zu bemalen und ihre Tochter durfte ihr dabei helfen. Diesmal ließ sich das Mädchen allerdings von ihrer Arbeit ablenken. Sie beobachtete weiter Lioba in ihrem Kelch. Etwas bannte ihre Aufmerksamkeit für eine lange Zeit. Kurz darauf, als sie für Liobas Augen wieder von der Kelchöffnung verschwand, hörte Lioba sie lachen, laut und herzhaft, als ob sie jemand kitzeln würde. Nun wurde Lioba neugierig, krabbelte zum Kelchblattrand und spähte hinaus. Da sah sie die Kleine, wie sie mit ihrer Hand ganz behutsam über das Gras strich. Es musste sie wohl kitzeln, denn sie wollte nicht aufhören zu lachen. » Was machst du da?« fragte die Mutter. »Ich versuche das nachzumachen, was ich bei der Biene in der Blume gesehen habe. Ich streichle!« »Du streichelst das Gras und die Erde?«, fragte die Mutter. »Ja!«, kam prompt die Antwort. »Das musst du unbedingt auch einmal machen, das bringt so viel Freude!« Und wieder lachte die Kleine so herzerfrischend und hell, dass Lioba voll der Liebe war. Liebe für dieses Mädchen, Liebe für ihre unbefangene Art, das Leben zu entdecken, Liebe des Dankes und der Freude.

Da wurde sie gewahr, wie das Mädchen einfach inne hielt in ihrem versunkenen Freudetun. Ein Gedanke kreuzte auf einmal auf, den hatte Lioba förmlich heranfliegen sehen. »Mama,« hob die Kleine an, »warum müssen so viele Bienen sterben, wenn der Sommer zu Ende geht?« Da legte die Mutter, die Bienenmutter, ihren Pinsel hin und sprach: »Es gibt Sommerbienen und es gibt Winterbienen. Die Sommerbienen haben ein kurzes, sehr arbeitsames Leben. Die Winterbienen haben ein langes Leben, sie leben viele Monate. Sie werden im Herbst geboren und lernen noch alles, was sie lernen müssen, um im Frühling ein neues Volk zu begründen. Sie lernen es von den Sommerbienen, die kurz danach sterben. Dann kommt der Winter und die Winterbienen gehen in die kalten Monate des Jahres, überdauern sie und beginnen im Frühling das neue Bienenjahr. Eine Sommerbiene stirbt, wenn sie alles getan hat, was es für eine Sommerbiene zu tun gibt. Sie durchläuft einmal alles, was es in einem Bienenvolk zu erledigen gibt, – oder fast alles«. Bei diesen Worten hielt die Mutter geheimnisvoll inne, legte ihren Kopf schräg, als lausche sie selbst einem unsichtbaren Wesen, so als gäbe es da etwas, was sie noch nicht weitergeben dürfe oder selbst noch zu erfahren hätte. Dann fuhr sie weiter fort: »Sie lernt die Bienenkinder aufzuziehen, die Wiegen zu putzen, wenn sie geschlüpft sind, das ganze Haus reinlich zu halten, zu beschützen, zu belüften, zu durchwärmen oder zu kühlen, je nach dem, was das Wetter von außen fordert. Sie lernt Wachs zu schwitzen, Waben zu bauen, ihre Königin zu beschützen und schließlich darf sie in das liebe Sonnenlicht fliegen, Nektar sammeln, Honig machen. Das ist ein erfülltes Bienenleben. Weil die Bienen sehr fleißig sind und schnell lernen, durchlaufen sie all das in wenigen Wochen. Dann stirbt eine Sommerbiene.«

Da kullerte eine dicke Träne die Wange des Mädchens hinunter. »Es muss doch auch Sommerbienen geben, die weiterleben!«, rief es ungläubig. Wieder legte die Mutter ihren Kopf etwas zur Seite und schwieg. Und wieder wusste das Mädchen nicht, ob sie nur schwieg, weil sie darauf nichts sagen konnte oder nichts sagen wollte. »Und sei's nur deshalb«, sagte sie dann und nahm ihre Tochter in den Arm, »weil du es dir so sehr wünschst!« Dazu musste Lioba ihr beipflichten und krabbelte aus ihrem gelben Nachtkerzenkelch hervor, in dem sie sich so gerne aufhielt. Diese Nachtkerzenkelche zog sie allen anderen Blumen auf ihren früh morgendlichen Ausflügen vor. Jetzt stieg die Sonne aber höher und die Nachtkerzenblüten schlossen sich: eine jede für immer, denn sie blühen einen Abend, eine Nacht hindurch und einen Morgen. So, wie die Winterbienen den Herbst, den Winter hindurch und den Frühling leben, dachte Lioba. Und ich, ich bin doch eine Sommerbiene und liebe so sehr die Nachtkerzen. Da erhob sie sich aus der Blüte, die sich jetzt schloss. Sie tanzte noch einmal mit den Lichtelfen, bevor sie sich auf den Heimweg machen wollte. »Da!«, rief das kleine Mädchen und zeigte auf Lioba. Ihr Gesicht hellte sich wieder auf. »Da ist sie ja! Schau! Sie fliegt ein ›L‹! Daran werde ich sie erkennen, wenn sie im Frühling wieder im Licht tanzt!«

Das fuhr Lioba so freudig durch ihren kleinen Körper, dass sie zu beben begann. »Wenn ich im Frühling wieder mit dem Licht tanze«, sagte sie sich, selbst noch ganz ungläubig, »wird sie mich wiedererkennen!« Und noch deutlicher und noch schöner tanzte sie ihre ›Ls‹, groß und weit, nur für das kleine Mädchen!

»Alle Bienen tanzen eine ›8‹«, sagte die Mutter. »Und die ›8‹ sieht unserem ›L‹ sehr ähnlich. Bist du sicher, dass du sie wirklich an diesem ›L‹ erkennen wirst?« »Oh ja, ganz bestimmt!«, sagte das Mädchen sicher, fast trotzig in ihrer kindlichen Art. Noch schöner und ebenmäßiger tanzte nun Lioba ihre L-Achter, unaufhörlich, und das Mädchen klatschte vor Freude in die Hände! »Ich werde sie ›Lilli‹ nennen, Lilli mit den schönen Ls!« Wieder lief ein Freudeschauer durch Lioba. »Sie hat mir einen Namen gegeben«, dachte sie, sang sie, summte und tanzte sie. »Jetzt habe ich einen Bienennamen und einen Menschennamen!«

Ihre Freude war so groß, unbeschreiblich groß, und jetzt wollte sie heimwärts fliegen, in den Bienenstock zurück. An diesem Mittag hatte Lioba-Lilli besonders viel und besonders Freudiges ihren Honigbrüterschwestern zu erzählen und zu singen! Sie konnte kaum stillhalten, so erregt war sie. An diesem Nachmittag wurde ein außerordentlich blumig süßer Dufthonig geboren!

Der Sommer ging vorüber und der Herbst kam. Lioba und das Mädchen hatten noch viele schöne und freudige Begegnungen. Lioba achtete darauf, dass sie die Ls besonders deutlich in ihrer ganz eigenen Weise tanzte. Sie flog auch immer dieselben Nachtkerzen an, die den ganzen Sommer und den ganzen Herbst über jeden Abend bis zum Morgen je eine neue Blüte erblühen ließen. So hatte das Mädchen es leicht, sie zu finden.

Mittlerweile waren die Winterbienen schon in Gesellschaft der letzten Sommerbienen. Lioba sah viele der Sommerbienen ihren letzten Flug erleben. Der war dann so, wie Liobas eigene Flüge alle waren: Freudig, erfüllt von Licht und Liebe, frei. Sie waren frei, im Licht zu tanzen, und sie wussten, dass sie nicht ausgeflogen waren, um Honig zu sammeln. Lioba fühlte eine tiefe Dankbarkeit, dass sie unzählige solcher Flüge hatte tun dürfen. Sie fühlte sich müde und immer noch stark und voller Freude.

Eines Abends ging ein Raunen durch das Bienenvolk und Lioba vernahm es deutlich: »Der erste Frost wird heute Nacht aufziehen. Er wird sich über das ganze Land legen und zur Stille bringen, was jetzt ruhen soll.« Die Bienen rückten dicht zusammen und schlossen sich in einer Traube umeinander. Dicht an die zuletzt gefüllten Vorratskammern kuschelten sich alle Bienen jetzt. Jede ging an ihren Platz. Jede wusste, wo sie hingehörte, und Lioba folge der Stimme ihres Herzens. Ganz ins Innere der Traube zog sie gemeinsam mit all ihren Honighebammenschwestern. Jetzt erkannte sie es: Die Honighebammen, die

Freudesammlerinnen, die Sängerinnen und Erzählerinnen waren die einzigen Sommerbienen, die noch hier waren und immer noch sangen. Singend zogen sie ganz in die Mitte des großen Bienentropfens. Ganz dicht bei der Königin waren sie nun.

Da kam der Frost und emsig sorgten die Winterbienen für Wärme. Sie wechselten sich ständig in Bewegung innerhalb des mittleren und äußeren Bereichs ab. Ganz innen aber träumte Lioba mit ihren Schwestern. Sie träumten und sangen im Traum weiter. Sie webten Freudeträume in ihr Volk und sangen von Sommersonnenschein, sangen von Blumen, die sich jeden Morgen und von Blumen, die sich jeden Abend neu öffneten, von ihrem Duft, der die Herzen der Menschen öffnete. So sangen sie den ganzen Winter durch, sangen und träumten. Tief träumten sie und webten mit ihren Träumen für das ganze Bienenvolk ein schützendes Sonnenkleid, träumten das nächste Bienenjahr vor und erzählten dem Volk alles, was ein gesundes Volk wissen muss. Tief schliefen sie und träumten, denn sie waren ja Sommerbienen. Ihre Träume wärmten von innen, während die emsigen Bewegungen und das ständige Vibrieren der Winterbienen von außen die Traube wärmten.

Lioba träumte vom kleinen Mädchen und immer neue Freudeschauer gingen von ihr aus. Sie breiteten sich wie ein Herzschlag von innen nach außen durch die ganze Bienentraube. Die Traube wurde zum Herzen, ein Leuchtendes, pulsendes, strömendes Herz, ja, wie ein menschliches Herz, ganz deutlich so sieht die Beinentraube im Winter aus. All die Bienen formen gemeinsam ein menschliches Herz, das leuchtet, wenn die Freudeträume es durchpulsen.

Ein leises Schaben drang hin und wieder im Traum an Liobas Ohr. Das war das kleine Mädchen, das immer wieder zu Besuch kam und von außen die Bienenkästen streichelte.

Dann wich der Frost und eines Morgens wehte eine frische frühlingshafte Briese zum Flugloch hinein. Da erwachte Lioba gemeinsam mit ihren Schwestern im Innern des Bienenherzens. Eine freudige Umtriebigkeit ergriff das Bienenvolk, das das Herz nun weitete und ins Schwingen brachte. Der neue Herzschlag erfüllte bald das ganze Bienenhaus und sendete bald seine Boten aus. Auch Lioba durfte unter diesen Boten sein. Steil flog sie zum Flugloch hinaus in die Höhe in einen hellen Frühlingstag und begrüßte die Sonne.

»Ich lebe!«, rief sie voller Freude aus. »Ich lebe!« »Sie lebt!«, rief es von der Erde zu ihr hinauf. »Lilli, meine liebste Lilli!« Es war das kleine Mädchen, das begeistert ihre Ärmchen und Händchen zum Gruß schwang. Liobas Herz brach auf vor Freude und wurde weit, so weit, zur Sonne selbst. So hoch flog sie in lichte Höhen. Auf der Erde stand winkend das Mädchen und ihr Winken streichelte die Luft, so wie sie das Gras und die Erde gestreichelt hatte, so wie sie es von Lioba gelernt hatte. Die Luft und das Licht trugen ihr Streicheln und ihre Freude zu Lioba hinauf und noch weiter.

Die Mutter stand dabei und nickte lächelnd. Sie hatte gelernt, die Wunder des Lebens anzunehmen, seit sie mit den Bienen lebte.

Nachwort zu dem Märchen:

In diesen Raunachtstagen zwischen den Jahren 2016 und 2017 rühre ich die Erde aus unserem Bienenkreis. Wir haben derzeit neun Völker, welche im Kreis angeordnet und im Siebenstern verbunden sind. Heute, als dieses Märchen zu mir kam, da war mein Rühren auch wie ein Streicheln. Ich stellte mir vor, wie dieses Erdestreicheln tatsächlich über die Erde streicht in potenzierter Form, mächtig und zart, wenn ich die Erde dann am Tag der lichten Erde ausstreuen werde. Überall dort, wo sie herniederfällt, streicht sie die Kruste auf von Mutter Erde. Dort öffnet Mutter Erde dann ihr Kleid und lässt von ihrem zarten, milden Licht, von dem weichen und warmen Erdenlicht dann etwas hervortreten. Wie zarte Kinderhände voll von Herzensliebe und Direktheit, hingegeben ganz im Tun, wie es Kindern zu eigen ist, so will ich die Erde berühren, will sie streicheln im Rühren, im Ausstreuen und ihrem Licht helfen, hervor zu treten. Wie die Honighebammenbienen will ich Geburtshelferin sein für dieses Honiglicht der Erde und will anerkennen, schützen, nähren und entwickeln das Bienen-Menschen-Herz.

Hierzu noch eine Botschaft von den Bienen:

»... *legt euer Augenmerk, eure Aufmerksamkeit, eure Hingabe in Gemeinschaften. Gemeinschaften sind die Wiege der Zukunft. Der Christus, der Wiedergeborene, wirkt in Gemeinschaften. Dort kann er seinen Geburtsgrund finden. Schafft also Gemeinschaften in Arbeit, Leben und Freude, das heißt Arbeitsgemeinschaften, Lebensgemeinschaften, Freudegemeinschaften. Dies alles ist untrennbar verbunden, denn nur so funktioniert es: Leben-Arbeit-Freude! Die Bereitschaft dazu ist eure eigene Weiterentwicklung.*

Spreche es aus für dich, ein jeder für sich in der Gemeinschaft: ›*Ich bin bereit!*‹«

In der Zeit der Raunächte im Januar 2017 erfahre ich von den Bienen und über die Bienen einige für uns Menschen bedeutsame und wissenswerte Zusammenhänge. Innere Bilder der Bienenkönigin als Sonnenkönigin tauchen auf, Bilder wie Bienenherz, Erdenherz und Menschenherz ein Erden-Sonnen-Herz bilden, das Träger für das Christuswirken ist und wie die Erde im Innern leuchtet. Zusammenhänge werden klar, wie z. B. im Honig das ganze elementare Geschehen einer Landschaft gespeichert ist oder wie sich mit der Rückkehr der Bienenkönigin von der Sonne der inneren und der Mittleren Erde der Ostersegen der Auferstehung auf das Land und seine Menschen senken kann. Geschenke von unsagbarem Wert, welche uns die Bienen täglich machen, werden offenbar. Deshalb seien hier einige Facetten aus den Gesprächen mit den Bienen wiedergegeben, die für mich in sehr bewusster und von da an regelmäßig fortgeführter Weise seit den Raunächten zwischen den Jahren 2016 und 2017 begonnen haben.

Wo die Bienenkönigin in den Raunächten weilt und vom Segnen der Menschen

Als ich im März bemerkte, dass bei vier unserer Völker nur schwacher bis gar kein Flugverkehr herrschte, während die anderen schon stark flogen und auch Pollen eintrugen, was ein Zeichen dafür ist, dass die Königin schon wieder brütet, da schaute ich bei diesen vier Völkern von oben in die Kästen. Die Völker waren klein, aber nicht beängstigend klein nach dem Winter. Ich machte die Klopfprobe, auf die kein starkes Aufbrausen kam, wie bei einem Volk, das seine Königin beschützt. Ich dachte gleich, was alle Imker denken, bei solch einem Befund: »Die Königin ist wohl im Winter gestorben.« Damit hat das Volk auch keine Chance mehr. Ich hätte die Bienen jetzt mit Puderzucker bestäubt in ein starkes Volk einkehren können, aber irgendetwas widerstrebte mir daran. Ich nahm die vier elementaren Bienenmeister noch ganz präsent bei allen vier Völkern wahr. Also beschloss ich, den meines Lieblingsvolkes direkt zu fragen, was geschehen war, und was ich tun sollte. Er schien darauf gewartet zu haben, dass ich mich ihm endlich zuwandte, und nach einer Begrüßung begann er sofort sehr deutlich mit mir zu reden:

»... unsere Königin ist noch verbunden mit der Sonne der Inneren Erde. Deshalb können wir noch nicht fliegen zur Sonne des Himmels, des großen Firmaments, zu der Sonne, von der wir kommen. Alle Königinnen verbinden sich in den Raunächten mit der Sonne der Inneren Erde. Das müssen sie! Sie gehen wirklich, wahrhaftig dort hin, um unsere Verankerung auf der Erde zu halten, und um euch Menschen weiterhin zu begleiten. Sonst würden wir zurückkehren zu unserer Heimat der Sonne, die ihr als Sonne kennt, welche ihr als Himmelskörper seht. Wir sind Bewohner dieses Himmelskörpers und erscheinen euch in der Gestalt der Bienen. Wir sind reine Lichtwesen. Würden wir euch in unserer wahren Gestalt erscheinen, ihr könntet es so, wie ihr derzeit verkörpert seid, kaum ertragen. Aber einige von euch, beginnen uns bereits in unserem wahren Wesen zu spüren, zu ahnen, zu erkennen.

Die Sonne der inneren und der Mittleren Erde ist die Wärme- und Liebeswiege der Erde. Erst die Verbindung aller drei Sonnen: der Sonne der Inneren Erde, der Sonne der Mittleren Erde und der Sonne der Äußeren Erde, die euch als Himmelssonne erscheint, und euch so als Sonne der Äußeren Erde berührt, erst ihre Dreiheit in Vereinigung trägt, webt und erschafft den Christusimpuls und gibt dem Christuswesen einen Leib. So schaffen wir den Christusleib, denn wir Bienen verbinden und vereinen jene drei Sonnen, und wir brauchen eure Hilfe. Es geht nur mit den Herzkräften der Menschen!

Zurück zu unserer Königin: Jede Königin verbindet sich in der tiefsten Winterzeit, ganz genau, in der Zeit der Raunächte mit der ›Mitternachtssonne‹. So nannten die alten Menschen die Sonne der Inneren Erde. Die Königinnen aller Bienenvölker auf der Erde vereinen sich dort zu einem mächtigen Leuchten und Erstrahlen und erschaffen so die Erde als Lichtkörper jedes Jahr neu. Ohne diesen Vorgang wäre die Erde schon lange vergangen. Sie steigen dann auf zu der Sonne der Mittleren Erde, wo sie die Erde gemeinsam als Wärmeleib neu erschaffen und leben und weben gemeinsam mit dem Volk der Mittleren Erde. Dort, an der Schwelle der Inneren Erde zur Mittleren Erde, begegnen sie auch den Drachen und arbeiten mit ihnen, welchen es im Moment gar nicht gut geht. Deshalb bleiben auch einige Bienenköniginnen dort bei ihnen, um sie am Leben zu erhalten, denn die Menschen haben sie missachtet und misshandelt. Ihre Flügel sind verklebt und verkümmert, ihr Leuchten braucht Lachen und Strahlen, das durch die Achtung und die Ehrfurcht in Liebe und Demut der Menschen kommt, welche diese den Urkräften der Natur gegenüber in ihren Herzen empfinden können. Können sie die Ehrfurcht und Demut in Liebe und Hingabe nicht mehr in ihren Herzen aufkeimen fühlen, verlieren sie die Gabe zu segnen und zu ahnen! Können sie aber nicht mehr segnen, so verdirbt das

Land. Dieses Segnen war in der Zeit kurz nach Lichtmess immer eine gemeinsame Aufgabe des Volkes der Mittleren Erde und des Volkes der Äußeren Erde, also euch Menschen!

Seit dieses Segnen von euch Menschen nicht mehr kommt, müssen immer mehr Bienenköniginnen bei den Drachen bleiben und kehren dann nicht mehr zu ihrem Volk zurück.

Es kann sein, dass ein Volk dann geht, ›stirbt‹, wie ihr Menschen es nennt. Dies geschieht aber nur, wenn der Mensch, der es pflegt, nicht um diese Prozesse weiß und selbst vom Segnen abgefallen ist und darüber hinaus sein Vertrauen verloren hat. Selbst wenn die Königin eines Volkes bei den Drachen geblieben ist, um dort Überlebenshilfe zu leisten, oder auf ihrem Weg zurück bei der Sonne der Mittleren Erde geblieben ist, um auch beim Volk der Mittleren Erde für die Neubildung des Wärmeäthers Hilfe zu leisten, kann er gemeinsam mit dem Bienenvolk bis zur Schwarmzeit durchhalten. Dann kann er diese tapferen Winterbienen, die ihr Leben durch sein, des Menschen Vertrauen verlängern konnten, mit einem Schwarmvolk vereinen, indem er einen Schwarm im Mai zu ihnen gibt. Eine solche Vereinigung bewirkt ein besonderes, starkes und ausdauerndes Volk, das ganz und gar den Christusimpuls in die Welt tragen wird, von der Demut, der Hingabe und dem Dienen berichten kann, von der Hingabe an die Schöpfung und dem Lebensquell der Sonnen-Christuskräfte.

Diese Bienen sind immerwährend mit ihrer alten Königin verbunden gewesen, die sich entschlossen hat, bei den Drachen oder dem Volk der Mittleren Erde zu bleiben, die sich mit der Sonne der inneren oder der Mittleren Erde auf immer verbunden hat, damit diese neu erstarken kann! Auf der stofflichen Ebene kann diesen Bienen eines Volkes, dessen Königin sich für immer mit der Sonne der inneren oder der Mittleren Erde verbunden hat, von dem Menschen, der sie pflegt, auch schon sehr geholfen werden: Er soll jeden Morgen von dem Zeitpunkt an, da er bemerkt, dass die Königin fort ist, etwas von seinem Morgenurin von oben über die Bienen sprühen. Dieser soll noch körperwarm sein. Im Urin sind sowohl die Menschensonnenkräfte, die Himmel und Erde vereinen, als auch die Drachenkräfte in ihrem Lebensursprungs-quell enthalten. Das ist das Gold und das Stechen des Urins, das Strahlen und Erwecken.

Gelingt es nicht, trotz dieses Wissens und trotz dieser Behandlung, trotz des Vertrauens in der täglichen Mitarbeit des Bienenpflegers, wozu auch, wenn nötig, Fütterung gehört, seine Bienen bis zur Schwarmzeit ohne ihre Königin durch zu bringen und sie gehen dahin, so soll er sich keine Vorwürfe machen.

Wir müssen alle üben und dies ist keine leichte Aufgabe. Er kann ihnen auch jeden Tag etwas vorsingen, vorlesen oder erzählen von ihrer bei der Sonne der inneren oder der Mittleren Erde weilenden Königin. Das wird ihnen zusätzlich helfen.

Normalerweise kehren die Bienenköniginnen um Ostern zu ihrem Volk von ihrer Verbindung mit den Erdensonnen zurück, die in ein tiefes Geheimnis einweiht. In der Zeit der Raunächte verbinden sie sich mit der Sonne der Inneren Erde, in der Zeit um Lichtmess herum mit der Sonne der Mittleren Erde.

Manche Bienenköniginnen kehren in den letzten Jahrhunderten und Jahrtausenden schon wesentlich früher, also vor Ostern, kurz nach Lichtmess zurück. Das hängt mit dem mangelnden Vertrauen und der mangelnden Hingabe in die Schöpfung ihrer menschlichen Bienenpfleger zusammen.

Du darfst wissen, es sind auserwählte Völker, jene, von denen die Königin sich für immer mit der Sonne der Mittleren Erde vereint, denn sie halten den Wärmeäther der Erde, eurer aller Lebensraum aufrecht. Also trauere nicht. Auch, wenn es dir nicht gelingt, sie hinüber in die Schwarmzeit zu führen, und ihnen eine neue Königin zuzuführen.«

Ich führte bei allen unseren vier schwachen Völkern die beschriebene Behandlung mit meinem Morgenurin durch und hatte den Eindruck, dass es ihnen damit sehr gut ging. Sie wurden lebendiger und schienen mich jeden Morgen zu begrüßen. Es machte auch den Anschein, als würden sie den Urin als zusätzliche Nahrung annehmen. Sie ließen sich nämlich nicht durch die Spritzer irritieren und zurückdrängen, wie sonst, wenn ich einen Wasserzerstäuber mit meinen Tinkturen anstatt eines Smokers bei der Bienenbehandlung einsetze, sondern kamen direkt auf die Spritzer zu. Die Entwicklung nahm bis in die dritte Aprilwoche hinein einen sehr erfreulichen Gang. Da tauchte für diese Jahreszeit sehr spät, und für mich unerwartet, in einer Frostnacht eine Spitzmaus auf und alle vier Völker vielen ihr trauriger Weise zum Opfer. Ich war unendlich traurig, aber dankbar, für die Entwicklung und die Hoffnung für die Bienenvölker, die ich miterleben durfte. Rückschläge dieser Art auf einem so guten Weg, in dem es darum geht, neue Pfade einzuschlagen, ungewöhnliche und mutige, sind mir bekannt. Ich nähre die Hoffnung, dass diese Rückschläge immer weniger werden und die Widersacher fern bleiben.

Die Bienen und die geläuterten Drachenkräfte

– Von den Bienen und den Drachen, von dem Wesen und der Not der Wassergeschöpfe, von der zurückgehenden Quelltätigkeit, der Traumatisierung und möglichen Enttraumatisierung von Orten, von Ätherherzen, von Mensch und Gesellschaft, von den Externsteinen und dem Christuswirken –

Botschaft aus dem Frühjahr 2017

Ich wende mich an die Engel mit dem Thema der geläuterten Drachenkräfte, welche die Bienen in sich tragen. Ich fühle, dass das hohe Bienengeistwesen, dem ich mich auch innerlich zuwende, so hoch, so mächtig, so lichterfüllt ist, so umfassend ergreifend, dass ich es kaum aushalten würde, ohne die mich umgebenden Engel. Um seine Botschaft zu empfangen und seine Gegenwart entspannt zu erleben, brauche ich tatsächlich den »Puffer« der Engel dazwischen und ihre Vermittlung und Präsenz um mich herum. Ich grüße das hohe Bienengeistwesen und verneige mich tief. Ich rufe den Erzengel Michael, den Erzengel Raphael, meinen Schutzengel und einen Vertreter aus der Gruppe der Engel der Glückseligkeit. Diese Engel vertreten einen großen Anteil des hohen Bienengeistwesens auf Erden!

Mir wird durch den Erzengel Michael Folgendes vermittelt:

»Siehe, die Bienen sind Boten des göttlichen Geistes. Als solches sind sie auch meine Boten und ich arbeite direkt mit ihnen zusammen! Sie zeigen euch Menschen immer direkt an, wie es um euch bestellt ist, was eure Arbeitsfelder sein sollten, und sie greifen damit immer ein Stück voraus!

Dieses Jahr wird es deutlich, dass das Land zu trocken ist, den Gewässern auf der Erde geht es schlecht, sie haben zu viel gelitten unter dem Egoismus der Menschheit. Sie ziehen sich zurück aus dem irdischen Kreislauf, aus ihrem eigenen Kreislauf im Irdischen, ihrer Wanderung durch die Elemente des Verdunstens und wieder Flüssigwerdens.

Das Wasser und seine Wesen sind jene Geschöpfe unter den Elementarwesen, welche sich mehr noch als alle anderen Wesen die Vermittlung zwischen den Reichen zur Aufgabe gemacht haben, die Verbindung in Licht und Liebe all unserer Reiche, die Überwindung der Trennung und Dualität. Diese Geschöpfe leben dies so innigst, dass sie selbst in die Lage gekommen sind, ihren eigenen Zustand so zu verändern, zu verwandeln, dass sie uns und euch mal in wässri-

ger Form erscheinen: fließend, sprudelnd, immer in Bewegung, ein andermal in luftiger Form: atmend, webend, im feuchten Wärmeäther, all dem Leben auf dieser Erde, eurem Heimatplaneten die wässrige Hülle gebend, in der Leben überhaupt entstehen kann, und wieder ein andermal erscheinen sie euch in fester Form, in Eiskristallen, und offenbaren so in Struktur und Form die Qualität ihres Seins, die für euch Menschen in dieser Form so endlich direkt mit physischem Auge sichtbar, wahrnehmbar wird. All das tun sie für den Menschen und zeigen in dieser Wandlungsfähigkeit und Verwandlungsbereitschaft die größte Hingabe an das Leben selbst, an das irdische Leben. Vergesst ihr aber eure geistige Anbindung und missachtet sie, verliert ihr die Achtung vor dem Leben selbst in seiner Göttlichkeit, wie sie sich täglich in allen physischen Erscheinungsformen der Natur offenbart. Vergesst ihr Menschen, den Menschen selbst auch als natürliches Wesen anzuerkennen, in seiner Eingebundenheit in die Reiche seiner Brüder und Schwestern, die elementaren Reiche und die Reiche der Zwischenreichwesen, dann, - dann werden sich diese wundervollen Geschöpfe, die Wasserwesen, zurückziehen. Dies geschieht bereits. Das Wasser wird erst träger, dann weniger auf der Erde. Seine Lebendigkeit geht zurück und es droht schließlich, ganz zu versiegen.

Das zeigen euch Menschen dieses Jahr die Bienen ganz deutlich. Es regnet zu wenig, weil dem Wasser seine Freude, seine Leichtigkeit genommen wurde. Es ist so träge und schwer, die Wassergeschöpfe können kaum noch tanzen. Wenn sie aber nicht mehr tanzen und jubeln können, dann verlieren sie die Fähigkeit, sich zu erheben, leichter, lichter, luftiger zu werden. Es findet keine, oder derzeit ganz konkret: kaum noch Verdunstung statt. Infolge dessen gibt es zu wenig Niederschlag und die Blüten blühen trocken, ohne Nektar. Derzeit haben die Blüten kaum Nektar. Die Bienen können also kaum bis keinen Honig daraus schaffen. Darin sind sie ein Anzeiger, der gerade auf Alarmstufe Rot geht: Menschen kümmert euch um die Wassergeschöpfe! Tanzt mit ihnen! Jubelt mit ihnen! Pflegt eure Gewässer! Helft ihnen, wieder aus der Trägheit, der Trübe, dem Verschlammen, Vergiften heraus, sonst werdet ihr in Kürze nicht mehr genug Wasser für euer Leben haben. Die Bienen zeigen es euch deutlich. Deutlicher geht es nicht. Ihr sollt endlich hinschauen und handeln.

Zur Wasserpflege gehört auch, dass ihr die Gewässer aller Art befreit von lähmenden Erinnerungen. Es ist das Element des Wassers und seine Geschöpfe, die sich bereit erklärt haben, vor allem an der Transformation von Traumatisierung des Landes zu arbeiten. Das Land ist ein Leib. Es hat Geist und Seele. Das gilt für einzelne Landschaftszusammengehörigkeiten ebenso wie für das ganze Land Deutschland oder die ganze Erde. Wenn das Land in Teilen traumatisiert wird, kann es nicht mehr atmen. Seine Flüsse können nicht mehr fließen in fröhlicher Bewegung, seine Quellen nicht mehr springen in jubelndem Freude-plätschern, und seine Seen liegen schwer und trübe, schwer unter drückender Last von Verletzung und Vergewaltigung. Alle menschengemachten Ereignisse, die Freiheit und Frieden nehmen und zerstören, sind solche Traumatisierungen für das Land, für seine Seele, seinen Geist, so dass sein Leib, der Landschafts-leib, gelähmt wird.

Alle Kriegserfahrungen, alle Verbrechen sind solche Traumatisierungen und legen ganze Orte lahm in ihren Energieflüssen und dann auch, sichtbar für alle, in den Erdflüssen, euren Gewässern, welche die Träger der Energieflüsse der Verwandlung sind. Wenn keine Verwandlung mehr möglich ist, dann versiegt das Leben. Das Leben ist nur Leben durch ständige, immerwährende Verwand-lung. So spricht der Engel der Verwandlung an Ostern:

Das Mantra
— vom Engel mitgeteilt —

Ich grüße dich, Engel der Verwandlung
der du mich lehrst, dass die Liebe verwandelt
dass die Liebe durchs Menschenherz strömend
die Kraft hat, alles zu verwandeln

zart wie eine Blume sich öffnet dem Licht
wie mutig der Keim die Schale durchbricht
so will ich öffnen mein Herz dem Lichte Gottes
der Kraft des Neubeginns
zart und mutig zugleich

fließend folge ich dem Leben
übertrete die Schwelle
wissend, dass Neubeginn sterben heißt
und das Leben nur Leben ist
durch ständige, fließende Verwandlung
freudig, blühend, strahlend
immer neu im Augenblick
so will ich gehen den Weg der Verwandlung
und um deine Begleitung bitte ich
ich danke dir, Engel der Verwandlung

Ihr Menschen sollt also dringend darangehen, die Traumatisierungen eurer Landschaft zu heilen. Das geht nur in Gruppen. Geht an diese Orte und befreit sie von den geschehenen Verletzungen. Dann können die unterirdischen Flüsse wieder fließen. Dann sprudeln die Quellen wieder kräftig und das Land hat keine Not.

Nun sind wir beim Kernthema angekommen: Die Bienen als Träger der geläuterten Drachenkräfte.

Dies spricht im Kern das Ostererlebnis an: das Ereignis des auferstandenen Christus. Es ist das Erlebnis der Auferstehung des Lichtes und der Liebe im eigenen Herzen, der Liebe und des Lichtes, das alles Leid überwindet! So beginnt auch jede Heilung und Befreiung für einen traumatisierten Ort damit, dass jeder Einzelne in der Gruppe sein Herz so voll mit Liebe und Licht füllt, dass es zum Bersten voll wird und übersprudelt, überquillt. Dann habt ihr Quellstärke in euren Herzen. Dann geht in den nächsten Schritt: Ihr füllt die Ätherherzen mit Licht und Liebe in derselben Weise. Bittet dazu, dass die göttliche Liebe und das göttliche Licht diese Ätherherzen immerzu erfülle. Dazu müsst ihr sie erst einmal aufspüren, diese Ätherherzen, jene Tore, die durch die liebevolle Verbindung und stetiger Zusammenarbeit von Menschen und Elementarwesen, von Menschen und Zwischenreichwesen, an bestimmten Orten eben jener Zusammenarbeit im Äther entstanden sind und dort dauerhaft verankert sind. Ein riesiges Ätherherz hat sich z. B. über den Externsteinen gebildet und um diese herum, denn es war dies ein früherer Einweihungsort in nachatlantischer Zeit, ein Tempel des gegenseitigen Stützens und Zusammenarbeitens von Elementarwesen, von Zwischenreichwesen und den Menschen sowie von Engeln und Menschen. Es war dies eine Station des Menschen auf seinem Weg, sein Menschenich auszubilden und es zu empfangen als göttliches Geschenk, als Geschenk des göttlichen Vaters und der göttlichen Mutter. Dies konnte nur geschehen in liebevollem Mitwirken aller Reiche bis in Sternenweiten. Wer dies vergisst, fällt aus eben diesem göttlichen Getragen-Sein, aus diesem göttlich-menschlichen Kreislauf der Ich-Geburt wieder heraus. Diesen Vorgang könnt ihr Menschen in negativ wirkenden Massenbewegungen beobachten, bei denen die einzelnen Mitglieder ihr eigenes, urteilendes und Verantwortung übernehmendes Ich ausgeschaltet haben, oder so eingelullt bekommen haben, dass es unwirksam und gelähmt ist.

So, nun zurück zum Vorgehen: Es geht also darum, Orte aus ihrer Traumatisierung zu holen, um dadurch die Ursprungsfließkräfte wieder frei zu setzen.

***Erster Schritt:** Fülle dein eigenes Herz übervoll mit der göttlichen Liebe und dem göttlichen Licht und lasse es überquellen in Freude.*

Zweiter Schritt: Füllt in der Gruppe das Ätherherz des nächstgelegenen Ortes, das ihr spürt in eben derselben Weise, mit Licht und Liebe, übervoll mit dem göttlichen Licht, der göttlichen Liebe.

Dritter Schritt: Jetzt geht zum Ursprung und den Ursprungskräften dieses Ortes, bis zu seiner Sternenanbindung. Dazu müsst ihr wissen, dass jede Ursprungskraft eines jeden Ortes, welche diesen Ort ursprünglich ins Leben gerufen hat und ihn mit einem sprudelnden Lebensquell ausgestattet hat, euch zu den Drachen führt, denn Urlebensschöpferkräfte sind Drachenkräfte.

Drachen, jene geflügelten Wesen, welche mit den Hünen auf diese Erde gekommen sind und eure Erde mit einer Urlebens- und Schöpferkraft beschenkt haben, Drachen sind Urschöpferkraft. Wie alles auf dieser Erde sollen auch sie dem göttlichen Plan dienen und haben ihm bereits in der Schöpfung dieser Erde großartig gedient. Leider sind sie in Vergessenheit und Missachtung gefallen. Viele Bienenköniginnen verbinden sich derzeit im Winter mit ihnen, um ihnen eine direkte Überlebenshilfe zu geben. Diese Bienenköniginnen kehren dann nicht mehr in ihren irdischen Bienenkörper zurück, wachen nicht mehr um Ostern herum auf, um ihr Volk in das neue Bienenjahr zu leiten. ›Geläuterte Drachenkräfte‹ heißt in erster Linie, dass ihr Menschen den Drachen wieder in ihr Schöpferdasein helft, sie von ihrem Lähmungsschlaf befreit, sie achtet, sie würdigt, ihre Urkraft für lebenserschaffende und lebenserhaltende Prozesse nutzt und von ihnen lernt. ›Geläuterte Drachenkraft‹ heißt, ihre und eure Orte zu heilen von Traumatisierungen, sie selbst und ihre Orte, die sie bis heute hüten, rein zu waschen von Verletzung und Vergiftung. Bis ins Physische muss das gehen, sonst hat es keinen Erfolg! Es heißt Quellenpflege, Bienenpflege, Herzkraftpflege.

Die Bienen tragen die Urschöpfer-Wärme-Ätherkräfte in sich. Sie tragen Licht und Liebeskräfte in sich, sind voll der Hingabe an das Leben selbst und seine Weisheit, sie tragen Drachenkräfte in sich. Mit diesen Drachenkräften können sie wild aufbrausen. Mit diesen Urlebenskräften können sie den Menschen immer wieder neu die Grundlage für ihr Leben schenken. Sie haben das Leben für den Menschen auf dieser Erde vorbereitet und sind seine engsten Begleiter, Lehrmeister, Schutzheilige. Ja, begreift sie endlich als solche! Sie zeigen euch auch, wie eben jene Drachenkräfte, jene Urlebenskräfte, welche eure Quellen wieder sprudeln lassen können, in die Leichtigkeit und Läuterung gehen. Geläuterte Drachenkräfte sind Urlebenskräfte, welche dem Christusimpuls dienen, der alles überwindenden Liebe, dem alles verwandelnden göttlichen Licht. Das Kernerlebnis hierzu ist das Ostererlebnis, das Auferstehungserlebnis in jedem Menschen. Eine zeitgemäße Botschaft dieses Erlebnisses ist auch, und vor allem:

Jeder einzelne Mensch ist die Menschheit!

Christus ist Mensch geworden. Als Mensch hat er zu euch gesprochen, euch in euren Menschenherzen berührt und dort den Keim gelegt für die Liebe, welche die Kraft hat, alles zu verwandeln.« (s. Mantra auf Seite 235) »Heute, nach dem sich die Ichgeburt in jedem einzelnen Menschen vollzogen haben kann, darf der einzelne Mensch neu in die Gemeinschaft eintreten und dort ergreifen, was jetzt seine Aufgabe ist. Zuallererst ist es die Beachtung des Gesetzes, dass der Mensch ein soziales Wesen ist. Er ist nie allein! So hat auch all des Einzelnen Wirken immer direkte Auswirkung auf die ganze Gemeinschaft. Deshalb sagt es euch immer wieder, jeder Einzelne soll sich dies sagen:

›Ich bin die Gemeinschaft!‹

Lass es dir auf der Zunge zergehen! Was heißt das? Es heißt:
- *Vollste Verantwortung für dein Tun*
- *Achtung und Liebe für deine Umwelt und Mitmenschen*
- *Gelebte Schöpferkraft, jeden Tag neu*
- *Dienende, freudige Hingabe*
- *Gegenwärtigkeit*

Du bist die Gesellschaft!«

Von der Herkunft und der Zukunft der Drachen

Dämmerungsgespräch vom 31.12.2017

Im Laufe der letzten drei Jahre habe ich mich wiederholt den Drachen zugewandt und von ihnen einiges erfahren dürfen. So hat sich auch ein immer differenzierteres Bild, ihres Wesens, ihres Ursprungs, ihrer Aufgaben hier auf der Erde und ihres Wirkens ergeben. Bis vor kurzem nahm ich an, dass die Drachen vom Pluto kommen, dass jener Himmelskörper ihre Heimat ist und sie dort ein ähnliches Verhältnis zu den Hünen haben, die ebenfalls von dort in Voratlantischer Zeit auf unsere Erde kamen, wie wir Menschen zu den hiesigen Elementarwesen. So habe ich es auch in früheren Schriften immer berichtet, denn es wurde mir so mitgeteilt. Mittlerweile durfte ich hier einen größeren Zusammenhang sehen: Der Pluto ist nur der letzte, erdnächste Himmelskörper einer Neunheit: Er war und ist ihre »Außenstation« als Sprungbrett zur Erde von acht weiteren Himmelskörpern, die außerhalb unsres Planetensystems liegen. Pluto und ein weiterer Planet nach ihm liegen auf der »Schwelle« zu unserem Planetensystem, die weiteren sieben liegen schon sehr weit weg in Sternenweiten! Alle diese neun Himmelskörper haben einen Zusammenhang und sind Heimat der Drachen wie auch der Hünen, wobei sich die Hünen sehr gerne auf dem Pluto, aus ihrer Sicht: in Erdnähe, aufhalten. Auf dem Weg vom Pluto zur Erde haben die Hünen und die Drachen alle Planeten unseres Sonnensystems passiert und haben dort Drachen angesiedelt. Ihr Weg ging zur Erde und jene Drachen, die auf Venus, Mars und Merkur usw. blieben, waren sehr wenige an der Zahl, im Vergleich zu jenen, die zur Erde gingen, um dort ihren Aufenthaltsort auf Dauer zu beziehen, und sie waren auf jenen Planeten dann so etwas wie »Vertreter« ihres Volkes! Über diese Drachenvertreter auf den Planeten ist die Anbindung für die Menschen über die Erddrachen zu den Planeten sehr direkt spürbar. Unserer Menschen Verbindung zu den Planeten geht über die direkten Schöpferurkraftlinien, welche über die Drachenwesen aufrechterhalten werden, sehr direkt. Die Drachenwesen allerorts im Universum halten diese Verbindungsmöglichkeit als ein »kosmisches Gewebe« aufrecht und damit eine sichere Einbindung unserer Erde in kosmische Bahnen. Wir wiederum können den Drachen dabei helfen, wenn wir um diese Zusammenhänge wissen und sie oft in unser Bewusstsein holen! Drachen sind eine ganz besondere Art von Sternenwesen, geflügelte Sternenwesen!

Immer wieder ist hier in diesen Schriften auch von den »geläuterten Drachenkräften« die Rede. In diesem Zusammenhang ist es wichtig zu wissen, dass es sich hier bei dem Begriff »Läuterung« nicht um eine »Reinigung« von etwas Unreinem handelt, sondern um die Befreiung von etwas Vorgegebenem, ursprünglich Unfreiem! Die Drachen haben uns in der Evolutionsgeschichte unserer Menschwerdung auf diesem Planeten Erde ihre Urschöpferkraft, ihre Feuerkräfte und Erwärmungskräfte als Formkräfte und Erneuerungskräfte zur Verfügung gestellt. Sie sind als Mitarbeiter der göttlichen Schöpfung dazu aufgerufen worden. Freiwillig haben sie ihre Kräfte ursprünglich nicht in diesen Dienst gestellt. Der hohe göttliche Rat hat dies beschlossen und damit den Menschen, dem großen Wesen Erde und ihnen, den Drachen, selbst durch das Zusammenkommen dieser drei Wesen eine gigantische Entwicklungschance eingeräumt! Der Entwicklungsschritt der Drachen selbst offenbart sich erst jetzt als Ahnung seiner ganzen Größe: Was sie ehemals unfreiwillig in den Dienst der Erden- und Menschenentwicklung stellten, darf jetzt von ihnen hier auf der Erde freiheitlich weitergeführt werden. Das Dienen aus freiheitlichem Willen ist ihr gigantischer Entwicklungsschritt! Sie betreten allmählich den Zeitraum, in dem sie frei entscheiden dürfen, ob sie hier auf der Erde beim Menschen bleiben und sich weiter in den Dienst der Neuschöpfung dieser Erde zum Erden-Sonnen-Stern stellen!

Der Bien spricht:

»Wachs ist ein ganz besonderer Stoff. Er gleicht dem menschlichen Blute. In ihm sind Wärme, Licht und Liebe gespeichert und werden dort geschützt und bewahrt, genährt und wieder freigesetzt durch eines Menschen Hand und Herz. Das Blut ist der Träger des Ichs in einem Menschen. Das Wachs ist der Träger des Ichs in einer Bienengemeinschaft. Es kann euch Menschen lehren, was das Ich einer Gemeinschaft überhaupt ist und so auch das Ich eurer Gemeinschaften stützen und helfen, es herauszubilden. Das Ich einer Gemeinschaft ist von göttlicher Natur und eine übergeordnete Instanz, in die hinein jeder Einzelne der Gemeinschaft mit seinem Seelengeistwesen wirkt ebenso wie jeder Schutzengel der Menschen dieser Gemeinschaft. Das Ich einer Gemeinschaft verdient eure Aufmerksamkeit. Ohne diese wird eine Gemeinschaft als Organismus krank oder fällt auseinander. Das Ich einer Gemeinschaft ist eine durch und durch lebendige und fluktuative Angelegenheit und doch eine unverwechselbare Einheit. Dazu gehört ein Zuhause-Gefühl. Das sollte zuallererst in die Aufmerksamkeit einer Gemeinschaft rücken: das Zuhause-Gefühl eines jeden Einzelnen innerhalb der Gemeinschaft. Gemeinschaft fängt bereits bei zwei Menschen an. Zuhausefühlen heißt:

- *hier kann ich wahrhaftig sein*
- *hier kommt meine Seele zur Ruhe*
- *mein Suchen wird Finden*
- *mein Sehnen findet Erfüllung*
- *meine Wurzeln erstarken*
- *meine Flügel entfalten sich*
- *hier komme ich bei mir selber an*

All dies lebt im Bienenwachs, denn es ist aus diesen Kräften erschaffen. All dies wird freigesetzt, wenn du eine Bienenwachskerze entzündest und wenn du dies mit dieser Erkenntnis tust, die nun bei dir sein darf, so kannst du helfen an der Herzgemeinschaftsbildung, denn wahre Gemeinschaften sind immer Herzgemeinschaften.

Das Blut wird in dir täglich geschaffen, denn täglich vergeistigt es sich und ein Teil von ihm geht über in rein geistige Substanz und schenkt sich der Welt. Du kannst dich und deine Bluterneuerung stärken, indem du Bienenwachs knetest und seinen Duft einatmest. Es ist ein ganz besonderes Geschenk der Bienen an den Menschen und er darf es annehmen! Unsere Wabenform im Naturwaben-bau hat die Form eines Herzens im Zweidimensionalen. Unsere Wintertraube hat die Form eures Herzens im Dreidimensionalen. Das ganze Volk bildet also die Verbindung, im Bilde, zum menschlichen Herzen so wie das Wachs zum Blute! Das Herz pulst, weil das Blut durch es strömt. Der Rhythmus des Volkes findet sich im Abbild des Wabenbaus einer jeder einzelnen Bienenwabe im Wa-bentropfen – im Tropfenzusammengefüge.

Das Bienenwachs ist Substanz gewordenes Pulsen und Pochen, Summen und Surren des großen Bienenrhythmus, des Bienenatmens, des Bienentanzes der Bienen. Der Honig hingegen ist das Substanz gewordene Bienensingen, Bienen-leuchten und auch hier hinein ergießt sich und fließt das Summen und Brummen und Atmen der Bienen in der Gemeinschaft. Der Unterschied zwischen Wachs und Honig ist: Das Wachs bildet Verdichtungsprozesse und ist aus ihnen gebildet. Der Honig bildet die Auflösungsprozesse und ist aus ihnen gebildet. Das Wachs hilft also dem Menschen bei seiner konkreten Blutbildung, der Honig bei des Blu-tes Vergeistigung. Ebenso hilft er dabei, das menschliche Blut zur Wiege der Seele zu bilden, zur Resonanz aller seelischer Regungen zu befähigen und das ist alles die Grundlage dafür, dass es Träger des Ichs werden kann.

Wenn Wachs nun aber bei der Verdichtung bis ins Stoffliche hinein wirkt, so macht es seine Aufgabe für die Gemeinschaften deutlich: Das Ich einer Gemein-schaft kann sich erst herausbilden, wenn diese Gemeinschaft eine klare Form ge-funden hat, wenn die ›Substanz‹ dieser Gemeinschaft geklärt ist. Dazu gehört ihre klar formulierte Wirkensausrichtung. Dazu gehört weiter ein äußerer Rahmen, ein Ort, eine Basis, Tätigkeiten, Mitglieder und eine gewählte Form der Begegnung.«

Der Bien lächelt – ich danke ihm innig – und wir zeigen uns unsere gegenseitige Achtung, Dankbarkeit und Herzensverbundenheit!

Dein waches Weben
dein wärmend Leben,
dein großmütig Geben
wird (uns) mich erheben
zum Sonnenich
so kann ich leben
mein Erdenich
lieben, dienend hingegeben
Lichtesglanz
im Sonnenerdenherz wird mich begleiten
Freudetanz
im Seelengeistessein wird sich erweiten
so wollen wir's halten
Du, Bien(e), und ich
wollen gestalten
aus Freiheit und Lichtesglanz in inniger Verwobenheit
in kraftvoller Verbundenheit
das Menschen-Erden-Sonnen Herz

so sei es

An den Bien

Du, Bien, nimm meine Herzensliebe
Verleih' ihr Lichtesschwingen
so weit wie Engel singen
und schenk dazu dein kraftvoll' Weben
auf dass das kosmisch Erdenleben
erstarket und erkraftet
und seinerseits dem Kosmos schenkt
das Erdenlieben
Erdenlachen
damit wir immer neu erwachen
in unser aller Lichtverwobenheit
in freudiger Gewissheit
dass Schritt für Schritt
und Flügelschlag um Flügelschlag
die Erde sich befreit
und sich erfüllt
und wir mit ihr
ich danke dir

An den Bien

Mein Herzschlag ist dein Flügelschlag
mein Lieben ist dein Weben
mein Singen ist dein Dienen
mein Danken ist dein Sonnentanz

Es war in den ausklingenden Raunächten zwischen 2016 und 2017 als ich »das Volk der Mittleren Erde« kennenlernen durfte, die besonders in dieser, unserer heimischen Landschaft in einem engen Kontakt zu den Allfeenvölkern stehen und traditionell in einer guten und gepflegten Zusammenarbeit mit ihnen. In den Raunächten kommen die Allfeenvölker wieder ganz dicht an uns heran und suchen Wege, ihren alten und guten Kontakt zu den Menschen wieder aufnehmen zu können. Arbeiten wie das Erderühren sind gute Wege hierzu.

Es gibt die Einteilung der »Äußeren Erde«, der »Mittleren Erde« und der »Inneren Erde«. Die »Äußere Erde« beschreibt den Bereich der physischen Erdoberfläche und allem, was darauf wächst und lebt. Es ist der Lebens- und Wirkensbereich des Menschen. »Die Mittlere Erde« beginnt direkt unter der Erdoberfläche. Ich komme in ihr mit meiner Wahrnehmung für dieses Reich nur wenige dutzend Meter tief. An manchen Orten, je nach Erdbeschaffenheit reicht dieser Bereich nur an die zwei bis drei Meter. Danach beginnt in meiner Wahrnehmung der große Bereich der »Inneren Erde«, der sich physisch über Kilometer bis ins Erdzentrum erstreckt.

Im Reich der Mittleren Erde wohnen die Allbringe, die von dort aus auch die Äußere Erde und die Innere Erde besuchen können. Im Reich der Inneren Erde gibt es sogar Völker der Allbringe, die dort heimisch geworden sind und Aufgaben übernommen haben. Im oberen Drittel des Reichs der Mittleren Erde lebt ein zweites Volk, ein ehemals sehr großes Brüder- und Schwesternvolk des Menschen: das Volk der Mittleren Erde. Sie sind keine Zwischenreichswesen wie die Allbringe, und sie stellen für diese eine Schwelle ins Menschenreich dar. So gesehen übernehmen sie auch eine Hüterfunktion für den Menschen gegenüber aller Kreatur, die aus den weiteren Tiefen der Mittleren Erde und der Inneren Erde kommt! Vor langer Zeit im Werden des Menschenwesens auf seinem Weg der Herausbildung seines irdischen Seins, gingen wir Seite an Seite in einem Entwicklungsstrom. An einer bestimmten Schwelle innerhalb dieser Entwicklung, blieben die Wesen des Volkes der Mittleren Erde zurück und es trennten sich unsere Wege. Erst da wurde beschlossen, dass wir Menschen den Bereich der Äußeren Erde dauerhaft beziehen und unsere Brüder und Schwestern in den Bereich der Mittleren Erde ziehen. So bekamen sie ihren Namen. Dies geschah vor dem Atlantischen Zeitalter, im Lemurischen Zeitalter. Bis zu diesem Zeitpunkt gab es selbstverständliche Verbindungen zwischen unseren Völkern, das heißt auch

Vermählungen und Kinder beider Abstammungen! Ja, so etwas ist heute schwer zu denken und noch schwerer zu fühlen, aber es war die Realität. Deshalb ist uns dieses Volk auch heute noch so nah. Sie sind von ihrer Seite aus auch nie in das Brucherlebnis des Auseinanderfallens der Reiche gegangen. Sie haben nie eine Trennung vom Menschen vollzogen. Diese Trennung wurde für sie lediglich auf der äußeren Ebene vollzogen. Sie haben sich nie dazu entschlossen und bekannt. Sie haben das kindlich reine Gemüt des Alleinseins in gewisser Weise nicht aufgegeben und empfinden deshalb auch keinen Trennungsschmerz. Sie haben noch eine Art paradiesischen Zustand einer Urverbindung mit dem göttlichen Plan, in dem sie einfach darinnen sind, ohne darüber nachdenken zu müssen oder sich Schöpfungsgesetze bewusst zu vergegenwärtigen. Dadurch sind sie Hüter einer ganz bestimmten Seeleneigenschaft und -qualität, die auch im Menschen wohnt und durch sie immerfort genährt wird. Diese Qualität hat mit Reinheit und Unschuld zu tun, mit Aufrichtigkeit, Direktheit und absolut gegenwärtigem Sein. Diese Seelenqualitäten wird dieses Volk hüten und solange sie im Menschen einen Anker finden, wird es sie noch geben. Ihre menschlichen engsten Verwandten und Hüter dieser Eigenschaften im menschlichen Plan waren die Aborigines, die noch in ihrer Urform lebten. Nun, da es diese Urlebensform nicht mehr bei ihnen gibt, werden sie von den Menschen vertreten, die mit Trisomie 21 auf die Welt kommen. Jeder Mensch soll und kann jedoch mithelfen, diese Fähigkeiten zu hüten und zu leben trotz seines Wissens um die vergangene Trennung der Welten, trotz seines Gefühls, aus dem Paradies herausgefallen zu sein, trotz seines Verstandesdenkens und der Suche nach Urteilsbildung im Sinne einer Gestaltungskraft. Solange diese Gestaltungskraft schöpferisch bleibt, die ehemalige Trennung der Reiche sich wieder im Herzen der Menschen aufhebt und die Reiche sich wieder vereinen dürfen, und dies somit auch in Realität geschieht, solange der Mensch es aus eigener Willenskraft schafft, sein Paradies auf Erden wiederzufinden, solange werden sie bleiben, diese lieben und gütigen Wesen.

Sie sind freundlich und gutmütig. Sie strahlen eine unglaubliche Wärme aus und sind sehr gemütliche, sehr liebevolle, einfache und wahrhaftige Wesen, die voller Freude, Lustigkeit und Genüsslichkeit sind. Sie legen großen Wert auf den Zusammenhalt von Familien, ihrer eigenen und überhaupt. Sie sind treu und dem Menschen sehr wohl gesonnen. Obgleich er ihrem Lebensbereich vielerorts sehr geschadet hat und durch unterschiedliche Energieentnahmeformen der Erde Wärme entzieht. Damit schwächt oder vernichtet der Mensch sogar ihre unmittelbare Lebensgrundlage. Dennoch sind sie nicht wütend oder voll der Abneigung gegenüber dem Menschen. Ihre große Fähigkeit ist das Zueinanderstehen, ganz gleich, wie viele Fehler der Andere auch macht. Diese Wesen stehen ganz und gar zum Menschen. Sie haben keine Erwartungen an ihn. Ich selbst bin voll der Hochachtung gegenüber diesen Wesen und kann sie einfach nur unendlich lieben! Sie lösen mütterliche Gefühle in mir aus. Seit jenen Raunächten, der Zeit, in der sie sich mir das erste Mal gezeigt haben, gehören sie zu meiner »erweiterten Familie« und ich möchte hier in unserem zu Hause für sie sorgen! Sie haben sich in unserem Garten als ihren Ort den Bereich direkt unter unseren Bienenvölkern ausgewählt. Dort ist mir ein sehr direkter Zugang zu ihnen möglich.

Sie sind durch und durch Wärmewesen. Ihre Erscheinung ist freundlich und offen, großherzig und großzügig, rundlich, weich, von braun-rötlich bis braun gelblich-goldenen Tönen. Diese Wesen sind am Menschen gemessen knie- bis höchstens brusthoch. Sie arbeiten mit und an der Schöpferkraft im Wärmeelement. Sie halten alles im Fluss und in Bewegung und sind trotz ihrer Gemütlichkeit sehr fleißig. Ihr Fleiß drückt sich nicht so sehr in Umtriebigkeit aus, sondern in Ausdauer, in Nachhaltigkeit und Folgerichtigkeit. Wir Menschen können wirklich viel von ihnen lernen!

Nun ist es so, dass dieses Volk der Mittleren Erde in einer starken Resonanz zu einem sich derzeit bei den Menschen gerade herausbildenden, neuen Chakra steht. Dieses Chakra ist bei einigen Menschen schon voll angelegt und arbeitet aktiv, bei anderen gerade im Werden, bei wieder anderen der derzeitigen Weltbevölkerung noch nicht erkennbar existent. Dieses Chakra befindet sich genau zwischen dem Solarplexus-Chakra und dem Herz-Chakra.

In ihm sitzt ein Dreh- und Angelpunkt der Schöpfung. Es ist das Chakra, das den Menschen sich selbst als Schöpfer erkennen und anerkennen lässt, und das ihm auf diesem Weg zum Schöpfer hilft mit all der Verantwortung und Freiheit, die dazu gehört! Man kann förmlich sagen: durch dieses Chakra entfaltet sich die Schöpfung. Dies geschieht mit all dem Zauber und Wunder, den ein Regenbogen offenbart. Es spannt ein Tor, wie es der Regenbogen tut. So spannt sich dort ein Bogen in die Anderswelt, in das Zwischenreich zwischen Himmel und Erde, zwischen Menschen, Elementarwesen und Engeln, zu den Allfeen und dem liebevollen Volk der Mittleren Erde. Gleichsam ist es ein Tor zu unserer eigenen Seele und zu unseren Körperelementarwesen in besonderer Form, ein Tor zu unserer Vollkommenheit, zu jenem Teil in uns, der noch ganz in der Reinheit und Unschuld lebt trotz aller Erkenntnis und Ich-Geburt!

Hier sitzt eine starke intuitive Kraft, die schöpferisch eingesetzt werden will! Mit Hilfe dieses Chakras kann der Mensch ganz besonders gut »reisen«. Damit sind Reisen im nicht stofflichen Bereich gemeint, auch Traumreisen innerhalb des Wachträumens, wenn es beherrscht wird!

Der Erzengel Michael sagt zu diesem Chakra:

»Das Chakra zwischen Solar und Herz ist das Chakra, das euch Menschen durch euer Wirken und Fühlen mit der Mittleren Erde verbindet und seinen Bewohnern und gleichzeitig mit den kosmischen Einwirkungen, welche diesen Kräften und Wesen der Mittleren Erde verbunden sind. Es ist ein Tor zwischen Mittlerer Erde und der Erdoberfläche als Menschenwirkensbereich. Es ist das Regenbogenchakra.«

Eine Botschaft vom 04.01.2017

Der Erzengel Michael spricht:

»Heute will ich mit dir sprechen über Wahrhaftigkeit. Wahrhaftigkeit ist die Grundvoraussetzung allen Seins. Alles Leben, das sich von der Wahrhaftigkeit seines Seins entfernt, stirbt.

Des Menschen Kraft, die ihm innewohnt und welche die Entfaltung seiner Wahrhaftigkeit bewirkt, ist die Schöpferkraft. Ein Mensch, der sie nicht willentlich und bewusst ergreift in aller Wachheit, Achtsamkeit und im Bewusstsein der Resonanz seines Wirkens, der wird krank und vergeht.

Das Übungsfeld für Schöpfertum ist also die Sensibilität für Resonanz. Welche Resonanz wird durch welches Wirken hervorgerufen? Die Verantwortung kommt dabei ganz von selbst.

Lausche
Fühle
Handle

Fühle
Handle
Lausche

Die Erde gibt euch ständig Antworten für euer Handeln. Sie ist ein lebendiges Wesen, – ein geistiges Wesen. Ihre Resonanzen sind offenkundig. Die Tiere geben euch Resonanzen. Alles Leben resoniert. Doch wenn das Sehen das Fühlen entbehrt, nützt es nichts. Schaut also fühlend auf die Erde, auf die Tiere. Fühlt schauend auf eure Begleiter im Stofflichen sowie im Feinstofflichen.

Die tägliche Übung liegt im Tun: Schaut fühlend auf alles, was euch umgibt in der Welt, die eure Heimat ist, und auf euch selbst. Die Resonanz des fühlenden Schauens ist schauendes Fühlen. Schauendes Fühlen ist bereits eine Hellsichtigkeit oder Hellfühligkeit. So hellt ihr Menschen eure Sinne auf!

Schöpfer wissen, was sie tun, und tappen nicht im Dunkeln. Sie hellen ihre Sinne auf. Sie arbeiten mit hellen Sinnen. Sie folgen ihrem Herzen:

Fühlendes Schauen

↓

Schauendes Fühlen

↓

Erkenntnis des Herzens

↓

Offenbarung

Schöpferkräfte sind Herzenskräfte. Nur in ein geöffnetes Herz kann Offenbarung strahlen. Das ist eine Gnade der geistigen Welt. Der Moment des Unwissbaren für den Menschen ist begründet im Geistigen. Er zeigt sich in der Gnade der Erfüllung. Die Gnade fließt und strömt voll Ursprungskraft der Schöpfung in die geöffneten Herzen der Menschen und durch sie, denn auch die Gnade ist eine Form der Resonanz. Sie erzeugt wiederum selbst eine Resonanz in den geöffneten Herzen und wird so zur Schöpferkraft selbst. So sind Gnade und Schöpferkraft ein Strom. Dieser Strom heißt Leben, heißt Liebe!«

Bausteine des Michaelischen Schulungswegs und der Widukindzweig

Widukind ein Vermittler und Vorbereiter

Als Bausteine der Michaelschule verstehe ich Übungen und Praktiken innerhalb eines esoterischen Schulungswegs, der direkt vom Erzengel Michael angeleitet wird. In diesem Schulungsweg geht es um eine umfassende Sinnesschulung. Es ist ein Weg einer umfangreichen Wahrnehmungsschulung, die als eine konkrete Forschungsarbeit verstanden werden kann. Gleichzeitig ist dieser Weg nur mit einer dafür grundlegenden Lebenshaltung und Lebensführung gangbar, die man bereit sein muss, anzunehmen. Hiervon wird bereits vieles in meinem ersten und zweiten Buch offenbar anhand von praktischen Übungswegen im Meditativen, im Gedanklichen, im Fühlen und Handeln und vor allem im Interaktiven.

»Interaktiv« heißt, dass wir einen solchen Weg nicht allein gehen können. Ein Austausch mit anderen Menschen, mit den Elementaren Welten und ihren Vertretern, mit den Engeln, Geistführern und Schwellenhütern und mit Begleitern aus den Zwischenreichen ist hierfür die Grundlage!

Immer wieder gab es Menschen, die sich hierzu auf den Weg gemacht haben, die Lehrer wurden und deren Handeln und Wirken den Menschheitsstrom weitreichend veränderte und mitgestaltete, indem es die Herzen der Menschen berührte. Sie wurden in den Michaelischen Schulungsweg berufen, der an verschiedenen Orten dieser Welt und zu unterschiedlichen Zeiten bereits vorbereitet und in Teilaspekten gelebt wurde. Diese könnte man als »Zweige« der Michaelschule bezeichnen. Ein solcher Zweig wurde von der Einweihungsschulung verfolgt, in deren Ausbildung und Ausübung Widukind stand, der auch als Wittekind oder in alten westfälischen Sagen als »König Weking« benannt ist. Er war ein solcher Mensch, der seine Schulung als einen solchen »Zweig« erkannte und bewusst ergriff. Lange hielt er den germanischen Göttern die Treue, auch als sie sich mit der damals einsetzenden Götterdämmerung für die Wahrnehmung der Menschen entzogen hatten. Er rang in seinem Herzen darum, einen Weg zu finden, seine alte Tradition der Priesterschaft, aus der er seine Weihe erhielt, und die ihn wichtige Stationen des oben anklingenden Weges bereits geführt hatte, mit dem neuen aufkommenden Christentum zu verbinden. Er würdigte die Vorbereitung des alten Glaubens für den neuen und konnte so schließlich aus freiem Herzen und Entschluss die Christentaufe empfangen.

In der Zeit der Raunächte zwischen 2016 und 2017 bis hin zu Lichtmess 2017 durfte ich durch meinen Mann die Gestalt und das Wirken Widukinds näher kennenlernen. Die Geschichte von Gertrud Ott, die mein Mann uns in der Familie vorlas (Gertrud Ott: »Widukind, eine Geschichte aus der Zeit Karls des Großen«, Verlag Freies Geistesleben, 1992) hat eine tiefe Nachwirkung bei mir ausgelöst. Schließlich ging ich mit unseren Fragen zum Erzengel Michael:

Wer war Widukind,
und was war die esoterische Schule, die er durchlaufen hat?

Botschaft vom 21.02.2017

Der Erzengel Michael spricht:

»So höre: Widukind war einer, der die Welten durchschritten hat, ein letzter der Schule einer alten Priesterschaft. Er wurde nicht ausgebildet, um Priester zu sein, sondern um Mensch zu sein. Er stand in dem Strom des reinen Herzens, das mutig zur Wandlung bereit ist. Er war einer, der auserwählt war, mit einem frisch ausgebildeten, reinen, ganz jung gebildeten und freiheitlich fühlenden Menschenwillen sich in den Dienst des schicksalsergebenen Götterwirkens zu stellen. So, wie es nur einer kann, der aus der Elementaren Welt gekommen ist und aus einem Zwischenreich der Erdfeuerwesen und der durch die Pforte des Lichts gegangen ist, von der Seite des Erdfeuers kommend, das Himmelsfeuer in sich tragend. Es fand bei ihm eine Seelenverschmelzung in seiner Inkarnation als Widukind statt. Auch bei Jesus Christus vereinigten sich zwei Wesen.

Es war eine vorgeburtliche Vereinbarung, an die sich beide Seelen gehalten haben und die beide auf ihrer Inkarnationsreihe an einen Umstülppunkt brachte, der ihr Wirken zum Menschheitswirken werden ließ ...«

Der Erzengel Michael führt nun aus, wie eines der Iche, die sich in dem Menschen Widukind mit einem zweiten Ich verband, ursprünglich aus der Elementaren Welt kam, also nicht immer schon Mensch war und wie sich dieses Seelengeistwesen elementaren Ursprungs bereits in seinem elementaren Dasein in der Ausbildung eines freien Willens übte, das eine rein menschliche Eigenschaft und Seelenqualität ist. Diese Willensschulung als Elementarwesen und später als Zwischenreichwesen des Reichs der Erd- und Feuerallbringe, befähigte dieses großartige Wesen, ein Bindeglied zu werden zwischen der Menschenwelt und den elementaren Reichen. Schließlich konnte es aus freiem Willen so in ein menschliches Dasein eintreten und seine Inkarnationsreihe als Menschenseelengeistwesen aufnehmen. Seine Inkarnation als eines der zwei Seelengeistwesen im Menschen Widukind stand hierbei bereits in einer Abfolge weniger Vorgängerleben als Mensch.

Der Erzengel Michael spricht weiter:

»Die Seelenverschmelzung mit jenem zweiten Ich des Widukinds hat in dem ehemals aus der elementraren Welt kommenden Wesen die Taufe zum Menschsein vollzogen und seinen menschlichen Willen für ihn vollends geboren. Für das zweite Ich des Widukinds war es die Befähigung, mit der elementaren Kraft der Hingabe und Schicksalsergebenheit seine Aufgabe in seiner damaligen Inkarnation als Widukind zu ergreifen, was nur durch die Verschmelzung mit dem Seelengeistwesen, das ehemals der Elementaren Welt entstammte, ermöglicht wurde. Jenes Seelengeistwesen von elementarem Ursprung brachte so die große elementare und damit absolute Hingabe zur Entwicklung des freiheitlichen menschlichen Willens in vollkommener Reinheit, gestärkt und immer wieder neu verjüngt durch die Drachenfeuerkräfte hünischer Herkunft.

Widukind stand als Mensch in einer Priesterschule, die bewusst mit diesen Drachenkräften umging, sie ehrte und sie läuterte, sie achtete und die Drachen als Gast auf eurer Erde stärkte. Er hatte von den Alten gelernt, sie, die Drachenkräfte, als Schöpferkräfte einsetzen zu können, und er sollte gleichzeitig in seiner Seele jene Kraft der Ergebenheit als Diener des Lichtes ausbilden, um diesen Drachenwesen ihre Flügel als Lichtflügel zu schenken. Beide Seelen waren so in Widukind mit einer großen Aufgabe betraut und brauchten diese Seelenverschmelzung, um dies im eigenen Körper zu ertragen.

Widukind spürte, dass diese, seine damalige Inkarnation dafür bestimmt war, etwas auf der Erde bei den Menschen zu verankern, das nach seinem Tode lange schlafen würde, in den Schlaf der Verwandlung gehen würde. Widukind hatte die Aufgabe, es als Mensch im Ätherwirken der Erde zu verankern. Dies konnte tatsächlich nur durch einen Menschen geschehen und seine menschlichen Helfer. Es brauchte weiterhin viele elementare Helfer, und all das konnte wiederrum nur geschehen durch die Wesensverschmelzung mit einem, der ehemals aus der Elementaren Welt kam.

Widukind verankerte so das Wiederkommen dessen, was die germanischen Götter in den Herzen der Menschen lebten. Mit Widukinds Tod und in dieser Zeit begann die Götterdämmerung, die sich schon einiges zuvor durch Christi Geburt vorbereitet hatte. Die Geburt Christi in den Herzen der Menschen wurde durch das Wirken der germanischen Götter, wie die großen geistigen Hüter von euch Menschen genannt wurden/ werden, vorbereitet.

Die Geburt Christi in den Herzen der Menschen geht jetzt in ihre Erfüllungs-phase in die tatsächliche Geburt, wo dies auch den Menschen selbst bewusst wird, dass Christus in ihren Herzen und durch ihre Herzen geboren ist. Die ›Schwangerschaft‹ vor dieser Geburtserfüllung war die ›Götterdämmerung‹. Die ›Empfängnis‹ war das aktive Leben mit den germanischen Göttern.

Nun geht die Zeit der Götterdämmerung vollständig zu Ende. Sie ist vorbei! ›Friede sei mit euch!‹ ruft es aus allen Himmelstoren, die geöffnet sind. Es ist vollkommen richtig, was du wahrgenommen hast: Nach dieser Zeit der gerade vergangenen Raunächte haben sich die Tore der geistigen Welt nicht in gleicher Weise wieder geschlossen, wie nach den Raunächten der vergangenen Zeitab-schnitte ...

Baldur hat sich komplett transformiert: Er ist ein Hüter, der Torhüter der Tore der vier Himmelsrichtungen geworden. Er arbeitet mit einigen Engelsfa-milien besonders eng zusammen, z. B. mit den Engeln der liebenden und hei-lenden Verbindung vom Menschen zu den Wesen der Natur, mit den Engeln der Anmut, mit den Engeln der Herzöffnung und den Engeln der Dankbarkeit sowie den Engeln der positiven Worte und den Engeln der Neugeburt. Er ist als Hüterwesen in eine andere Wirkenssphäre geschritten. Er ist damals zu Beginn der Götterdämmerung, zu Widukinds Zeit, für die Wahrnehmung der Menschen als Gott verschwunden.

Nun weiter zur Schule des Widukind, die ein Teil der Schule ist, die ich anlei-te: Es ging darin um die direkte Zusammenarbeit mit der Elementaren Welt, der Engelwelt, dem Wirken der Sternenwesen im Menschenschicksal sowie die Läu-terung der Drachenkräfte als Schöpferkräfte und die Geburt der Christuskräfte in den Herzen der Menschen.

Ihr Zeichen war die Rose, die rote und die weiße gemeinsam. Ein Schimmer davon ist in dem Märchen von Schneeweißchen und Rosenrot bewahrt worden. Ihr Zeichen war auch der Kelch, der später in die Gralsmythen floss ...

Das Urbild dieser esoterischen Schulung ist die erblühende Rose und der Bie-nenstock von Rosen umrankt oder die Biene in der Rose.

Hier liegt die Zukunftsaufgabe: Die Biene in der Rose!«
Mir kommt die Rosenform der Duftrose der Rosa Rogosa in den Sinn!

»Die alte priesterliche Schulung war eine, welche eine völlige Gleichberechti-gung von Priestern und Priesterinnen hatte, welche das Weibliche als alten und neuen Lebensstrom verehrte und nährte, welche eine neue Geburt des Weiblichen als Geistig-Weibliches im Menschenwirken zur Jetzt-Zeit vorbereitete.

Ich will dir mehr erzählen – in mehreren Schritten!«

Er lächelt. Ich bekomme die Ahnung, dass dies in der bevorstehenden Karwoche der Fall sein wird.

Am nächsten Tag habe ich weiterführende Fragen an den Erzengel Michael zum Thema der Wesensverschmelzung zweier Seelen in einem Menschen und er kommt auf Jeanne d'Arc zu sprechen.

Wesensverschmelzung zweier Seelen-Geistwesen bei Widukind und bei Jeanne d'Arc

Ich ziehe den englischen Namen Joanne of Arc oder ihren französischen Namen: Jeanne d'Arc dem Deutschen vor, denn mit »Orlean« kommen nur Bilder des Schmerzes in mir auf, wenn ich diese Stadt in einem Atemzug mit Jeanne d'Arc ausspreche. Außerdem ist ihr ursprünglicher Name: Jeanne d'Arc jenem ganz nah, den Erzeengel Michael für sie hat: »Johanna vom Regenbogen«!

Botschaft des Erzengel Michaels am 22.02.2017:

»Johanna, die Johanna ›des Bogens‹, ›der Brücke‹, hieß so, da sie in der Kraft und des Schutzes des Regenbogens stand! Sie war eine Brücke zwischen geistiger Welt und irdischer Welt und konnte nur deshalb das tun, was sie getan hat und mit der Kraft und Führung, in der sie stand, weil es bei ihr ebenso wie bei Widukind war: Es gab dort eine Seelenverschmelzung zweier menschlicher Seelen, von denen die eine ihren Ursprung in der Elementaren Welt hatte; für Jeanne d'Arc gesprochen: als Lichtwesen, und ihren Weg zum Menschen über das Zwischenreich der Allfeen nahm als eine von ihnen …

Beide, Widukind und Jeanne d'Arc, sind in ihre Inkarnation als diese in eine Bereitschaft eingetreten, sich in eine Erdenweihung im Menschheitswerden einweihen zu lassen, Schmerz zu verwandeln und Krieg zu überwinden, hindurch zu gehen und es durch ihr Hindurchgehen zu läutern, zu verwandeln, es wahrhaftig zu erheben in die Freiheit, die nur der Mensch kennt, in die Befreiung, die der Mensch braucht und in die Heilung, die nur die Götter dem Menschen als Mitschöpfer in Hingabe und Liebe geben können.

Jeanne d'Arc stand im Marienstrom. Das bedeutet, dass sie durch das Weibliche das Göttliche auf die Erde und in die Erde gebracht hat und in die Erde hinein geboren hat. Und nun stehen wir alle: Engel, Menschen, Hüter der Schwellen und Meister der Reiche im Lichtwirken an einem Übergang, in dem das Göttliche noch weiter in die Erde hinein gehen wird, wirklich IN die Erde hinein. Nicht mehr auf der Erde, in der Erde wird es sein und aus ihr neu erblühen als eine Blume, eine Rose des Herzens, die erblühende Herzblume.

Nun zu der Wesensverschmelzung: Es ist so, dass ein Menschenseelenwesen geboren wird in einem irdischen Leib, und an einer bestimmten Stufe seiner Entwicklung das zweite Menschenseelenwesen einzieht. Dies vollzieht sich in dem Moment des tatsächlichen Geschehens in seinem Leben, auf welches beide Seelen bereit waren zuzugehen. Beide Iche haben dazu im Vorgeburtlichen ›Ja‹ gesagt. Ein Ich übernimmt dabei die Verankerung im Physischen, wird also in den physischen Leib hineingeboren und wirkt in dem Geistesstrom, der wirklich IN die Erde geht. Das zweite Ich schwebt sozusagen gleichzeitig darüber und übernimmt die ständige Transportation aus dem Geistigen durch das Wirken des Menschenwesens in dieses und sein Handeln hinein. Bei Menschenwesen mit übermenschlichen Aufgaben ist das so, mit Handlungsweiten, die ein Menschenleibliches sonst sprengen würden. Das war bei Christus, dem Jesus-Christus so. Das war auch so bei Widukind und bei Jeanne d'Arc!

Beide Iche verankern sich im Herzen des Menschen. Beide Seelengeistwesen gehen schwesterlich/brüderlich, inniglich vereint in ein Menschenwesen ein und beschenken sich gegenseitig. Das ist eine Einweihung für beide, eine Bereicherung und ein Geschenk des Himmels für ihren jeweils ganz individuellen Weg.

So eine Verschmelzung ist für uns Engel ganz normal. Wir leben sie als Lebenshaltung und deshalb nicht minder im Bewusstsein, dass dies ein großartiges göttliches Geschenk ist.

Eine direkte Erfahrung und eine Stufe der Vermenschlichung dessen ist jede Schwangerschaft einer Frau. Zwei Iche teilen sich einen Körper, obgleich hier natürlich ein neuer Körper im anderen heranwächst. Aber ohne die völlige Hingabe, sich ganz und gar dem anderen Wesen zu öffnen und für eine Zeit in eine Verschmelzung auch im Seelisch-Geistigen zu gehen, geschieht keine Schwangerschaft.

Wie hier, so ist auch am Ende des gemeinsamen Lebens in einem menschlichen Körper zweier Iche in einer solchen Seelengeistverschmelzung wie bei Widukind oder bei Jeanne d'Arc immer eine Geburt. Dies gilt für beide Wesen. Beide Wesen gehen durch eine Geburt der Erdenreife, an der die Erde selbst *beteiligt ist. Sie empfängt mit dieser Geburt einen Herzensleibessamen in ihrem Schoß. Der Strahl durch den und in dem diese beiden Seelengeistwesen gewirkt haben, setzt einen Keim in die Erde, der von nun an in ihr ist und dort weiter wächst.*

Bei den beiden Ichen in der Seelengeistverschmelzung vollzieht sich diese Geburt der Erdenreife über ihr ganzes gemeinsames Leben in einem Menschenleib und kommt zur Vollendung mit dem Verlassen dieses Leibes, also mit dem physischen Tod dieses Menschen. Das verhält sich anders bei der Schwangerschaft einer Frau und der Geburt ihres Kindes. Beide erfahren dort mit der Geburt des Kindes die Geburt der Erdenreife, ein jeder innerhalb seines weiteren Lebens in dieser Inkarnation.

Jener Keim, der durch die Geburt der Erdenreife aus der Seelengeistverschmelzung und aus dem Wirken der beiden Iche heraus in die Erde gesetzt wurde, wird irgendwann später einmal zur Reife und Blüte kommen. Wir sind jetzt gerade in einer Zeit, in der genau das, wofür Widukind und Johanna vom Bogen gekämpft haben, zur Reife und Blüte, das heißt zu seiner Erdengeburt kommt. Es wird aus der Erde selbst wieder geboren. Die Götterdämmerung geht zu Ende. Sie ist vorbei. Es lichtet sich allen Orts. Wacht auf und ergreift die Tat. Jetzt soll es von den Menschen kommen. Die Engel stehen hilfreich bereit. Wir schauen auf euch Menschen mit großer und freudiger Erwartung und Erachtung. Nehmt es auf, es ist Zeit, in Demut und Dankbarkeit, in Hingabe und göttlicher Führung. Die Übung, die ihr darinnen habt, könnte reichen, dass es gelingt. Geht darauf zu! Wir sind bei euch!«

Der Widukind-Zweig des Michaelischen Schulungswegs

Die Woche, in der wir, mein Mann und ich, darauf tatsächlich zugingen, mehr über den Widukind-Zweig des Michaelischen Schulungswegs zu erfahren, war wie vermutet, die Karwoche. Wir lebten bewusst darauf hin und fuhren gemeinsam an einige Wirkensorte des Widukind, an denen sich Teilbausteine dieses Zweigs für uns offenbaren durften. Wir waren nicht allein, denn wir waren eingeladen worden. Ein Schwellenhüter aus den Zwischenreichen begleitete uns.

Vielfach durfte ich schon auf Reisen mit meinem Mann erfahren, dass Orte unsagbar große Lehrmeister sein können. Sie haben durch die an ihnen lebenden Elementarwesen und Hüter der Elementaren Welten alles gespeichert, was jemals an ihnen geschehen ist, was Menschen dort gedacht, gefühlt und getan haben. Sie können uns durch innere Bilder tatsächlich dort geschehene Ereignisse wieder in Erinnerung rufen, vorausgesetzt, der Ort lässt sie frei und der Mensch kann sie empfangen. So können wir Orten und deren Wesen auch helfen, Lähmungen zu lösen, die sie durch Kriegserfahrungen oder andere Untaten erfahren mussten. Wir können aber auch alte Handlungsformen, die Teile einer Einweihung waren, erfahren und sie in unsere heutige Zeit mit hinübernehmen und so ihre heutige Entsprechung aufsuchen. Dadurch kann viel Heilung und Entwicklung geschehen, die lange unterbrochen war.

Dies war der Grund unserer Reise und Forschungsarbeit an eine Reihe von Orten unserer Umgebung auf Widukinds Spuren, und sie begann bei den Dörenther Klippen:

Die Dörenther Klippen: das Eisen ausatmen

Montag, nach Palmsonntag

Die Dörenther Klippen mit jener markanten Felsformation, die heute »Das hockende Weib« genannt wird, befindet sich am äußersten Westrand des Osnings, des Teuteburger Walds, wie ihn heute die meisten Menschen nennen. Der ursprüngliche und glücklicherweise auch heute noch geläufige Name »Osning« hieß noch früher Asening, was so viel bedeutet wie: »Da, wo die Asen gehen«.

Zwei Tage zuvor waren uns zu Hause drei weibliche Wesenheiten begegnet, die mir wie Mariengestalten erschienen, gleichsam wie Sophia, die sich mit Gaia vereint.

Es sind mütterliche Wesen, deutlich nicht elementar. Es sind Seelenwesen, die im Menschen das Seelisch-Weibliche zum Klingen bringen. Sie entstammen einem Volk, das von der Qualität jene vertritt, welche in den Märchen die Goldmarie aus Frau Holle ist. Es ist Goldmarie, die den Apfelbaum rufen hört: »Schüttle mich, denn meine Äpfel sind alle reif!« und die dem Ruf folgt und fürsorglich und liebevoll alles tut, was getan werden muss! Deshalb nenne ich diese drei mit vorläufigem Namen »Goldmarien« und ich habe sie bereits in den Wochenthemen als eine Art der Allegorien mit einem ganz besonderen Aufgabenbereich vorgestellt. Sie haben auch einen goldenen, besser: güldenen Glanz um sich, ein glückseliges Lächeln liegt auf ihren rundlichen, milden Gesichtern. Doch sind sie auch gleichzeitig Wesen von großer Nachhaltigkeit, Konsequenz, Entscheidungskraft und der nötigen Durchsetzungskraft und Strenge, die dazugehört! Jede von ihnen ist eine Art Seelenmutter, Seelenverbinderin. Sie begleiten Seelenverbindungen dort, wo sich zum Beispiel Seelen finden und Seelen lösen. Sie begleiten

Geburten und Tode. Sie vertreten auch die Bereiche der roten, der schwarzen und der weißen Göttin, der Göttin in jeder Frau.

Diese drei begleiteten uns ebenfalls mit auf die Reise, und ich fühlte schon vor der Abfahrt, dass wir an Orte kommen werden, an denen immer alle drei gemeinsam vertreten sind. Sie sind eine Trinität.

In diesem Gebiet des Osnings war der Kohleabbau (schwarz) sowie die Eisenverhüttung (rot) sehr präsent. Es sind hier die Drachenkräfte sehr deutlich spürbar. Die Dörenther Klippen sind ein weitläufiges Gebiet von markanten Felsformationen hünischen Ursprungs. Ehemals horizontale Schichten wurden in eine Schräge gebracht und ähnlich wie bei den Externsteinen ragen hier und dort echsenkopfähnliche Häupter in die Höhe. In der Tat ist eine direkte Verbindung zu den Externsteinen spürbar. Ein starker Strom fließt von den Externsteinen zu den Dörenther Klippen hin, und ein leiser, eher verborgener von ihnen zurück. Der Strom, der den Dörenther Klippen von den Externsteinen zufließt, ist ein bewusster, menschlicher Gestaltungsstrom. Er erzählt von dem Weg des Menschen auf seinem Einweihungsweg, wie er in atlantischer Zeit bis hin zu Widukinds Zeit beschritten wurde.

An den Externsteinen wirken jene Hierarchien der Engelwesen, welche den Menschen in seiner Menschwerdung sehr eng begleiten, schon seit Urzeiten. Es wirken dort weitreichend schaffende Geistwesen, welche den Menschen in seiner Schöpferkraft schulen und

In den Dörenther Klippen, 2017

aufrufen und ihn als Schöpfer und Gestalter entlassen. Als solcher führt ihn ein Weg von dort zu den Dörenther Klippen, welcher ein Weg zur Elementaren Welt und deren Formkräfte ist.

Die Externsteine sind und waren ein Einweihungstempel für den Menschen. Wer ihn verlässt und darum weiß, so wie in alter Zeit, auf einem sich von dort aus in sonnengeflechtartig entfaltenden Wegen, der hat bereits seinen Schlüssel erhalten, hat die Pforte durchschritten, und ist auf dem sich schrittweise entfaltenden, weiteren Weg. Der Weg, der zu den Dörenther Klippen führt, folgt dem Entschluss des Menschen, sich mit der Elementaren Welt zu verbinden und der Einsicht der Notwendigkeit dessen. Hierzu muss er die Haltung eines Gastes, eines Besuchers einnehmen. Seinen zielgerichteten Gestalterdrang darf er zurücknehmen und jetzt eintreten in ein »Sich-Tragen-Lassen« und Erleben der elementaren Brüder und Schwestern, deren Einladung in ihre Welt er annehmen darf, und mit ihnen sein darf. Sie nehmen den Menschen in ihre Arme, so ist das ganze Erleben in den Dörenther Klippen: ein sehr peripheres, liebevoll mütterliches. Diese anwesende Seelenqualität drückt sich in der Farbe Pfirsichblüt aus.

Die Brimham Rocks am Rande der Yorkshire Dales, England 2016

Sofort beim Betreten dieses Gebiets wird in mir die Erinnerung an die Yorkshire Dales wach, jenes irdischen Zwischenreichs, in das die Elementarwesen zurückkehrten nach ihrem Besuch bei den Menschen und ihrer Rückverwandlung aus der »geliehenen« Zwischenreichswesengestalt zum Beispiel als Allfee. Ebenso starteten sie von hier zu den Menschen, gingen über einen diesem Gebiet zugehörigen Tempel, in dem der Übergang stattfand, wie es dort für die Yorkshire Dales die Brimham Rocks waren, bzw. sind.

In ähnlicher Form stehen hier in Deutschland, also mit mitteleuropäischem Charakter, d. h. weniger träumend, die Dörenther Klippen und die Externsteine zueinander, wobei es bei den Externsteinen und dem damaligen Tempelgeschehen hier zentral um den Menschen ging und seine möglichen Wege einer Einweihungsschulung. Hier kamen Menschen her, die sich bewusst auf den Weg zu den elementaren Reichen machen wollten. Dies ist und war der Weg zu den Dörenther Klippen, bei welchen der Mensch als Gast in diesen Reichen empfangen, begrüßt und geprüft wird und wurde. Hier fand dann unter Bereitschaft beider Reiche und nur in bestimmten Fällen nicht nur die Begegnung zwischen den Reichen statt, wo der Mensch Mensch blieb und das Elementarwesen Elementarwesen, es war dann tatsächlich für

Yorksher Dales, England 2016

Die Externsteine, Zuweg von Südwesten, der rechte Wächterstein zeigt die Hirsch-kuh mit Haupt und Hals im Profil nach links schauend, 2017

bestimmte Menschen der Eintritt in das Elementarwesenreich möglich. Wenn ein Elementarwesen in das Menschenreich wollte, um bewusst mit ihnen als menschen-ähnliches Wesen zusammenzuarbeiten und von ihnen, den Menschen erkannt zu werden, dann musste es durch eine Zwischengestalt einer Allfee oder eines Alben für die Luftelementarwesen gehen, eines Allbrings bzw. einer Alma odereines Allgarts bzw. einer Allegorie für die Erd- und Feuerelementarwesen, einer Nixe oder eines Nöggs für die Wasserelementarwesen. Dies habe ich in den Yorkshire Dales erfahren und den Brimham Rocks, der damaligen Tempelanlage der Umwandlung für Elementarwesen in eines der eben genannten Zwischenreichwesen. Alle diese Zwischenreichwesen haben sich in den Märchen noch eine Erinnerung für uns bewahrt und erscheinen dort in menschenähnlicher Gestalt, in jeweils ihnen eigenen menschlichen Extremformen: die Allfeen und Alben zart und fein, die Allbringe und Almen drollig und kernig, die Allgarte und Allegorien groß und stark, die Nixen und Nöggs verführerisch und sinnlich.

Die Brimham Rocks, England 2016

Es verhält sich aber anders, wenn umgekehrt ein Mensch in das Elementar-wesenreich eingelassen wird. Er geht nicht über eine solche Zwischengestalt, sondern bleibt Mensch, fällt nur wie in einen elementaren Traumzustand.

Mich umfängt hier an den Dörenther Klippen noch heute jenes angenehme Träumen, ein elementares Wachträumen, jenes zeitlose Sein in einem Honig-glanz der Elementaren Welt. Ich bin an Orten wie diesen einfach nur glücklich. Ein unbeschreibliches Zuhause-Gefühl lässt mich tief durchatmen.

Ebenso bestand in den alten Tempeltätigkeiten an den Externsteinen für den Menschen eine Begegnungsmöglichkeit mit Sternenwesen, welche unsere Be-gleiter sind.

Die Externsteine waren zur atlantischen Zeit ein Tempel der Transformation, von dem aus Menschen auf verschiedenen Wegen auf einen Schulungsweg des Menschseins geschickt wurden, des Menschseins als Schöpfer in der Schule der Engel. Für den frühen germanischen Menschen gesprochen: in der Schule der Asen. An den Dörenther Klippen ist und war der Mensch nun an jener Schwelle angekommen, an der die Einladung der Wesen der Elementaren Welt an ihn aus-gesprochen wird bzw. wurde, in ihr Reich einzutreten und in ihrem Schöpfungs-raum zu sein, sich dort zu erneuern und mit neuem Leben zu den Menschen zurückzukehren.

Dieses elementare Leben, das der Mensch bei ihnen erfahren darf, sichert eine weiterführende Verbindung zu den Wesen und Völkern der Elementaren Welt und den Fortbestand einer Zusammenarbeit. Es weiht ihn in Schöpfer- und Lebensprozesse ein, die für das Fortbestehen unserer Erde und deren Vergeisti-gung essentiell sind. So geht es hier, an den Dörenther Klippen, um die Eisenaus-atmung:

Das Eisen tritt aus der Gesteinsluft und löst sich in die Luft der Atmosphäre. Die Spuren dieser Eisenausatmung sind hier im Gestein überall dort sichtbar, wo dessen Oberfläche nicht geschliffen ist von Wind und Wetter oder tausenden von Tritten der Menschen. Große Blasen, die runde, kleine Krater hinterlassen haben wie zu Stein erstarrte Luftblasen, sind überall in der Gesteinsoberfläche sichtbar. Dort ist das in der Gesteinsluft gelöste Eisen herausgetreten und hat sich aus der Wärme heraus auf der Felsenoberfläche teilweise niedergeschlagen. Die Oberfläche weist im Gestein alle drei Farben der weiblich göttlichen Dreiheit auf: schwarz in der Gesteinshaut, rötlich-pfirsichblüt in der darunterliegenden Zwi-schenschicht, wo der Eisenanteil oxidiert (auch das Schwarz der Gesteinshaut ist eine Reaktion eines organischen Anteils im Gestein mit dem Eisen und dem Sauerstoff) und weiß, wo die Innenschicht des Sandsteins sichtbar wird und als weißer Sand verrieselt.

Eisenausatmung an den Dörenther Klippen, 2017

Wenn Eisen sich der Luft hingibt, haben wir es wieder mit den geläuterten Drachenkräften zu tun. Das Blut der Erde wird zum Träger des Christusimpulses. Das ist das Bild, das uns hier gezeigt wird.

So geht es auch für den Menschen darum, in seinem Blute den Christusimpuls aufzunehmen, sein Leben mit Christus im Herzen zu gehen.

Im Eisendurchluften begegnen sich Eisen und Luft, vereinigen sich, so entsteht eine Erdenlichtqualität von milder Güte.

Gütig fühlte ich mich umhüllt, wahrhaft Gast, umsorgt von liebevollen Wesen, mütterlich umarmt, gebettet, durfte ich mich ausruhen, auftanken, Erdenkraft als meine Lebenskraft spüren, die verlässlich fließt.

Ich hätte dort ewig bleiben können. Ich hatte dort dieses mir sehr vertraute Ewigkeitsgefühl. Unsere Menschenzeit hatte sich an diesem Ort für mich auf einmal verwandelt und ich durfte durch ein Tor in eine Ewigkeit treten.

Schwere wird gehoben
Dichtes durchluftet
Gestaltungswillen dient dem Christus
Menschenweg eint sich bewusst
mit Schöpferquellen
heilt
erhellt
erfüllt

Nun ist hier der Weg des Menschen von den Externsteinen zu den Dörenther Klippen beschrieben als ein Teil eines bestimmten Weges, um dessen Inhalte es ging in der alten Einweihungsschulung, die Widukind beschritt. Es gibt aber auch den umgekehrten Weg, der Elementarwesen ins Reich der Menschen von den Dörenther Klippen zu den Externsteinen. Diese Wegführung ist mir sehr persönlich ausgesprochen vertraut, denn es ist mein Weg: der Weg von den elementaren Reichen zum Menschen.

Diese hier anwesende Eisenausatmung in den Dörenther Klippen ist eine Prüfung der Seele, auf dem Einweihungsweg des Schulungsweges, den Erzengel Michael anleitet, dem auch Widukind folgte. Diese Eisenausatmung soll nämlich durch den Menschen selber geschehen, indem er wissentlich und willentlich eine hierfür nötige Seelenhaltung einnimmt.

Das Wissen um diese Prozesse allein genügt nicht. Die dreifaltige Seelenhaltung der Demut, der Reinheit und der Ehrfurcht ist hierzu nötig. Um welche Prozesse aber geht es, die der Mensch selbst vollziehen soll? Es geht tatsächlich durch seine Atmung: das Eisen, das in seinem Blute ist und von Mutter Erde kommt, ihr Lebenserz ist, wird durch des Menschen Atmung, seine Lungenatmung in den Äther freigesetzt! So geht es von der Erde in den Menschen, in sein Blut und von dort durch seinen Atem durch die *geformte Sprache* in den Äther. Ja, es ist die Luft, die uns *lautvoll* entströmt im gesprochenen Wort, im Tönen oder Gesang, welche die Eisenausatmung und dessen Aufnahme in den Äther hinein vollzieht!

Könnte ich auch andere im Körper, im Blute enthaltenen Metalle ausatmen, indem ich unterschiedliche Seelenhaltungen einnehme, in denen ich meine Sprache, mein lautvolles Ausatmen mit der Qualität von Gold oder Kupfer oder Silber beseele? Das wäre im wahrsten Sinne des Wortes Sprachgestaltung und eine interessante Forschungsfrage!

Das ausgeatmete Eisen aber, um das es hier vornehmlich geht, als Verbindungsglied vom Reich und Volk der inneren und der Mittleren Erde zur Äußeren Erde, zum Reich und Volk also der Menschen, nimmt seine Reise weiter vom Menschen zum Kosmos. Es wird nun vom Kosmos daselbst aufgenommen. Sternenwesen sind hier beteiligt. Sie nehmen es auf und verwandeln es durch neue Verdichtungsprozesse in ein himmlisches, ein kosmisches Eisen, das wir Menschen »Meteoreisen« nennen. Es kommt also ursprünglich von der Erde, ist seinen Weg durch das menschliche Blut und die menschliche Atmung gegangen und geht seine neue Verdichtung ins Stoffliche im Kosmos. So erhalten wir es als verwandeltes und sehr kostbares Himmelsgeschenk zurück. Es gibt allerdings noch eine andere Art der Bildung von Meteoreisen, die über die Pflanzen geht.

Man könnte auch sagen, das Eisen sichert die lichtvolle Durchdringung all unserer Reiche, die Reiche der Elementaren Welt, der Menschenwelt und der Kosmischen Welt. Der Mensch, das ist das Wunderbare, hat an allen Anteil, kann durch sie schreiten.

Widukind war einer, der als Hüter aufgerufen wurde, jene Verbindung und Durchdringung der Reiche zu wahren. Er geht vor allem einen Weg und eine Verbindung zum Volk der Mittleren Erde.

> In der *Inneren Erde* ist ein Strahlen.
> In der *Mittleren Erde* ist ein Leuchten.
> In der *Äußeren Erde* ist ein Glänzen.

In der Mittleren Erde ist z. B. die Sage von König Laurins Rosengarten angesiedelt. Diese Sage erzählt in wundervoller Weise von Wesen dieses Reiches und ist durch und durch in das Leuchten der Mittleren Erde getaucht.

Bad Iburg: ein Tor in die Tiefenreiche

Eine unserer nächsten Stationen war Bad Iburg. Hier ist eine starke Aufrichtekraft im Burgzentrum spürbar. Über die gesamte Burganlage verlaufen energetische Ringe, die als Schwellen spürbar werden, an denen es stark in die Tiefe geht, jedoch nicht unangenehm, sondern freilassend. Man taucht dann zwischen den Schwellen immer wieder in die eigene, menschliche Aufrichtekraft ein. Der Sog in die Tiefe ist die Eintrittsmöglichkeit in die Mittlere Erde und in die elementaren Reiche der Mittleren Erde.

Die Schwarze Welle oder Alma Quelle, unsere nächste Station, ist ein Quellteich im Hasetal in einem Waldstück

Hier ist das Thema die Eisenausatmung durch das Element des Wässrigen; das Eisen verströmen, das Eisen als Lebenskraft ins Fließen zu bringen.

Beobachtungen am Teich: Der Quellteich liegt geschützt im Wald. Man blickt durch glasklares Wasser auf einen schwarzen Grund in etwa einem halben Meter Tiefe. Viele kleinere Quellströme steigen durch Luftblasen sichtbar aus dem Boden auf und bilden an der Wasseroberfläche wunderschöne Quellrosen, um welche sich in vielen Echos immer weiter nach außen hin größer werdenden Kreise ins Wasser legen, bis sie verklingen.

Mir wird mitgeteilt, dass die Schwärze des Grundes auch von einer Form des Eisenoxids herrührt, das in Verbindung mit Wasser so dunkel wird.

Das Bild für den Menschen: Die Quellrosen beobachtend fühle ich eine starke Resonanz in meinem Herzen. Herzrose und Quellrose schwingen zusammen. Ich frage: »Wie kann nun der Mensch die Eisenausatmung durch das Element des Wässrigen, das Eisenfließen durch sich selbst bewirken?« Da setzt in mir ein Strömen vom Herzen her ein, von der Herzquellrose. Ich spüre Speichelflüsse und will die Herzquellrose fließen lassen, hinauf in meinen Mund zu meinen Lippen, will die Welt küssen und umarmen. »Im Kuss!«, lautet die Antwort, »in der strömenden Liebe, die sich im Herzenskuss ausdrückt dort findet die Eisenausatmung beim Menschen durch das Element des Wässrigen statt! So gibt die Mutter ihrem Kind vom Herzen mit ihren Küssen die Lebenskraft, das Lebenserz, die Eisenlebenskraft. So erweckt der Prinz im Märchen seine Prinzessin zu neuem Leben, so verwandelt die Schöne den Zauberbann, so küsst die Liebste den Liebsten.«

Die Bifurkation: Entscheidung aus dem labilen Gleichgewichtszustand heraus

Das Land der Bifurkation liegt zwischen Osning und Wiehengebirge, auf der Wasserscheide. An der Bifurkation teilt sich hier die Hase in zwei kleine Flüsse. Es entsteht die Else, die sich der Weser anschließt und es bleibt weiterhin die Hase, die später in die Ems mündet.

Die hier angesiedelte Sage der schönen Else und des Ritters Herwart schildert das Verlassen der Blutsbande und der daraus folgenden Dramatik: Auf einer Jagd machte der junge Ritter Herwart an einer Mühle am Fluss Rast und fragte den Müller nach etwas zu trinken. Dieser erwiderte ihm, er solle nur in die Küche gehen, dort sei seine Tochter Else, die ihm wohl etwas zu trinken geben könnte. Als ihm das schöne, junge Mädchen nun einen Becher frischer Milch reichte, da ward es um beide geschehen. Beide Herzen wurden von einer tiefen Liebe erfasst und sie versprachen einander die Treue. Als sein Zeichen steckte der Ritter Else seinen Ring an den Finger. Zurückgekehrt zur Burg erboste sich sein Vater ob dieser Geschehnisse sehr und verlangte von seinem Sohn, das Versprechen rückgängig zu machen und eine Frau seines Standes zu wählen. Herwart aber blieb bei seinem Wort für Else und widersetzte sich seinem Vater. Dieser zog nun selbst aus, von der schönen Else den Ring wiederzuholen. Er fand sie bei der Mühle am Fluss. Sie aber weigerte sich, den Ring wieder herzugeben, worauf der erboste Vater ihr sein Schwert mitten ins Herz stieß. Die gute Else sank tot in den Fluss, der sich rot von ihrem Blute färbte und seitdem bei allen Menschen ihren Namen trug, um ihr Ehre zu erweisen und ihr in guter Weise zu gedenken.

Die Botschaft für den Menschen: Das Thema der Entscheidung, um das es an diesem Ort geht, wurde mir bereits am Morgen beim Aufwachen mitgeteilt. Die Botschaft des Ortes sagt nun:

Es geht um die Entscheidung nicht GEGEN etwas, sondern FÜR einen Weg. Danke deinem Weg, der dich bis hierher gebracht hat und den du jetzt verlässt.

Es ist also die Botschaft, dass Entscheidungen manchmal auch das Verlassen eines bisher gegangenen Weges fordern und das ganz klare »JA« zu dem neuen Weg brauchen.

Der Blick in die Weite zeigt hier ein weites fruchtbares Land mit Hügelrücken, die hünisch gebaut anmuten, ein Ostaraland. Ortsnamen wie Osterheide oder der Fluss Hase deuten heute noch darauf hin. Teichaugen zeigen sich als Himmelsaugen. Teiche waren fester Bestandteil der ehemaligen Ostaraheiligtümer. Sie spiegeln im Bild das labile Gleichgewicht von Licht und Wasser wider. Sobald eine Trübung entsteht, kippt dieses Gleichgewicht, weshalb Tiere in den Ostarateichen nicht erlaubt waren. Es ist die reine, lautere Liebe, die daraus entspringt, aus diesen Wasser-Licht-Mysterien.

Enger: mutig, tapfer, treu und frei

Von Enger wird gesagt, dass dort die ehemalige Wohnburg von Widukind ge-
standen haben soll. Sie soll auf dem Hügel gewesen sein, auf dem heute auch
die Stiftskirche steht. Mir teilt sich hier jedoch etwas anderes mit: Es gab hier
auf dem Hügel eine Quelle, die mittlerweile versiegt ist. Es lag hier ein Heiligtum
umgeben von einem Ringwall, ein geschützter Bereich. Hier hat man nicht darinnen gewohnt, hier ist man hingekommen, um in das Gespräch mit den Göt-
tern/ mit Gott zu gehen, Entscheidungen vorzubereiten oder sie zu bestätigen,
um sie segnen zu lassen und die Begleitung der guten Geister zu erbitten. Ich
erlebe wieder eine starke Einladung, in die Tiefe zu gehen, ganz Licht erfüllt. Es
ist immer noch eine Verbindung von Licht und Wasser spürbar, so wie auch an
der Wasserscheide der Bifurkation durch die vielen Teichaugen der Umgebung.

Die Botschaft für den Menschen: »*mutig, tapfer, treu und frei*« bezieht sich
auf die eigene Lebenshaltung, auf den eigenen Weg: »*Geh mutig deinen Weg
und bleibe ihm treu. Mutig, weil du nicht wissen kannst, wo genau er dich hin-
führt. Du kannst darum bitten, dass er dich zu dir und zu Gott in deinem Herzen führt. Tapfer, weil du weißt, dass alle Unwegsamkeiten auf diesem Weg es
wert sind, und weil du gelernt hast, durch Widerstände hindurchzugehen. Treu,
weil du selbst bei Rückschlägen auf diesem Weg und bei seinen Werten bleibst
und weil dies Wahrhaftigkeit zu dir selbst ist. Dann kannst du gewiss sein, dass
sich dein Weg vor dir wie eine Blume entfalten wird, du frei handelnd bist, frei
dich selbst entwickelnd und im Frieden mit dir selbst.*«

Babilonie bei Lübbecke: das Vordenken und Vorsprechen in der Gemeinschaft von Geschehnissen

Die Babilonie bei Lübbecke ist ein Berg gestaltet als germanische Wallanlage, von
dem eine Sage erzählt, dass hier eine von Widukinds Burgen samt ihm selbst in
den Berg versunken ist. So soll er dort weilen im Berg und warten, bis seine Zeit
gekommen ist für seine Wiederkehr.

Beobachtungen:
Eine Trauer liegt über dem ganzen Berg. Der Wald ist ungepflegt, vereinsamt
und verwahrlost. Aller Wuchs schießt ohne Form und Ordnung kreuz und quer.
Es fehlt das Maß, die Auswahl, die Entscheidung, was bleibt und was geht. So
wächst alles ohne Kraft heran.

Die Botschaft für den Menschen, der Ort spricht:

»Die Menschen haben nach der Zeit der Sachsenherrschaft hier die alte Form genommen und sie haben keine neue dafür gegeben. Sie haben das Prinzip der Verwandlung, der Metamorphose missachtet, da hinkt heute noch alles hinterher. Einst war dies ein Ort der großen Versammlungen. Beratschlagungen wurden hier getroffen. Begegnungen fanden statt, aus denen dann etwas hervorging. Menschen verbrachten hier in Gruppen Zeit miteinander. Ein Aspekt war, die Ahnen zu ehren, ihrer Taten und Wege zu gedenken und zu entscheiden, was fortgeführt wird und von was sich getrennt wird.

Hier wurden oft über mehrere Tage durch das Denken der zusammenkommenden Menschen zukünftige Wege und Geschehnisse vorbereitet. Diese Praxis gehörte zum alt-keltisch-germanischen Weg. Die Ausübung dieser Praxis wurde hier abrupt abgebrochen. Darum trauert dieser Ort heute noch. Dieses Vordenken von Geschehnissen in Gruppen, die genau dafür zusammenkommen, war ein integraler Bestandteil von Entwicklung und ein nötiger. Er musste und sollte in regelmäßigen Abständen gegangen werden. Jeder, der hier dazu kam, musste bereit sein, alles zu feste Mitgebrachte, z. B. im Sinne von unbeweglich gewordenen Vorstellungen, und auch Persönliches loszulassen. Denn was vorgedacht werden sollte, stand noch nicht fest, es musste gemeinsam entwickelt werden. Man ging hierzu in der Gruppe in die Beratschlagung zusammen mit den Göttern, den alles umfassenden Hierarchien, den Tierreichen und den elementaren Reichen.«

Selten habe ich einen Ort erlebt, an dem die Bäume so kümmerten. Es verschlug mir fast den Atem. Der Ort sprach nun weiter in mir durch innere Bilder, die mir vermittelt wurden: Ich sehe in alter Zeit, als dies noch jener Thingort war, eine starke und fast ausschließliche Eichenpräsenz. Der einzige andere Baum war die Stechpalme, der zwischen den Eichen und dem obersten Wall in einem Ring stand. Es waren mehrere Eichenhaine in der Wallanlage. Diese wurden allesamt während der Sachsenkriege und danach von den Franken abgeholzt. Damit wurde hier nicht nur die Tradition der Besprechung, Beratschlagung und des Vordenkens der Ereignisse unterbrochen, sondern auch ein Baumfrevel höchsten Ausmaßes begangen. Deshalb kommt dort heute kein Baum in seine wirkliche Kraft.

Die Versammlungen dort begannen in der Gruppe mit dem lauschenden Wahrnehmen, dann ging man in die Mitteilung, in das Besprechen. Anschließend wurde das Mitgeteilte und Ausgetauschte wahrgenommen, überprüft und abgewogen. Deshalb gingen jene Begegnungen in den Gruppenzusammenkünften oft über mehrere Tage und Nächte. Man nahm in die Nächte hinein vor allem die Bitte um den Rat und die Begleitung aller Reiche. An einem bestimmten Punkt dieses Prozesses wurde in der Gruppe eine Entscheidung getroffen, was vorgedacht werden sollte. So wurde im wahrsten Sinne des Wortes Geschichte geschrieben. Damit begann erst die gemeinsame Arbeit des lebendigen Vordenkens tatsächlicher Geschehnisse. Mit dieser Arbeit, die in die Lebenshaltung eines jeden Beteiligten floss, gingen alle wieder zurück auf ihre Höfe, Güter und Burgen, in ihr tägliches Arbeitsfeld. Die ganze dort lebende Gemeinschaft wurde so miteinbezogen.

Der Weg hier an diesem mächtigen alten Thingort war also für die Gruppe: Lauschen, Wahrnehmen, Mitteilen, Besprechen und Beratschlagen. Es stand eine Zwischenzäsur an, bevor man erneut in jenen Kreislauf ging. Dann wurde die Entscheidung für einen bestimmten Weg getroffen, einen klar umrissenen Ablauf eines bevorstehenden Geschehnisses, was dann von allen Beteiligten der Gruppe in der besprochenen Weise vorgedacht wurde, d. h. in ein aktives und lebendiges Vorausdenken geführt hat. Das erforderte eine hohe Konzentration und gedankliche Schöpfungsarbeit!

In der Gruppe gab es einen Menschen, der es vermochte, die Version dessen, worauf man sich geeinigt hatte, vorzudenken, in eine kraftvolle Sprache und einen konzentrierten Spruch zu setzen. So konnte dem Vordenken auch ein Vorsprechen folgen, dass durch das gesprochene Wort als Klang-Schallwelle im Äther sehr leicht von den Elementarwesen und den Engeln aufgenommen werden konnte. So erbat man gleichzeitig deren Mithilfe.

An dieser Stelle gilt es ein Missverständnis aufzuklären, das vielerorts in Beschreibungen zu keltisch-germanischen Wallanlagen auftaucht: Zu den Wällen wird gesagt, dass sie dem Schutz der Anlage im Sinne einer strategischen Bedeutung dienten. An diesem Ort wird mir von ihm selbst jedoch etwas ganz anderes mitgeteilt:

»Die Wälle sind Wellen! Die Wälle legen sich um den Berg wie die Kreiswellen um den Steinwurf im Wasser. Sie schwingen nach außen und tragen die Botschaft ins Land. Der Äther und seine Wesen nehmen die Klangwellen des Gesprochenen auf, bilden die Resonanz des Gesprochenen und auch Gedachten, und die Wesen des luftigen Raumes dienen als Boten und tragen es in die Welt. So gesehen gestalten die Wälle ein großes Sprach- und Lauschorgan in der Landschaft und sind Resonanzverstärker und auch Geburtswiegen für Resonanzbildung.

In dieser Praxis, die Gedachtes ins lautvolle, seelenerfüllte Sprechen und Ertönen bis hin zum Singen bringt, liegt ein zukünftiger Zweig des Menschen als Mitwirkender im Schöpfungsstrom.

Auch in umgekehrter Richtung schwingt hier etwas über die Wall-Wellen von den Elementarwesen zu den sich versammelnden Menschen hinauf und hilft ihrem lauschenden Wahrnehmen. Auch unsere Ohrmuschel ist in Wällen aufgebaut und hilft so dem aktiven, genauen und etappenweisen Lauschen.«

Nach einem erneuten Blick auf die Wallanlage auf der Wanderkarte, die wir später noch einmal auf dem Parkplatz am Fuße der Babilonie anschauten, offenbarte sich auch die Form eines Ohres. Die gesamte Wallanlage hat tatsächlich Ohrform! Der Ort atmete spürbar auf, als er uns das alles erzählen durfte. Wenn man heute an diesen Ort geht, fühlt er sich schon anders an, hat mir eine Freundin berichtet, die kurze Zeit nach uns dort war.

Die Externsteine und der Bärenstein

Auf dem Kammweg von Westen her aus der Großrichtung der Dörenther Klippen kommt man auf seinem Weg zu den Externsteinen zuerst auf den Bärenstein. Hier standen zu alter Zeit genauso vorbereitende Steine bzw. Stationen, wie von Osten her kommend vom Knickenhagen. Alle alten Steinsetzungen auf dem Bärenstein sind leider einem Steinbruch aus neuerer Zeit zum Opfer gefallen. Glücklicherweise ist das auf dem Ostwall, dem Knickenhagen, der auf die Externsteine zuführt, ganz anders. Hier sind noch viele der alten Stationen der Vorbereitung erhalten und nach wie vor mächtige Kraftorte mit großen Steinsetzungen.

Der Bärenstein teilt mir in inneren Bildern Folgendes mit:

Der Bärenstein war eine Vorstation zu den Externsteinen, ein Ort der Besinnung. Es war ein Weg aus der Reife heraus für die älteren, weisen Männer. Der Weg von Osten über den Knickenhagen war der Weg für die Jungfrauen. Jüngere Männer mussten in alter Zeit tatsächlich auf dem Zuweg für die Männer an einem bestimmten Punkt zurückbleiben. Ebenso mussten die die Jungfrauen begleitenden, älteren Frauen auf dem Frauenzuweg, von Osten her kommend, an einem dafür gekennzeichneten Ort warten. Von dort aus gingen nur die älteren Männer und die Jungfrauen zur nächsten Steinsetzung weiter aufeinander zu.

Der Bärenstein im Westen war der Ort, sich auf seinen Ursprung zu besinnen, sich zu sammeln, alles Gute mitzubringen, was man im Leben bisher erreicht hatte.

Der Knickenhagen im Osten war der Ort, an dem der Mensch seinen Blick auf die Zukunft richtete. Er repräsentierte den Weg, auf dem der Mensch sich ganz in die göttliche Führung gibt, hingegeben an die weise Schicksalsführung und vertrauend auf diese voranschreitet. Hier geht es darum, Neubeginn aus ganzem Wesen aus frischer, unbeschuldeter Reinheit zu leben.

Während der Bärenstein ein Ort der Tiere ist und auf die Arbeit mit den Geistwesen der Tiere hinweist, ist der Knickenhagen ein Ort der Kräuter und verweist auf die Helfer unseres Pflanzenreichs (»Hagen« verweist im Altgermanischen auf »Garten« und »Knicke« auf »Hecke«).

Die auf dem Weg innehaltenden jungen Männer und älteren Frauen hielten und stärkten für die Weiterschreitenden den Raum ihrer Begegnung und erwarteten diese freudig zurück. Dieses Geschehen fand in dieser Weise unter Führung der Wanen in voratlantischer Zeit statt. Als die Asen die Schicksalsführung der germanischen Völker übernahmen, änderte sich diese kultische Handlung. Ins Zentrum der Entwicklung rückte nun die Ichgeburt in jedem einzelnen Menschen und die daraus folgende Mission der Freiheit.

Die Externsteine: Geburt des Menschenich

Der Erzengel Michael spricht bei den Externsteinen:

»Ich will dir nun erzählen, was dieser Ort zur Zeit Widukinds war. Es geht in der Tat um Geburt, die Geburt des Menschenichs und das bewusste Erkennen dessen des Menschen daselbst.«

Der Erzengel Michael vermittelt mir ein inneres Bild, das mir den Thor-Strom im Zusammenhang des menschlichen Blutes als Ichträger zeigt. Ein weiteres Bild zeigt mir das Wirken Odins im Zusammenhang mit Herz und Lunge, die gemeinsame Flügel entfalten.

Er spricht weiter:

»Es ist dies ein Ort, den die Götter (die germanischen Götter, heute als Engelwesen wahrnehmbar) mitgestaltet haben für den Menschen mit Hilfe der Hünen und hünischen Baumeister. Es war dies ein Leichtes und eine große Freude für sie, dies für den Menschen zu tun. Es ist ein Ort, an dem es um die Geburt eines göttlichen Bewusstseins im Menschen geht. Nun höre gut hin: dies braucht beide Aspekte: die der vollkommenen Eingebundenheit in alle Reiche, aller Wesen, die dem Wege der licht- und liebevollen Entwicklung folgen,

Eingebundenheit über die Sinne und Übersinne in die elementaren Reiche und Zwischenreiche, sowie das vollkommene Heraustreten-Können hiervon. Das heißt das Eigensein im Allsein, das Eigensein aus dem Allsein, und das Allsein im Eigensein wieder zu finden. Dies ist die Übung, die zu Widukinds Zeiten vorbereitet wurde und heute erst zur Geburt kommt:

das Allsein im Eigensein wiederfinden.

Vor Widukind ging es überhaupt erst einmal darum, das Eigensein im Allsein zu finden und als Einzelwesen aus der Allheit heraustreten zu können!

Das liebende, mächtige Wesen Odin findest du im Rauschen des Windes, im Atem der Erde, im Klingen der Sterne, in deinem eigenen Herzen und deinem Atmen, in dem Säuseln der Blätter. Er will, dass ihr Menschen euch ganz euren Sinnen hingebt und mit ihnen lernt. Sie sind göttliche Werkzeuge, Erkenntniswerkzeuge. Odin wirkt auch mit Christus und hat sein Kommen vorbereitet. Er ist eine große Schützermacht. Ihr Menschen dürft ihn in Teilaspekten erleben. Sonst wäre er zu überwältigend für euch. Er ist so unendlich liebevoll und hat sich den Menschen hingegeben. Ihr findet ihn in euch. Das ist die Aufforderung. Er ist so unendlich umfassend. Ihr findet ihn in dem Leben, dem Leben, das wahrhaftig ist, das keine Lügen kennt, vor allem Lügen gegenüber sich selbst. Er hilft, das Leiden zu ertragen, er erinnert euch im Jetztzustand, wie wichtig das wache Träumen ist im Sinne einer bewussten Schau. Er ist Beobachter aus vielen Augen, aus jedem Blatt des Baumes.«

Der Erzengel Michael vermittelt mir wieder ein inneres Bild, in dem die Fortsetzung des Widukindzweigs heute ein Forschen im Sinne einer wachen Fragekultur sein müsste. Fragen und Lauschen soll geübt werden, sowie die Gedanken, die sich dabei einstellen, ernst zu nehmen, diese wiederum als eigene Wahrhaftigkeit wahrzunehmen und auszutauschen mit den Mitforschenden einer Gruppe! Es ist der Weg vom Sinneserleben ins übersinnliche Wahrnehmen.

Diesen Weg gehe ich seit vielen Jahren über die Malerei, welche mir hierzu Toröffner war. Das Tor führt jedoch in die konkrete Arbeit am Land, den direkten Austausch mit den Wesen der Reiche und die wahrhaftige Umsetzung ihrer Ansagen und Botschaften.

Toröffner hierzu können in der Tat die unterschiedlichen Künste sein, ebenso wie alles, was man künstlerisch, das heißt gestalterisch, schöpferisch in seinem Leben ergreift.

Die germanischen Götter in den Externsteinen, 2017

Das, worum es bei den Externsteinen als früheres Tempelgeschehen in Begleitung der Götter ging, ist für uns heute immer noch in den großen, stehenden Steinen zu lesen. Die Hünen und ihre Baumeistergehilfen haben es in eindrücklicher Weise in den Felsen geformt. Ich habe ein Foto gemacht, in dem man von links nach rechts folgende germanische Götter in denLinien der Felsen erkennen kann sowie weitere Wesen und inhaltliche Geschehnisse:

Ganz links unten erscheint ein riesiger Wanenkopf. Er blickt träumend nach Osten in die gleiche Richtung, in die auch Thor blickt, dessen Antlitz man klar und deutlich zu oberst erkennt, geht man zwei Steinsäulen weiter. Sie blicken auf ein zukünftiges Geschehen, das sich ihnen ahnend mitteilt und im Stein direkt am Hinterkopf von Thor als ein »zerknautschtes« Neugeborenen Gesicht offenbart: es geht um die zukünftige Geburt des Menschenichs, das neugeboren wird in einer zukünftigen Zeit. In dieser aus damaliger Sicht »zukünftigen Zeit«

sind wir jetzt angekommen, und sie wurde vom Weg mit den germanischen Göttern, die heute als Engelwesen wirken, vorbereitet!

Geht man in derselben Steinsäule vom Säuglingsmenschenich nach unten, trifft man auf das sehr markant ausgearbeitete, edle Haupt der Freia und ihre Gestalt, die ebenfalls im Profil zu sehen ist und nach Osten, in die Zukunft, blickt. Auf der letzten Säule, welche in jener Gruppe auf meinem Foto ganz rechts erscheint und als ein Wächter neben dem Durchgang zum alten Tempel steht, ist deutlich Odin in christusähnlicher Gestalt wahrnehmbar. Die Außenlinien seines Körpers lassen den Gekreuzigten und gleichsam den Segnenden, Auferstandenen sichtbar werden, mit erhobenen Schulter- und Armansätzen, sogar die Speerwunde am unteren Brustraum ist als runde Bohrung im Fels sichtbar.

Noch einige Wesen mehr verbergen sich in diesen Steinen. So auch die wunderschöne Hirschkuh, dem »Odin-Christus«, genau gegenüber auf der anderen Seite des Tempeldurchgangs, die uns als Begleiterin beim Eintritt in den Tempel zur Seite gestellt wird und auch als Wächterin wacht. Es ist nur ihr Kopf und langer Hals mit scharfen Linien im Profil umrissen. Sie blickt nach Westen und verabschiedet bewusst die alte Zeit. Sie fordert uns auf, den germanischen Strom mit in die Wandlung und das vom Menschen bewusst ergriffene weitere Schöpfungsgeschehen zu nehmen.

Die Hirschkuh am Durchgang in den Tempelbereich der Externsteine, 2017

Ein Reisebericht

Orte haben Geschehnisse gespeichert. Dies betrifft nicht nur Geschehnisse, die durch Menschen bewirkt wurden, sondern auch von den Wesen der parallelen Welten, also der Zwischenreiche, der Elementaren Reiche und der kosmischen Reiche, dazu gehören die Engelwelten, die Sternen- und Planetenreiche. Diese Geschehnisse sind in den Äther des Ortes eingeschrieben, das heißt in den Lebensodem, jenen Raum, der von für unsere physischen Augen in der Regel unsichtbaren Wesen bewohnt ist. Der Erdenäther bewegt sich nicht nur oberhalb der Erde, er sinkt auch in die Erde ein und ist schlicht und ergreifend überall dort anwesend, wo Leben ist. Er ist Wärmehülle und Atmungsraum, der eine Lebensatmosphäre schafft. Viele Menschen kennen den »Spiritus Loci«, den »Geist des Ortes«, der sich ihnen mitteilt, wenn sie neue Orte und Räume betreten. Dieses Phänomen hat genau hiermit zu tun. In Wahrheit sind es die Wesen des Ortes, die sich hier mitteilen und alles erinnern, was jemals an diesem Ort stattgefunden hat! Je nachdem, welche Empfangskanäle der Mensch, der den Ort betritt, geöffnet hat, teilen sie sich ihm mit. Diese Mitteilungen geschehen oft unmittelbar und sehr bereitwillig von Seiten der Wesen des Ortes, denn sie dienen ihrem lebendigen Austausch, ihrer Freude und nicht selten auch ihrer Befreiung und Erlösung durch neue Taten des Menschen.

Orte können miteinander verknüpft sein oder durch den Menschen bewusst verknüpft werden. Zu einem Ort, an dem ich schon einmal in Person war, kann ich jeder Zeit wieder innerlich Kontakt aufnehmen und ihn besuchen, kann mit den Wesen dieses Ortes sprechen und sie rufen. Deshalb ist das Reisen so wichtig. In der Tat bringt die physische Anwesenheit, die irgendwann an einem Ort einmal stattgefunden hat, eine Erleichterung für die Wiederkontaktaufnahme. Dies hängt vor allem mit der Wiedererkennbarkeit der eigenen Person für die Wesen zusammen, die nämlich durch die tatsächliche Anwesenheit eines Menschen dessen ganzes Seelen-Geistwesen genau erfassen und erleben können. Haben sie einen Menschen einmal gespeichert, so erkennen sie sein Rufen wieder! Sie wissen dann, wessen Stimme es ist, wenn ein Ruf an sie ergeht!

Natürlich kann ich auch Kontakt zu Orten aufnehmen, an denen ich niemals in Person gewesen bin. Ich achte dann immer sehr genau darauf, dass ich mich den Wesen, die mir dann dort begegnen, auch ordentlich vorstelle und sage, wer ich bin und mit welcher Absicht ich mich ihnen mit meinem Seelengeistwesen nähere. Ich bitte sie dann, sich mir mitzuteilen. Meistens, je nach Situation, frage ich auch, ob ich etwas für sie tun kann.

Für Europa wichtige Verknüpfungsrichtungen von Orten auf ihrer energetischen Ebene sind die Nord-Süd-Achse und die West-Ost-Achse. Diese Achsen und Verknüpfungen bestehen seit vielen Jahrtausenden und werden seitdem gepflegt. So ist mir beispielsweise bei dem unverhofften Entdecken der Brimham Rocks in Yorkshire auf einer Reise im Herbst 2016 deren Verknüpfung mit den Externsteinen aufgefallen. Beide Orte sind ehemalige Tempelbereiche, die noch bis in die ausgehende atlantische Zeit voll tätig waren. Ihre Bauweise ähnelt sich sehr. Beides sind hünische Bauwerke, die als Einweihungsstationen auf dem Erkenntnisweg des Menschen dienten. Die Brimham Rocks waren ein Tor zwischen den Welten. In ihnen fanden sowohl die Vorbereitungen als auch die tatsächlichen Übergänge, das Hinüberschreiten der Wesen von der eigenen Welt in eine der parallelen Welten statt. Hier kamen Zwischenreichwesen an, um von dort aus in die Welt der Menschen zu gehen und mit ihnen zu arbeiten; hier durften auch Menschen Zwischenreichwesen begegnen.

Bei den Externsteinen ging und geht es um die Ausbildung der menschlichen Herzenskräfte als wichtigstes Erkenntnisorgan. Dazu war für den Menschen auch ein Weg durch die Reiche notwendig und die Begegnung mit ihren Wesen, die in den Vorstationen der heutigen Externsteine auf eine ganz bestimmte Weise von den Männern und den Frauen jeweils eigen begangen wurde. Von den Brimham Rocks und den Externsteinen, dem Herzchakra Deutschlands und Europas, und über die dortigen rituellen Handlungen und Einweihungsstufen aus voratlantischer und atlantischer Zeit berichte ich ausführlicher im Kapitel »Bausteine des Michaelischen Schulungswegs und der Widukindzweig« (siehe Seite 252). Ich erwähne diese beiden Orte an dieser Stelle, weil meine Besuche dort für die im Folgenden beschriebene Reise eine Voraussetzung waren:

Als mein Mann und ich im Herbst 2016 völlig berührt und erfüllt von den Brimham Rocks und den Yorkshire Dales nach Hause zurückkehrten, suchte mein Mann gezielt im Internet über Google Earth nach weiteren ähnlich anmutenden Orten hier in Deutschland. Er hatte schon länger im Sinn, dass das Elbsandsteingebirge auch in die Reihe jener bedeutsamen Orte gehört und eventuell auch jene alten Tempel der Begegnung zwischen den Reichen birgt. Als ich die Bilder im Internet sah, die er mir zeigte, war das nächste Reiseziel klar: Das ganze Elbsandsteingebirge ist gezeichnet durch immer wieder solitär stehende, aus den Hochebenen hoch aufragende Felsformationen von markanten Ausformungen. Jeder neue Blickwinkel auf eine solche Felsformation offenbart neue Gestalten und Gesichter im Fels, die sich mir als absichtsvoll gestaltet mitteilen, als hünische Skulpturen der Zeit des ausgehenden Atlantis. Jede der Felsformationen birgt eine ganz eigene Atmosphäre und ein eigenes Thema mit einer Botschaft für den Menschen von heute.

Die Botschaft der Allgarte vom Pfaffenstein

Die Barbarine im Pfaffenstein, Elbsandsteingebirge, 2017

Ich spüre die Anwesenheit von Allgarten im Stein, die eher zurückhaltend sind. Auf meine Bitte hin, sich mir mitzuteilen, spricht einer für alle zu mir:

»Wenn du Baumeister der Erde sein willst, musst du erst in die Stille gehen, bis du den Rhythmus der Erde spürst, denn du kannst nur mit ihren Pulsen, ihren Strömungen, mit ihrem Rhythmus bauen. Willst du Berge versetzen, geht das nur mit dem Fließen. Folge dem Fluss. Gehe niemals gegen den Fluss! Eine Vorübung hierzu ist es, deine eigenen Rhythmen genauestens zu kennen und mit deinem Grundrhythmus bekannt zu sein! Dann gehe zum Herz der Erde! So, nun sind wir beim Wesentlichen. Das Herz der Erde hat einen Herzschlag, der mit allem Lebendigen verbunden ist. Wir Allgarte stehen an Punkten in Form von Felsen, die durch den Druck, den wir durch unsere Masse auf eben jenen »Punkt« ausüben einen Erdmeridian am Strömen halten. Es gibt kein Strömen, ohne dass nicht an bestimmten Punkten des Erdkörpers durch Felsensetzung ein Druck ausgeübt wird! Alle Flussströmungen hängen davon ab. Alle überirdischen und unterirdischen Ströme und Flüsse reagieren in ihrem Strömen auf Drucksetzungen von Felsen. Das ist das ganze Geheimnis. Willst du in deinem Garten eine Quelle zum Steigen bringen, solltest du den Punkt finden, den Dreh- und Angelpunkt, der als Druckpuls den Impuls für das Strömen setzen kann und dort einen Felsstein aufstellen!

Wir hier, das heißt die Felsen hier, sind aufgestellt worden, damit das Strömen der Erde gewährleitet bleibt. Die Hünen haben an markanten Punkten der Erde Druck-Pulse gesetzt als Fließimpulse für die Gewässer der Erde. Das sind die stehenden Felsen, die überall auf der Erde zu finden sind.«

Ich frage den Allgart: »Kann ich etwas für euch tun?«

Der Allgart spricht daraufhin wie in einem Fluss weiter, aber mir doch damit eine Antwort gebend: *»Steinkreise bewirken dasselbe. Sie geben Pulswellen in die Erde ab und stärken so die Strömungskräfte aller Gewässer der Umgebung. Sie haben außerdem eine hervorragende Wirkung auf die Belebung der Seen im Umfeld. Die Druiden haben dieses Wissen um die positive Strömungsauswirkung für die Gewässer der Erde durch Steinkreise weitergegeben, denn das ist etwas, was ihr Menschen für uns tun könnt! Ihr seid keine Allgarte und könnt noch keine Berge versetzen – noch nicht. Doch Steine könnt ihr setzen und dies mit dem Rhythmus der Erde! Die Erde hat viele Rhythmen. Sie hat große, langatmige Pulse und schnellere, in kürzeren Abständen aufeinanderfolgende Ein- und Ausatmungsrhythmen. In dem Puls ihres Ausatmens lassen sich schwere, physische Massen wesentlich leichter bewegen. Rolle also deine Steine mit dem nach Außen strömenden Puls der Erde. Wenn es um Verankerungen eines Megaliths geht, der seinen endgültigen Standort erreicht hat, dann* setze ihn bewusst an seine Stelle mit einem einziehenden Puls der Erde, dem Teil der Erde also, der ihre Einatmung ist!

Je mehr ihr Menschen wieder anfangt, dieses Wissen zu nutzen und einfach tut, was ihr tun könnt, also Megalithe verankert und Steinkreise setzt, desto mehr erlangen wir Allgarte wieder unsere freie Beweglichkeit zurück. Wir müssen dann nicht länger in den Felsen verharren, um sie als Impulse für die Lebensströme der Erde zu bewahren und zu erhalten.

Ihr könnt uns bitten, euch zu helfen. So, wie wir damals den Hünen geholfen haben, helfen wir auch sehr, sehr gerne euch, wenn ihr große Steine versetzen wollt! Das wäre doch toll! Sobald ihr dieses Handwerk des Steinesetzens wieder aufnehmt, werden wir tatsächlich wieder freier, beweglicher. Sobald ihr auch das Handwerk der Wasserspiele wieder aufnehmt, des gelenkten Wassers durch Fließformen und Strömungsbecken, werden unsere Schwestern und Frauen aus den Gewässern und Strömen wieder freier und beweglicher! Eben das gleiche gilt für die Windspiele.«

Oben auf dem Pfaffenstein, Elbsandsteingebirge 2017

Die letzten Aussagen zeigen klar, dass die weibliche Seite dieses Volkes, die Allegorien, mehr im Wasser und im Wind vertreten sind.

In einem anschließenden Gespräch mit meinem Mann wird mir folgendes noch einmal klar: Natürlich spricht der Allgart hier von einer alten Methode! Heute muss allerdings erst einmal geschaut werden, wie die Bodenverhältnisse im Land beschaffen sind. Vielerorts ist die Erde einfach verdichtet. Durch die vielen schweren Maschinen der Landwirtschaft werden großräumig Erdflächen gestaucht. Um Durchluftung und Durchlichtung der Erde kümmern sich heute viel zu wenig Menschen! Man kann also nicht einhergehen und einfach Steine setzen, wenn die Erde darunter so dicht ist, dass sie gar nicht in der Lage ist, die Impulse zu empfangen! Deshalb wäre ein Weg, mit Steinpackungen in der Erde zu arbeiten, die bis zum Vaterboden gehen (Mutterboden = Humusschicht, Vaterboden = Gestein oder Felsen, dazwischen sitzt der Lehm). Steinpackungen sind Bauten unter oder auch über der Erde, die in der Regel mit Steinen der Umgebung gebaut, »gepackt« werden. Sie erhalten gestaltete oder ungestaltete Hohlräume, auf die es zentral ankommt. Bei den gestalteten Hohlräumen in Trulli-, Kuppel- oder Tunnelform, die unter der Erde angelegt werden, geht es dabei um eine bewusst gelenkte Luftführung durch die Erde. Dadurch werden Wärme- und Kälteströme reguliert.

Obwohl wir heute landschaftlich andere Voraussetzungen haben als vor einigen tausend Jahren, nehme ich die Ansagen des Allgarts, auch wenn sie einer alten Methode entstammen, absolut ernst. Die Bodenverhältnisse zusätzlich zu prüfen, und gegebenenfalls die Methode mit Steinpackungen zu erweitern, ist sicherlich sinnvoll.

Ich frage mich weiterhin in meinem eigenen Nachsinnen dieser Botschaften des Allgarts, wie das zu verstehen ist, als er sagte, dass wir Menschen noch keine Berge versetzen können und dann in seiner betonten Zufügung noch einmal hervorhob: *»Noch nicht!«* Mir ist bekannt, dass die Erde als sie von den Hünen unter Mithilfe der Allgarten geformt wurde, noch nicht denselben festen Zustand hatte wie sie es heute hat. Damals, in der voratlantischen Zeit, war die Erde tatsächlich noch formbar! Heute erlebe ich sie auf der physischen Ebene nicht mehr wirklich formbar, deshalb frage ich mich, ob ich da alles richtig verstanden habe, ob ich es richtig »übersetzt« habe. Auch die Menschen waren damals in ihrer physischen Erscheinungsform noch nicht so fest wie sie es heute sind! Wir waren viel offenporiger und lockerer in unserer Leiblichkeit und lange nicht so verdichtet in unserem physischen Körper wie im heutigen Zustand!

»Schau auf das, was heute formbar ist!«, kommt als Antwort des Allgarts auf mein fragendes Nachsinnen. Dieses Nachsinnen trägt mich ein paar Tage später zum Erzengel Michael, der die Worte des Allgarts wiederholte, bzw.: mir wurde

klar, dass der Erzengel Michael es wohl war, der durch den Allgart zu mir gesprochen hat, denn mit diesem letzten Satz der Botschaft des Allgarts begann nun wieder die Botschaft des Erzengels Michael:

»Schau auf das, was heute formbar ist: Es ist das Wasser! Das Geheimnis, die Erde tatsächlich heute noch zu ›formen‹, liegt im Wasser. Das Wasser kann Berge versetzen, kann Täler graben, kann Winde leiten. Die Schöpferkraft hat hier ihre Helfer und direkten Mitarbeiter. Wasser ist Leben. Es trägt alles Leben, nährt alles Leben. Ihr Menschen müsst also mit dem Wasser arbeiten und es endlich achten, pflegen, ehren und nähren durch eure Verbundenheit! Das heißt: sich ihm zuwenden. Die oberirdischen Flüsse sind die Lebensadern von Mutter Erde. Die unterirdischen Flüsse sind die Lebensadern von Vater Erde. Der Wasseratem, der Tau, ist jene Kraft, welche die Dualität aufhebt. Das ist ein weiterer Grund dafür, warum es so wichtig ist, die Tauwesen zu nähren, so wie ihr es tatsächlich durch die Gongklänge in eurem Garten tut, die eine sehr weitreichende Wirkung haben – weit über das Tal, das du von eurem Berg aus siehst, hinaus!

Ja, solche Taten sind unsagbar wichtig. Der Tau, das heißt die Tauwesen halten die feste Form der Landschaft beisammen, weil sie sie durchatmen und dadurch innerlich lebendig halten. Sie können also dafür sorgen, Hügel, sogar Berge zu bewahren. Wenn es nun um die tatsächliche Formveränderung der physisch ausgestalteten Landschaft geht, dann helfen sie bei einer allmählichen Veränderung. Sie sorgen vor allem nach größeren Eingriffen in die Landschaft dafür, die ›Haut‹ der Erde zu glätten und neu zu spannen, damit die neue Form auch hält und trägt.

Wendet euch dem Wasser zu, wenn ihr schöpferisch, gestalterisch heute in die Erde eingreifen wollt. Tut dies mit aller Demut, Hingabe und Dankbarkeit für das Wasser, für die Schöpfung. Das ist die Grundlage! Kein Wassergeist wird einem Menschen folgen und helfen, der das Wasser nicht achtet, der es verunreinigt, der es träge und schwer macht! Viele von ihnen bäumen sich derzeit auf, weil sie eine Befreiung aus ihrem Leiden suchen. Das gibt reißende Unwetter, sich aufbäumende Wassermassen, die dann zerstörend sein können. Das ist dann jedes Mal ein Schock für die Menschen. Aber glaubt mir, ihr habt so viel davon selbst in der Hand!

›Wer mit der Erde atmet‹ heißt heute: ›Wer mit dem Wasser atmet‹! Wer wirklich mit dem Wasser atmet, so wie es der Allgart gesagt hat, wer wirklich dadurch in seine Strömungsabläufe eintaucht, der wird zum einen niemals seine Achtung vor ihm verlieren und zum anderen genau voraussagen können, wie es sich verhält und verhalten wird. Und noch etwas ganz Wertvolles: der wird

seine eigenen Wasserströme in sich selbst erkennen, ihre Vitalität oder Trägheit. Dadurch kann er ein Werkzeug der Heilung zu nutzen lernen, denn das Allerwichtigste hierbei ist, eure eigene Verbundenheit zum Wasserkörper der Erde und eurer eigenes Strömen in Verbundenheit zu den Strömen der Erde zu erleben!

So, ich glaube, nun kannst du besser verstehen, was der Allgart gemeint hat!«

Er lächelt. Ich danke dem guten, göttlichen Schöpferengel, Erzengel Michael, von tiefstem Herzen!

Die Botschaft der Allfeen vom Lilienstein

Blick vom Pfaffenstein auf
den benachbarten Lilienstein, Elbsandsteingebirge, 2017

Unsere Vermutung, dass der Lilienstein ein Ort ist, an dem das Elementare und die Zwischenreiche noch sehr stark leben, wird durch ein ganz besonderes Geschenk bestätigt: Der ganze Felsen, an dessen Fuß wir übernachtet hatten, ist in dichten Nebel gehüllt. Durchs Nebelland steigen wir empor durch Erika, Pinien, Birken und vereinzelte Eichen und Buchen, die noch in den unteren Regionen des Felsens anzutreffen sind. Hier hat sich die Verbindung zur alten Reinheit und Vollkommenheit der elementaren Alleinheit ganz bewahrt. Hinzu gekommen ist ein waches Bewusstsein, mit dem ich mich wahrgenommen fühle. Dies rührt auch von der direkten Anbindung zu begleitenden Sternewesen her. Auch wenn sich mir dieser Ort als Ausbildungsort primär für die Allfeen und Alben mitteilt, so wird doch deutlich, dass hier alle Zwischenreichwesen und Elementarwesen Zutritt haben.

Ich spüre die klare Anwesenheit von Allfeen und auch einigen Alben. Jedoch zeigen sie sich eher verhalten. Ich kann nicht anders, als ihnen meine Frage zu stellen, die ich schon länger mit mir herum trage, die allgemein an die Allfeen und Alben gerichtet ist und den Zeitpunkt der großen Trennung betrifft im ausgehenden Atlantis, als der Vorhang fiel zwischen ihrer und unserer Menschenwelt:

»Warum habt ihr euch so völlig von den Menschen zurückgezogen?«

Ich fühle ein Aufbrausen und etwas Schmerzhaftes. Die Antwort kommt:

»Nun, zum einen, das weißt du, war das notwendig für euch Menschen, auf dass ihr aus dem Allsein herausfallt hinein in euer Eigensein. Es war notwendig zur Entwicklung eurer Eigenidentität als Mensch und eures Individualitätssinns. Ebenso war es wichtig zur Entwicklung eurer Selbstständigkeit und eures Ichs!

Es war aber auch nötig für uns. Es war für uns ebenso mit großem Schmerz und großem Verlust verbunden wie für euch Menschen. Es war eben jener Trennungsschmerz, der in unserer Welt bis zu diesem Zeitpunkt nicht existierte. Wir kannten diese Art von Schmerz nicht. Wir, das heißt unser Volk, lebten immer schon getrennt als Alben im Albenreich und Allfeen im Allfeenreich und kamen für Festeszeiten zusammen. Eine Sehnsucht nach einer Vereinigung unserer Reiche baute sich erst für uns auf, als wir uns eurer Menschenwelt entzogen. Wir wurden uns unserer Trennung zwischen den weiblichen und den männlichen Wesen unserer Art erst mit der Trennung vom Menschenreich, das wir nun nicht mehr selbstverständlich betreten durften, bewusst! Wir mussten uns dieser Trennung innerhalb unseres eigenen Reiches erst einmal bewusst werden und sie ab diesem Zeitpunkt als Schmerz aushalten, damit ihr das gleiche auf der Menschenebene tun könnt. Für beide Völker, Menschenvolk und Allfeen-Alben-Volk, geht es nun um eine neue Zusammenführung der männlichen und der weiblichen Wesen der eigenen Art. Für uns alle geht es dabei um die Überwindung der Dualität, um das Neuzusammenkommen zweier Eigenheiten in die Gemeinsamkeit und Gemeinschaft!

Für uns Allfeen und Alben ging es außerdem noch darum, tatsächlich etwas von diesem Schmerz zu empfinden. Dieser Schmerz der Trennung ist etwas Urmenschliches. Er war uns fremd. Um euch Menschen besser zu verstehen und euch eines Tages näher zu sein, euch ähnlicher zu werden, mussten wir durch diesen Trennungsschmerz durch. Doch erleben wir ihn immer noch sehr anders als ihr: Wir haben nie vergessen, dass ihr da seid. Zwar sind viele von euch, deren Herz noch nicht genügend als Wahrnehmungsorgan ausgebildet ist, förmlich unsichtbar für uns geworden, ebenso wie wir unsichtbar für euch geworden sind. Dennoch wussten wir: Ihr seid da, dort drüben in der Parallelwelt, und wir bewegen uns Seite an Seite. Schmerz drückt sich durch ein Allfeenwesen zunächst als Verunsicherung aus. Etwas fehlt, was vorher da war. Dieses Fehlen als Verlust und schließlich schmerzlich zu erleben, ist menschlich und geht nur über das menschliche Herz. Wir sollen als Allfeen ebenfalls Menschenherzqualitäten ausbilden und erüben.

Wir haben ein Ätherherz. Es befindet sich von seinem Ursprung her immer im Gleichmaß, in einem Gleichklang und einem gleichmäßigen Atem. Das Menschenherz verfügt über eine enorme Bandbreite von Empfindungen von großen Schwankungen und Variationen. Um diese Variationsbreite zu erahnen, war es nötig für uns, etwas von dem Schmerz zu spüren, der uns eigentlich fremd ist. Wir sollten Schmerz als Herzenstätigkeit und die Kraft der Überwindung eben dieses Schmerzes kennenlernen, die sich dann als Herzenskraft daraus entwickelt, und die wiederum nur durch die menschliche Herzensliebe möglich ist und diese in der Überwindung des Schmerzes umso stärker wachsen lässt und freisetzt.

Es geht für uns darum, die menschliche Herzensliebe als Herzqualität auch in unserem Ätherherzen erleben zu können und einen Empfänger dafür herauszubilden! Weil diese menschliche Herzensliebe etwas so Großartiges, Göttliches ist und weil sie sich uns in ihrer menschlichen Eigenart der Christusliebe offenbart, der Liebe, die allen Schmerz überwinden und alles Eigensein im Allsein wieder verbinden kann und in sich die Qualität der Freiheit trägt. Genau deshalb ist sie für uns ein Übfeld.

Wir konnten dieses Übfeld erst betreten, als wir aus unserem All-Eins-Sein-Fluss in der Liebe, der Schöpfung und der Freude des Daseins einfach und brutal herausgerissen wurden. Dies war die Trennung von euch Menschen und unser damit verbundenes Bewusstwerden der Trennung als Schmerz und der weiterhin bewusst aufgenommenen Trennung von Alben und Allfeen. Diese Trennung wird derzeit aufgehoben! Ebenso wird das Erlebnis der Dualität unter euch Menschen zwischen Männern und Frauen aufgehoben!

Ein zweiter Grund für unseren Rückzug ist eine Aufgabe, die uns gestellt wurde und die wir uns vorgenommen haben: wir sollten und wollten euch beobachten! Dies ging nur aus der Position des Nicht-mehr-miteinander-sein-Könnens. Wir sollten euch studieren. Das Studieren aus einem Eigensein heraus, in dem man von dem getrennt ist, was man studiert, ist ein anderes Studieren als eines aus einem empathischen Einssein heraus.

Doch jetzt ist die Sehnsucht auf beiden Seiten wieder groß genug, sodass wir unsere parallelen Welten wieder füreinander öffnen und zueinander kommen können in innigem Gemeinsamsein, so dass wir auch wieder bewusst miteinander arbeiten können.

Nimm den Nebel als Bild: Er verhüllt euch den klaren Blick. Er wirft einen dichten Schleier vor euren klaren Blick. Wir aber sind euch im Nebel nur umso näher und können euch sehen. Wie gesagt, sehen können wir nur diejenigen, deren Herzen voller Liebe und Achtung der Natur gegenüber sind! So wie ihr die Pflanzenwelt seht und eine Pflanze genau beobachten könnt, die Pflanze aber euch nicht sieht, sondern spürt und euch auf ihre Weise wahrnimmt, so ist das mit den meisten Menschen für uns: Wir können sie sehen, sie studieren durch genaues Beobachten, aber ihr könnt uns nicht so sehen, wie wir euch. Wir sehen euch klar von Energieleib zu Energieleib. Ihr seid aber meistens eurem eigenen Energieleib fremd und könnt deshalb keine Verbindung von ihm zu dem unseren aufbauen. Ihr kennt euren physischen Leib, pflegt ihn, seht ihn, und deshalb seht ihr auch den physischen Leib einer Pflanze, eines Tiers usw. Ihr seht aber doch meistens nicht ihre feinstofflichen Leiber. Wir haben nun keinen physischen Leib. Also seht ihr uns nicht, aber ihr könnt uns spüren! Die Pflanze hat kein wirkliches Bewusstsein in ihrem physischen Leib, wohl aber in ihrem Ätherleib und ihrer elementaren Ebene, auf der Elementarwesen für sie sorgen. Und eben auf dieser Ebene nimmt sie einen Menschen wahr, der sich ihr nähert!

Ihr habt ein hohes Körperbewusstsein, deshalb seht ihr alles körperhaft, alle körperhaften Erscheinungen. Eure physischen Augen sehen physische Erscheinungen. Eure feinstofflichen Augen, soweit sie ausgebildet sind, sehen feinstoffliche Erscheinungen! So sehen wir euch. Wir sehen euch in euren feinstofflichen Leibern sehr genau, denn dort sitzt unser Bewusstsein!

Wir sind dabei, eure Augen des Herzens anzuregen, um diese als Wahrnehmungs- und Erkenntnisorgan auszubilden und stärker nutzen zu können! Wir beide, ihr und wir, können nur das am jeweils anderen gegenseitig erkennen, also wirklich sehen, was wir selbst ausgebildet haben! Wir sehen eure Ätherqualitäten und eure Astralverbindungen. Wir selbst haben regen Kontakt zu den Sternenwesen. Daher können wir eure Sternenverbindungen sehr genau sehen! Da wir selbst Lichtwesen sind, sehen wir euren Lichtkörper. Ein Mensch, der keinen Lichtkörper hat, der nur düster ist und ein eng zusammengezogenes Herz hat, den können wir nicht sehen. Aber wir spüren ihn. Wir spüren seine unangenehme Ausstrahlung sehr genau.

Es geht nun darum, dass unser Ätherherz menschlicher wird und euer Menschenherz lichter, leichter, elementarer, sich also in seinen Ätherkräften stärkt, damit wir uns erkennen und gegenseitig sehen können, so, wie wir sind. Das heißt, dass wir euch auch in eurer Physis und ihr uns in unserer Lichthaftigkeit, als feinstoffliche Wesen sehen können! Wir müssen beide noch üben.

Euer Herz kennt Verantwortung und Treue, unseres die Lichthaftigkeit und pure Freude des Seins. Das sollen wir in Liebe voneinander lernen: Verantwortung aus Liebe, Treue aus Liebe, Leichthaftigkeit und die pure Freude des Daseins aus Liebe zum Leben!

Wir sollten und haben euch also sehr genau beobachtet und studiert, ohne dass es die meisten von euch mitbekommen haben! Du wurdest schon einige Male an verschiedenen Orten dieser Welt, deiner Menschenwelt, von Allfeen und Elementarwesen gefragt, ob sie sich in deiner Aura verankern dürfen und so mit dir zu dir nach Hause kommen dürfen. All jene waren Auserwählte ihres Volkes, dich gründlich zu studieren und dir so nahe zu sein. Natürlich wollten sie auch auf diese Weise reisen und tatsächlich mit dir in deinen wundervollen Garten mitkommen. Sie wollten auch dadurch Orte verbinden, ihren Geburtsort und ihre neue Heimat in Deutschland bei dir. Sie haben nämlich grundsätzlich die Möglichkeit, ihren Verwandten in der alten Heimat Impulse und Nachrichten aus der neuen Heimat zu schicken. Wenn es für sie ein guter Wechsel war, kann sich das auf diese Weise heilend und wohltuend auf ihr Herkunftsvolk in der alten Heimat und deren Landschaft auswirken.

Jedes Mal, wenn du gefragt wurdest, hast du eingewilligt. Allen, die dich gefragt haben, außer ein einziges Mal, als die Frage auch nicht so deutlich kam, hast du freudig ›Ja‹ geantwortet. Du bist dadurch bereichert worden, denn Elementarwesen und Allfeen, die dich mit deiner bewussten Einwilligung studieren dürfen, bedanken sich mit reichen Geschenken ihrer Art! – Euer Herz soll ätherischer werden und unser Herz physischer, das heißt dichter in seiner Substanz. Dann könnt ihr es sehen wie eine pulsende Blume im Äther, atmend, in ständiger Bewegung. Euer Ätherherz sieht unser Ätherherz und unsere ätherische Gestalt! Du kannst uns mit deinem Ätherherzen sehr genau abtasten. Deshalb kannst du uns malen! Das tust du auch in sehr schöner Weise. Danke!«

Ich spüre ein Lächeln und bin zutiefst von Dank erfüllt, den ich auch den Allfeen und Alben des Ortes zufließen lasse!

Der Allfeenspruch

Lichtesfreude, Lichteswirken
werde Lichtesweben
Lichtessegen fließe und berühre alle Kreatur
und in der Berührung wacht mein Sein
ins Sonneslieben auf
Sinnesleben pflegt die Liebe mir
Liebessinnen lässt mich Schöpfer sein
ins Bewusstsein heb' ich nun
Liebes-Sinnes-Leben
mache weit mein Herz
so weit
dass es der Quellgrund ist und bleibt
der Schöpfung

Der Albenspruch

In meinem Lichtesgrund
quellt ewig strahlend rein und mild
die Tiefe und die Weite meines Seins
weit breite ich die Flügel aus
tief wurzelt meine Erdverbundenheit
und Lichtesgrund wird Seelengrund
so gründet meine Seele sich
in mir

Der Albe, der mir diesen Spruch für die Menschen schenkte in einem zauberhaften Birkenhain in Sichtweite des Pfaffensteins, früh am Morgen, sprach weiter dazu:

»Dies begleitet den Inkarnationsprozess der menschlichen Seele in ihren Körper hinein. Gleichzeitig stärkt dieser Spruch das Albenwesen in seinem Prozess, sich den Menschen anzunähern und Anteil an ihrem Seelengeschehen zu haben. Es stärkt die Verbindung von Alben und Menschen und stärkt für die

Alben ein Seelenempfinden. Sie dürfen hierdurch eine Seelenschwingung des Menschen empfangen, die sie in ihrer Konstitution festigt, im positiven Sinne menschlich verfestigt und dadurch ihre Lichthaftigkeit gründet. Dadurch wird ihre Grundanbindung in der Erde gestärkt.«

Die Botschaft eines Allfaas

Aus Sternenweiten komme ich zu dir
und bring dir all die Lichtesgaben
Weisheitssegen
die du in dir durch dein Bewegen
im Herzen und in deinen Taten zu Schöpferkönnen formen wirst
so lass uns miteinander gehen
denn deine Erdenfestigkeit
gibt meinem Sternenlicht den Anker
so webt sich Milde, Güte, Liebe
in zarter Ewigkeit

Der Allfeen-Hilfe-Unterstützungsspruch

Ich Mensch stehe ein
für unsere Gemeinschaft
ich Mensch lasse fließen meine Herzensliebe
zu euch, ihr Allfeen, meine Schwestern
und will in meinem Herzen pflegen
jenen Ort, der uns verbindet
jene Herzenskammer, in der ihr euch zu Hause fühlt
mein Ätherherz darf wachsen
und darf üben die Freude und die Leichtigkeit
und Christuskraft in mir
legt ihren Segen
auf uns beide

So sei es
Ich danke von Herzen

Dieser freistehende Berg inmitten einer Hochebene ist tatsächlich ein Ort für die Menschen gewesen. Sie sind hierhergekommen, um Botschaften und Ansagen aus den Elementaren Reichen und den Zwischenreichen sowie von den Sternenwesen abzuholen. Für jeden dieser drei Bereiche gibt es hier je eine erhabene Plattform oben auf der Krone des Felsens. Die äußerste und höchste dieser drei Plattformen ist die Empfangsstelle für die Botschaften der Sternenwesen, die mittlere für die der Zwischenreichswesen und die dieser gegenüberliegenden Plattform fühlt sich am ehesten so an, als wäre sie die Empfangsstation für die Botschaften aus den Elementaren Welten. Die Menschen kamen hierher, um Gesandte aus den Parallelreichen zu treffen. Ich spreche hier von der nachatlantischen Zeit. Diese Praxis hat mit Sicherheit bis um die Zeit 400 n.Chr. angedauert. Die auffallende Hochebene, die sich zwischen den Tafelbergen der umliegenden Landschaft erhebt, war in der atlantischen Zeit, als diese Landschaft angelegt wurde, eine Begegnungsstätte von Hünen, Sternenwesen und Engelwesen. Dort haben sie sich ausgetauscht, was direkt ins Baugeschehen geflossen ist, haben gefeiert, was vollbracht war, haben verweilt. Diese Hochebenen waren hünische Aufenthaltsorte. Hochplateaus wie das auf dem hohen Schneeberg, der schon auf der tschechischen Seite liegt und von hier sichtbar ist, waren hünische Planungsstationen, wo sich ebenfalls Hünen, Sternenwesen und Engelwesen trafen. Dort ging es darum, dass die Hünen als Baumeister direkte Planungsvorhaben von Sternen- und Engelwesen entgegennahmen und mit ihnen von dort aus in eine Übersicht brachten. Solche ehemaligen Planungsstationen findet man überall in der Landschaft, die damals für ein ganzes Großraumgebiet genutzt wurden. Der Dörnberg bei Kassel war ebenfalls eine solche ehemalige Bauplanstation.

Die »Sphinx« in den Himmel blickend, am Fuße des Dörnbergs bei Kassel, 2017

Am Fuße des hohen Dörnbergs bei Kassel habe ich zum ersten Mal vor zwei Jahren Hünen gesehen. Ich erinnere mich noch als wäre es heute gewesen an jenen Moment, als ich das ansteigende Land betrat, das zum hohen Dörnberg hinaufführt, und wie angewurzelt stehen blieb. Ich erlebte innerlich einen Ruck, der mich aus meinem Normalbewusstsein gänzlich heraus- und in eine Szene hineinschob, die sich vor mir abspielte und von der ich sofort wusste:

Das, was ich jetzt hier sehe, geschieht nicht jetzt in diesem Moment! Dies ist ein Geschehen von vor Tausenden von Jahren, welches der Ort gespeichert hat und wovon er mir berichtet und von dem mich die Wesen, die ich jetzt sehe und die zur aktuellen Jetzt-Zeit schon längst wieder in ihrer Heimat weilen, wissen lassen wollen, denn sie sehen mich gerade in diesem Moment, und teilen mir dies bewusst mit!

Ich sah riesenhafte Gestalten! Noch größer und kräftiger als Allgarte waren sie, von einer schier unbeschreiblichen Kraft. Es waren Wesen, die nicht auf dieser Erde heimisch sind. Ich hatte sie noch nie zuvor gesehen und wusste nicht, wer sie waren, aber ich spürte, dass sie ein Segen für die Menschen waren und für sie gekommen waren. Sie hatten direkten Austausch mit Engelwesen und schienen unter ihrer Anleitung zu stehen. Sie bewegten Berge und modellierten die Landschaft mit großer Hingabe und Freude! Ihre Bewegungen waren schwerefrei und von großer Eleganz. Ihre Größe war gepaart mit Anmut und Schönheit, die sich über ihre Bewegungsabläufe ausdrückte. Ich war begeistert! Diese Wesen rührten mich zutiefst an.

Sie hatten von ihrer kosmischen Heimat, von der aus sie als Gäste auf diese Erde gekommen waren, um diese zu gestalten, die Drachen mitgebracht. Drachen stehen in einem ähnlichen Verhältnis zu ihnen wie die Elementarwesen zu uns Menschen. Ihre Drachen haben sie teilweise als Hüter der Erdgestaltungsurkräfte hier auf diesem Planeten zurückgelassen als sie sich selbst wieder zurückgezogen haben. Im hohen Dörnberg schlummert ein solcher Drache.

In der Tat sind die meisten dieser Drachen heutzutage eher träumend oder sogar schlafend. Vielen von ihnen geht es nicht gut, denn sie werden von den Menschen nicht mehr geachtet und bekommen kaum Nahrung, die sie am Leben erhält. (Darauf bin ich im Zusammenhang mit den Bienen und vor allem den Bienenköniginnen in den Raunächten eingegangen, die den Drachen durch ihre Verbindung mit ihnen Lebenskraft geben. Siehe Seite xy)

Nach meinem kurzen Innehalten beim Betreten der Landschaft vor dem hohen Dörnberg, während dessen sich diese Szenen in Bruchteilen von Sekunden abspielten, teilte ich dies alles meinem Mann mit, der dann zum ersten Mal den Namen »Hünen« aussprach. Ja, diese großartigen, menschenfreundlichen Wesen sind Hünen! Sie haben unsere Erde modelliert, gestaltet. Sie haben Berge und Täler geformt im Auftrag des göttlichen Plans. Beim Aussprechen ihres Namens teilte sich mir ihre kosmische Heimat mit: Pluto.

Der Dörnberg ist heute eine aktive Beobachtungsstation der Hünen auf die Menschen. Von dort aus geht immer noch eine starke Kraft aus, welche eine direkte Verbindung zu ihnen herstellen kann. Hier können wir sie rufen, befragen und uns austauschen. Von hier aus haben sie die Menschen im Blick. Die Hünen können sich an diesen Orten wie den Dörnberg vom Kosmos aus mit ihrem Bewusstsein verankern.

Mittlerweile war ich schon vier Mal mit meinem Mann an diesem so berührenden Ort. Auch dieses Mal, auf unserer Reise im Sommer 2017 besuchten wir auf der Rückreise vom Elbsandsteingebirge mit einem Abstecher auf den Brocken im Harz den Dörnberg. Jedes Mal hält dieser Berg eine ganz besondere Botschaft für mich bereit. Diesmal war es die Begegnung mit den Wacholdern und der Fünfblättrige Pfad.

Die Botschaft des Wacholders

Als ich noch vor Sonnenaufgang erwachte, verließ ich den Camper leise und lief in die Dämmerung hinein, in die dem hohen Dörnberg vorgelagerte Landschaft am Fuße des ihm gegenüberliegenden Zierenbergs. Diese Landschaft ist von einem starken Wärmeäther gefüllt, den unter anderem auch die Wacholder speisen, die hier in großer Vielzahl anwesend sind! An einem von ihnen blieb ich stehen und wendete mich ihm bewusst zu. Da begann er zu mir zu sprechen:

»Ich will dir etwas erzählen: Die Menschen früher wussten um meine Verbindung zum Zwischenreich, zu den Zwischenreichen, und haben mich aufgesucht, wenn es um die Botschaften der Wesen aus den Zwischenreichen ging, auch wenn es um Botschaften des eigenen höheren Selbst ging, der eigenen Geistwesenführung oder Botschaften bzw. Nachrichten von Verstorbenen. Grundsätzlich ist der Strom auch umgekehrt über mich möglich, also von dir dorthin. Dies ist der alte Strom. Ich war seit jeher Dolmetscher zwischen den Welten. Nun, diese Kraft sollt ihr als Menschen jetzt selbst innehaben, und dazu kann ich euch wahrlich etwas sagen und schenken. Ich darf Pate stehen auf eurer Schulung, ganz klar in die direkte Kommunikation mit geistigen Wesen und mit den Wesen der Natur zu gehen. Und hier ist der Helferspruch dafür:

Ich bin bereit
mich einzugeben
in den Erkenntnisstrom
der Liebe in Verbundenheit
mein Herz durchwärmt vom Seelenlicht
mein Geist geklärt durch Geisteslicht
mein Körper stark durchkraftet ganz im Erdenlicht
so bin ich Mensch
ein Wesen aller Reiche
im Christusstrom

Wenn du diese Worte sprichst und dich dann den Wesen zuwendest, mit denen du sprechen möchtest, wirst du ganz in deinem eigenen Feld bleiben und dich doch ganz und gar so weit offen machen, um tatsächlich in eine Begegnung mit feinstofflichen Wesen zu gehen. Du bist in deinem Selbst gestärkt und geschützt, weckst die Konzentration und rufst den Strom auf, der für diese Begegnung nötig ist. Heute geht es über die Essenz des Christusstroms, der den Menschen als Mitschöpfer aufruft, mit allem, was das heißt!

Du bestimmst selbst meine Begleitung für dich. Ich kann dir helfen, stärker zu dir zu kommen oder dich zu lösen oder etwas aus dir zu lösen. Es geht also darum, dich selbst oder Anteile deiner selbst zu stärken und zu kräftigen, oder sie zu lösen, ganz aufzulösen. Ganz praktisch helfen dir Kleinstdosen meiner Beeren damit! Auch der Rauch meiner getrockneten Zweige hilft, oder reibe einfach zwischen deinen Fingern etwas frische Nadeln und atme meinen Duft tief ein. Etwas darfst du ruhig von diesem alten Weg nehmen. Das ist so alt wie die Menschen es sind, und es ist dir in jede Zelle geschrieben. Nutze es im Licht des neuen Bewusstseins und alles ist gut!

Nun darfst du dir einige meiner Beeren pflücken und mitnehmen. Ich freue mich auch sehr, wenn du etwas von meinen Zweigen mitnimmst. Jedes Mal, wenn du in innige Verbundenheit mit Dankbarkeit davon nimmst, werde ich durch dein Wesen beschenkt!

So ist das!«

Ich danke dem Wacholder und pflücke eifrig die kleinen schmackhaften Beeren zwischen den pieksigen Nadeln heraus. Durch meine Berührungen wird der herrlich frisch würzig-herbe Wacholderduft noch intensiver.

Inzwischen war es ganz Tag geworden und ich ging zurück zum Camper. Bald brachen wir zu unserer Tageswanderung durch die Wacholder, zum Dörnberg und den Helfensteinen auf.

Beim Verabschieden von diesem Ort auf dem Rückweg kommt eine Botschaft von den Hünen: Wir Menschen sollen den Fünfblättrigen Pfad gehen, der da heißt:

Liebe, Verbundenheit, Innigkeit, Bekenntnis und Mut

Liebe, Verbundenheit, Innigkeit, Bekenntnis und Mut

Ich sehe eine wunderschöne Blüte in meinem Herzen und jedes Blatt trägt eine dieser Tugenden in sich.

Liebe ist in jedem Anfang, liegt in allem Leben im Keim. Aus ihr wächst alles Gute. Sich ganz in ihre Kraft zu geben und von ihr durchströmt und getragen zu werden ist die Voraussetzung für diesen Pfad.

Verbundenheit zeigt, dass es nicht alleine geht. Immer geht es darum, sich mit anderen Wesen und Menschen zu verbinden. Das setzt Vertrauen voraus und die willentliche Entscheidung für Gemeinschaft und Gemeinsamkeit. Aber Verbundenheit sagt hier etwas ganz Wesentliches über die Qualität der Gemeinschaft: Sie ist freiheitlich gewählt, aus freiem Herzen und immer eine Herzensangelegenheit. Anders sollte sie nicht gelebt werden.

Innigkeit zeigt eine weitere Stufe der Qualität von Begegnung und Gemeinschaft bzw. Gemeinsamkeit an. In Innigkeit liegt die Hingabe, die absolute Zuwendung zum Anderen oder zu der Sache, der Tätigkeit, die man gerade ausführt. Ob es um die Begegnung mit einem Menschen oder einem anderen Wesen geht oder um die Ausübung einer Tätigkeit: wenn sie von Innigkeit getragen ist, so ist alles an ihr immer wahrhaftig und mit dem tiefsten Kern meines Selbst verbunden. So und nur so sollten Begegnungen und Tätigkeiten gestaltet werden!

Bekenntnis heißt, sich ganz wahrhaftig zu einer Sache, einer Lebenshaltung, einem Weg, einem Menschen, einem Beruf oder einer Berufung zu positionieren. Dazu sind oft Entscheidungen nötig und eine klare Haltung gegenüber der eigenen Umwelt. Ein Bekenntnis bezieht immer den ganzen Menschen ein und fordert ihn zu einer verantwortungsvollen, bewussten und wachen Lebenshaltung auf, die klar seinen Zielsetzungen folgt. Es bezeugt und bestätigt eine Vornahme, die ein Herzensanliegen ist. Begleiter sind hier Treue, Aufrichtigkeit, Wachsamkeit, Ausdauer und alles, was dazu dient, den eigenen Weg, für den man sich entschieden hat und immer wieder neu entscheidet, zu ermöglichen und zu stärken.

Mut ist schließlich oft notwendig, um genau diesen Weg wirklich zu gehen. Oft bedeutet es, sich auf diesem Weg auch ohne das Verständnis von anderen einfach weiter zu bewegen. Oft fühlt man sich allein oder muss ein Wagnis eingehen, bei welchem der Ausgang des Geschehens noch nicht absehbar ist. Bei allem bisher Gesagten, der vorausgehenden Tugenden, kommt hier vor allen Dingen das Vertrauen wieder als Begleiter hinzu und die Zwiesprache mit Gott.

Der Engel des Herzensmuts ist der Erzengel Michael. Er ist der Begleiter dieses letzten und auch des vorletzten Ausbildungsschritts des Fünfblättrigen Pfads.

Als Begleitung des Fünfblättrigen Pfads können wir die Engel zu uns bitten, welche diese Tugenden in höchster Reinheit leben und bewirken:

Für das erste Blatt der Blume des fünfblättrigen Pfads: Liebe
Das Mantra des Engels der Liebe, Erzengel Jeremiel, Elohim:

Liebe fließe
Liebe ströme
aus unendlichen Himmelsweiten
öffne mein Herz
weite mein Herz
weit wie der Himmel selbst
strahlend wie die Sonne
fließend als Gottes unendliche Liebe selbst
Herz, du mein Herz
sei das göttliche Gefäß der Liebe
das strömend und fließend
strahlen und leuchten darf
als Sonne, als Kosmos
Kosmos im Menschen

dann strömt Liebe
dann strömt Schöpferkraft
durch mich Mensch
dann werde ich Mensch
Herz des Universums

danke
aus tiefstem Herzen
für diese Erkenntnis
in Demut und Dankbarkeit
verneige ich mich
vor der göttlichen
Liebe

Für das zweite Blatt der Blume des fünfblättrigen Pfads: Verbundenheit
Das Mantra des Engels der Allverbundenheit:

Allverbundenheit in mir
Allverbundenheit trägt Liebe
Liebe in meinem Herzen
ich verneige mich vor der Urschöpferkraft
des ewigen Lebens
in Liebe und Allverbundenheit
Allverbundenheit heißt Herzensverbundenheit
so will ich euch dienen
ihr liebenden Wesen der Natur
so will ich euch dienen
Engel, die ihr steht im göttlichen Strom der Liebe
so will ich dienen dem göttlichen Strom der Liebe
und allem, was darinnen steht

Eigensein im Allverbundensein
Rosa im Herzen
Rosa umspannt die Welt
so lasse ich fließen die Kraft der ewigen Erneuerung
durch mein Herz und von Herz zu Herz
die Welt, ein strömend Herz
in All-Verbundenheit
so sei es
ich danke von Herzen

Wenn es um die Verbundenheit mit den Wesen der Natur geht:

Das Mantra des Engels der liebenden und heilenden Verbindung vom Menschen zu den Wesen der Natur:

Ich grüße euch, Engel der heilenden
und liebenden Verbindung zu den Wesen der Natur
die ihr mich lehrt, mich in liebender Hingabe
einzuschwingen in das Kraftfeld der Wesen und ihrer Orte
und zu lauschen auf ihre Ansagen
die ihr mich lehrt, selbst Ansagen zu machen

die dieser lauschenden Hingabe entspringen
die meinem freien Willen
auf der Grundlage der liebenden Hinwendung entspringen
so wollen wir gemeinsam Schöpfung leben
wir, Menschen und Engel und Elementarwesen
so wollen wir gemeinsam in liebender, inniger Verbindung
und Achtung von einander lernen
aufeinander hören
ja, das will ich tun
dazu bekenne ich mich: zur liebenden und heilenden Verbindung
in Hingabe zu euch Wesen der Natur
und bitte euch Engel, die ihr dies begleitet
ganz dicht bei mir zu sein
und auch unsere Verbindung zu stärken
so soll es sein
ich danke euch von Herzen

Für das dritte Blatt der Blume des fünfblättrigen Pfads: Innigkeit
Das Mantra des Engels der Innigkeit, Erzengel Eliasee:

Ich kehre ein in mein Herz
den heiligen Raum der Freiheit
der Öffnung der Hingabe
Friede sei mit mir und der Welt
und dies ist mein Schutz
in meinem täglich Wirken
ahnendes Fühlen
fühlendes Schauen
erkennendes Wandeln
verwandelnder Neubeginn
in jedem Augenblick
jeder Begegnung
fruchtbar und frei
inniglich
ewiglich

so sei es

Für das vierte Blatt der Blume des fünfblättrigen Pfads: Bekenntnis
Das Mantra des Engels der Herzöffnung:

Ich stelle mich in den Dienst
ich Mensch, will dienen
in Liebe
ich, Mensch, weiß um die Kraft der Liebe
und darum, dass es Befreiung heißt
im Dienste der Liebe zu handeln
dass es Heilung ist, mit Liebe im Herzen
sich zu öffnen der Welt
meiner Verbindung zur Natur
der mütterlichen
und ihren Kindern
von denen ich selbst eines bin
so will ich feiern die Wiedervereinigung
aus Bewusstheit und Liebe
aller Kinder unserer Mutter Erde
im Schutze der Engel und deren Begleitung
auf dass fließen möge
die Herzensliebe
durch all mein Handeln
mit all meinem Fühlen
und mein Denken von ihr getragen und beflügelt werde
auf dass mein Herz sich öffne
weit
und sicher
im Dienste der Liebe
die uns alle verbindet
so sei es und so ist es
alle Zeit in Ewigkeit

Der Bekenntnisspruch des Erzengels Michael für uns Menschen:

Ich will erkennen meinen Weg
ich will erfühlen mein Leben
ich will erahnen mein Schicksal

im Weltenwalten
im Seelengestalten
ich ergreife mit Willen die Tat
die befreit und erhält
die Liebe
so sei es

Für das fünfte Blatt der Blume des fünfblättrigen Pfads: Mut
Das Mantra des Erzengels Michael:

Ich grüße dich, Erzengel Michael
und bitte um deine Begleitung und deinen Schutz
du, der du mich lehrst, Gut von Böse zu unterscheiden
der du mich lehrst, standhaft zu bleiben
in der göttlichen Liebe, dem göttlichen Licht
die mir gepflanzt sind ins Herz
der du mich lehrst
mutig in die Welt zu gehen
auf dem Weg der Herzenstreue
begleitet und beschützt von allen vier Himmeln
dem Himmel des Nordens, dem Himmel des Südens
dem Himmel des Ostens und dem Himmel des Westens

mein Handeln erreiche die Welt mit Tatenkraft
mein Fühlen umspanne die Welt mit Liebe
mein Denken erfülle die Welt mit Licht
so will ich gehen den Weg der mutigen Klarheit
heilige Dreifaltigkeit vollkommen in meinem Herzen
göttlicher Vater, göttliche Mutter, göttlicher Geist
der du lebst in jedem Menschen
begleite mein Handeln
begleite mein Fühlen
begleite alles, was in mein Denken Einlass findet
und durch es wieder in die Welt geschickt wird
jeden Tag neu erkenne ich meinen Weg
aus göttlicher Vorsehung

so sei es
ich danke
von Herzen

Das Mantra des Engels des Widerstands:

Ich grüße dich, Engel des Widerstands
der du mich lehrst, mit Mut im Herzen
sicher mein Licht zu tragen
im Lichte zu stehen
geschützt von der göttlichen Liebe und Weisheit
denn sie, nur sie klärt und richtet aus
so nehme ich sicher meinen Standort ein
an dem mein Leben sich entfalten kann
an dem ich geschützt bin
an dem mein Keim sicher liegt und wachsen darf
heilige Dreifaltigkeit
dich trage ich in meinem Herzen
und spüre die Kraft deiner Ausrichtung
für mich
und mein Leben
ich, Mensch, stehe frei und aufrecht
mit aller Klarheit will ich gehen meinen Weg
denn meine Klarheit schützt und hat die Kraft
standzuhalten in meiner Liebe
zu widerstehen dem, was blendet
von mir zu weisen, alles, was stört
vollkommen beschützt und behütet
bin ich in meiner Klarheit
in meiner Liebe
die eins ist mit der göttlichen Liebe
immerdar
so soll es sein
darum bitte ich
und dafür danke ich
von Herzen

Das Mantra des Engels des mutigen Voranschrietens:

Ich grüße dich, Engel des mutigen Voranschreitens
der du mich lehrst, auf die Blume meines Herzens zu blicken
der du mich lehrst, das Vertrauen ins Leben zu leben
um deine Begleitung bitte ich

ich grüße dich Leben
voll Freude und Hingabe
will ich gehen mit der Kraft der erblühenden Blume

voll Zuversicht und Vertrauen will ich voranschreiten
mit der Kraft der aus sich selbst heraus erblühenden Blüte
in meinem Herzen
denn ich weiß, es ist Gottes Kraft, die sie blühen lässt
immer wieder neu
es ist die Lebenskraft selbst
des göttlichen, ewigen Lebens
das mir geschenkt ist von Anfang an
das ich nähren und hüten will
so erwachset mir Mut
Mut für das Leben
und Lebensmut
ich danke dir, Engel des mutigen Voranschreitens
ich danke von Herzen

Durch den Besuch auf der Kaiserkrone und den Blick von dort in die umgrenzen-
de Hochebene und das Hochplateau auf dem in Sichtweite liegenden Schneeberg
war die Verbindung zu den Hünen und dem Dörnberg geschlagen, den wir dann
auf unserer Reise erst am letzten Tag noch einmal besuchten.
Nun will ich jedoch in der Tagesabfolge noch einmal etwas zurückgehen: Direkt
im Anschluss an die Kaiserkrone besuchten wir noch am selben Tag den Zirkelberg, der ihr Nachbarberg ist.

Der Zirkelberg sitzt wirklich wie die Nadel eines Zirkels in der Mitte der kreisförmigen Hochebene, die ihrerseits wieder von Felserhebungen umgeben ist. Der Berg sieht äußerst imposant aus. In seiner äußerst ungewöhnlichen Form mit humorvoll anmutender Gestalt wirkt der ganze Berg selbst wie ein Wesen, das sehr bewusst die Aufmerksamkeit auf sich zieht, so exponiert wie es dasteht! In der Form eines Kegels steigt die bewaldete Fläche steil an bis der Wald abrupt aufhört. Oben auf sitzt zentral wie ein großer Kopf ein rundlicher Felsbrocken.

Nicht ahnend, was uns hier erwarten wird, stapften wir in strömendem Regen den Berg hinauf. Sobald wir den Waldring verlassen hatten und in die Region des kugeligen Felskopfs kamen, teilte sich mir eine bisher noch ganz ungekannte, doch seltsam vertraute Energieform mit. Hier war ein Ort von Wesen, denen ich bis jetzt noch nie bewusst begegnet war. Ihre Energie war sehr angenehm und überlagerte deutlich das Gefühl des Fremden, das nur von dem Unbekannten herrührte. Deutlich spürte ich jetzt das Humorvolle als Eigenart dieser Wesen, das ich zuvor schon in der bloßen Erscheinung des ganzen Berges aus der Entfernung wahrgenommen hatte. Als wir oben auf dem Felsenkopf angekommen waren und praktisch auf des Kopfes Scheitel standen, wusste ich, wo wir waren: Dies ist der Paarungsort der noch wenigen im mittleren und weiteren Umfeld lebenden Trolle! Trolle, wahrhaftige Trolle! Was sind das für großartige Wesen?! Sie haben viele Eigenschaften von Zwischenreichwesen und sind doch von einer ganz eigenen Natur! Was sie den Zwischenreichwesen verwandt macht, ist Folgendes:

Sie erscheinen in menschenähnlicher Gestalt und haben schon immer gerne Zeit mit Menschen verbracht sowie mit ihnen gemeinsam etwas unternommen. Was sie von den Zwischenreichwesen unterscheidet: Sie sind sehr frei. Sie sind nicht ortstreu. Sie verlassen einfach ihren angestammten Ort, wenn er sich zu ihren Ungunsten verändert und ziehen um. Deshalb sind auch so viele von ihnen nach Norden gewandert, wo sie noch eher als bei uns ihre gewohnten Lebensbedingungen antreffen. In Deutschland sind sie eine absolute Seltenheit geworden! Weiterhin unterscheidet sie, dass sie nicht durch dasselbe Bruch- und Trennungserlebnis mit den Menschen gegangen sind, das sich zwischen den Menschen und den parallelen Welten mit dem ausgehenden Atlantis vollzogen hat. Die Trolle haben sich nicht unserer gemeinsamen Welt entzogen, weil es so vorgesehen war, so, wie es die Alben und Allfeen, die Allbringe und Almen, die Nixen und Nöggs und die Allgarte und Allegorien getan haben. Sie sind einfach ausgewandert, weil sie selbst auf der Suche nach einer besseren Lebensgrundlage für sich waren. Ähnlich hat es sich übrigens bei dem Volk der Mittleren Erde in ihrem Verhältnis zu den Menschen verhalten. Diese beiden Völker sind nicht mit in die Götterdämmerung gegangen! Sie haben auch nie aufgehört, wirklich mit den Menschen zusammenleben zu wollen. Der Mensch hat ihnen nur schlichtweg durch seine sich wandelnden Tätigkeiten und die Art und Weise, wie er diese vollzog, ihre Seinsgrundlage entzogen.

Trolle sind freie und voll souveräne Geschöpfe, die einfach hundertprozentig in ihrem puren Sein sind. Sie sind immer voll energetisch. Einen dahinschwindenden Troll gibt es nicht. Er strotzt immer vor Lebensenergie. Wenn diese nicht mehr da ist, kippt er einfach von jetzt auf gleich um. Er ist entweder ganz oder gar nicht. Halbe Sachen gibt es in einem Trollleben nicht! Dies gilt gleichermaßen für Trollfrauen wie Trollmänner!

Ihre Beschaffenheiten und Eigenarten:

Trolle sind relativ dicht, fast körperlich. Sie sind groß und haben etwas von den Allgarten, aber auch von den Gnomen, und sind direkte Verwandte vom Volk der Mittleren Erde! Ihre beiden Ströme waren vor langer Zeit einmal ein Strom. Die Wesen beider Völker sind ganz warmherzig. Sie leben voll im Wärmeelement.

Trollfrauen sind hervorragende Mütter. Frauen wie Männer ihrer Art sind den Menschen sehr zugetan. Sie haben lange Zeit mit ihnen gemeinsam gelebt und suchen die Nähe von Menschen auf dem Lande, die mit Tieren arbeiten. Ich sehe sie mit den Hirten Flöte blasen. Sie sind hervorragende Musiker, spielen Blas- und Schlaginstrumente und singen sehr gerne laut und voll. Dabei lieben sie die Gesellschaft! Die Begegnung mit dem Menschen über die Tiere ist für sie eine Lebensgrundlage. Dabei müssen die Tiere so gehalten werden, dass sie nur teilweise im Stall oder im Haus bei den Menschen sind. Mindestens ebenso viel Zeit sollten sie draußen auf den Bergwiesen verbringen, am besten den ganzen Sommer lang. Das Almleben, wo die Tiere den Sommer über auf den Bergweiden sind, entspricht ihrem Wesen sehr!

Sie lieben den Frieden und die entspannte Arbeit. Arbeit der Arbeit willen gibt es nicht bei ihnen. Arbeit braucht Muße. Und innerhalb der Arbeit selbst braucht es Momente des Innehaltens und Genießens. Arbeit dient dem Leben und soll sinnerfüllend die Seele speisen! Nur wer so arbeiten kann, wird ihre Gesellschaft kennenlernen!

Was sie besonders gut können:

Trolle können dem Menschen neben Muße und glücklichem Sein ganz die Zufriedenheit lehren. Ihre Philosophie ist dabei folgende:

Entweder man ist zufrieden, oder man ist es nicht. Ist man nicht zufrieden, wird augenblicklich etwas geändert!

Dies geschieht bei Trollen so unmittelbar, dass Unzufriedenheit gar nicht erst auftaucht und sie immer in der Fülle leben. Sie können trotz ihres mußevollen Seins sehr hart arbeiten, bis sie schwitzen und stöhnen, und wenn sie dies tun, dann macht ihnen gerade nichts mehr Spaß, als genau das: schwitzend und ächzend große Steinmassen zu bewegen, Flussbette zu graben und Bäche umzuleiten, Plateaus aufzuschichten oder Täler auszuheben. Diese enorme und freudige Leistungskraft machte und macht sie zu direkten Mitarbeitern und Gehilfen der Allgarte, und die Allgarte wiederum sind Mitarbeiter und Gehilfen der Hünen! Zur anderen Seite hin kann man die Kette auch noch fortsetzen: Die Trolle haben eine ausgeglichene und sehr freundschaftliche Verbindung zu den Wichteln, jenem besonders humorvollen und menschenfreundlichen Volk der Albringe. Wichtel waren jene der Albringe, die den Menschen nie böse waren, egal, welche Fehler diese in ihrer Nichtachtung gegenüber der Natur begangen haben. Wichtel haben auch den »Gartenzwergekult« begründet, ohne dass sie dies in der menschenüblichen Form wollten! In der Tat sind sie jene unter den Albringen, welche Kappen tragen. Jedoch trägt jeder Wichtel eine absolut einzigartige Kappe, die seinen Charakter und seine Eigenart unterstreicht. Die Kappenweihe für einen Wichtel ist so wichtig wie seine Namensgebung und kennzeichnet seine Individualität. Dass die Menschen nun auf die Idee kamen, allen »Gartenzwergen« dieselben roten Zipfelmützen zu geben, finden sie absonderlich. In der Tat sind es auch die Wichtel, welche eben in Haus und Garten des Menschen freie Bewegung genießen und immer gerne in der Nähe von Menschen waren und sind. Diese Eigenart teilen sie mit den Trollen. Auch sie ziehen sich zurück, wenn ihnen die Lebensbedingungen genommen werden, obgleich sie sonst sehr ortstreu sind. Da hilft auch kein Gartenzwerg vor der Tür. Beide Wichtel und Trolle leben nach dem Lustprinzip: Macht es Freude, wird es getan, und nur dann! Sie sind freie Wesen und fühlen sich auch bei freien Menschen am wohlsten!

Da Trolle gerne Flöte spielen, können sie den Menschen Einfühligkeit lehren, denn sie spielen die Flöte auf eine ganz besondere Weise: so vielfältig wie sonst keiner, laut-leise, zart plätschernd, kräftig polternd … Sie sind Meister melodischer Läufe von melodiösem Fließen und Trällern, von herzergreifenden Melodien, die Menschen in eine heile Welt tragen! Ebenso können sie der Flöte einzelne, für sich stehende Töne entlocken, von denen jeder wie eine Persönlichkeit dasteht und noch lange den Raum prägt, in dem er erschallte.

Trolle sind durch und durch gesellige Wesen. Sie können durchaus sehr gut alleine sein, sind jedoch vom Grunde ihres Wesens immer in der Vielzahl. Wenn man einen Troll alleine trifft, wird man die erstaunliche Erfahrung machen, dass dieser Troll sich nie alleine fühlt. Selbst ganz für sich fühlt er sich in Gesellschaft, eben in Gesellschaft mit sich selbst und den ihn begleitenden Elementarwesen!

Trolle sind sehr feinfühlig, keineswegs dumm, wie sie oft dargestellt werden! Sie sind humorvoll und lieben es zu lachen und Menschen zum Lachen zu bringen! Wenn sie das geschafft haben, so ist das für sie wie ein wahres Lebenselixier. Sie könnten sich dann vor Freude einfach auflösen. Sie tun aber genau das Gegenteil: sie gewinnen in solchen Momenten unglaublich an Substanz! Hast du mit einem Troll gelacht, durchströmt dich als Mensch ein Lebenselixier der Unsterblichkeit!

Trolle lieben die Felsen und das offene Land. Menschen, die in ihrer Gunst stehen, helfen sie sehr. Das sind Menschen, die mit Tieren und mit dem Land so arbeiten, dass es nach Trollart richtig ist, das heißt, es muss dem Land und den Tieren die Freiheit gelassen werden, ganz bei sich und im eigenen Element zu sein. Das ist eine hohe Kunst und geht nicht ohne Muße, Gelassenheit, Zufriedenheit und Lust am Leben, sodass bäuerliche und trollige Qualitäten zusammenfließen können. Die Bauern heute haben sie allerdings vieler Orts vergessen. Die Trolle hingegen haben die Bauern von früher und das gemeinsamen Leben auf dem Land nicht vergessen. Da sie Handelnde bleiben, ziehen sie los und suchen solche Menschen und Bauern. Ihnen räumen sie nachts die großen Steine vom Feld und spielen ihren Kühen im Schlaf Flötenlieder, damit ihre Milch viel, reichhaltig und süß wie Honig fließt. Wenn Trollkinder lachen, reagieren vor allem die Tierkinder mit ausgelassenem Spiel darauf. Das tut ihnen gut in ihrer Entwicklung.

Es ist bedauernswert, dass fast alle Trollfrauen und Trollmänner aus Deutschland in die Nordländer abgewandert sind. Hier, in Deutschland, herrscht zu viel Ernst bis Verbissenheit bei der Arbeit. Gerade bei der Arbeit im und am Land und mit den Tieren darf das überhaupt nicht sein! Wie würde es unseren Feldern und den Tieren besser gehen in Gesellschaft der Trolle!

Und noch etwas: Trolle halten die Felsen innerlich beweglich. Ohne diese innere Beweglichkeit würden die Felsen spröde werden, ihre Spannung nicht mehr halten können und auseinanderbersten oder es würden Teile davon abbrechen.

Trolle haben die Eigenart, viele Wesen unterschiedlicher Reiche zusammenzuführen, besonders die Gnome, Allbringe, Allgarte und die Mitglieder des Volkes der Mittleren Erde.

Das Felsenlabyrinth an der Nikolsdorfer Wände bei Laupoldishain

Es regnete immer noch. Ich hatte meine dritte und letzte trockene Hose und Jacke für den Tag angezogen. Nach einer kurzen Trockenpause im Camper hatten wir uns entschlossen, die touristische Festungsanlage Königstein zu umfahren. Als wir den Menschenmassen und Reisebussen vor einem Souvenirladen am Fuße des Berges begegneten, disponierten wir kurzer Hand um. Wir fuhren nur wenige Minuten weiter und parkten, wie wir nicht wissen konnten, am Rande einer Zauberwelt. Wir stießen quer vom Waldrand auf einen Wanderweg, der laut Karte zu einem Felsenlabyrinth führen sollte.

Plötzlich tauchten sie auf: die großen Steine ragten auf einmal mitten im Wald aus dem Boden. Trotzdem: Man hätte vorbeilaufen können, denn der gesamte Bereich des Felsenlabyrinths lag doch etwas abseits vom Hauptwanderweg und wuchs nur allmählich an. Etwas wie ein magischer Schutz lag um diesen gesamten Bereich. Wir steuerten nun ohne Wegzuführung mitten auf die Steine zu und nahmen einen der vielen möglichen Eingänge durch Felsenspalten oder Felsentore, die in das Innere des Felsenlabyrinths führten. Wir übertraten eine unsichtbare, aber sehr deutlich spürbare Schwelle und Grenze, welche diesen Bereich völlig von der Außenwelt trennte. Auf einmal standen wir in einer anderen Welt: der Welt der Allbringe!

Das Besondere an diesem Bereich ist, dass hier auch eine Albenpräsenz spürbar ist, die ja als eine ihrer Hauptaufgaben haben, Licht in der Erde zu verankern. Dazu ist die Zusammenarbeit mit den Allbringen notwendig. Die Allbringe brauchen ihrerseits diese Qualität von Licht, um in ihrem Reich leben und arbeiten zu können. Ist es nun bisher jedoch fast die Regel gewesen, dass Allbringe und Alben auf diesem Gebiet der Lichtverankerung in der Erde nur notgedrungen zusammenarbeiten, so ist es in diesem Felsenlabyrinth deutlich spürbar, dass die Zusammenarbeit hier in großer Eintracht und Freude geschieht, ganz freiwillig und in beiderseitigem Interesse. Ein Verständnis an und für den Anderen ist hier spürbar! Das ist in der Tat etwas Besonderes und ein Zukunftsmodell!

In dieser Welt des Felsenlabyrinths herrscht absoluter Frieden. Zauber und das Wunderbare blickt einem aus allen Winkeln an, wo immer das Auge sich hinwendet. Der Zauber dieses intimen Bereichs wuchs für mich mit jeder Minute meiner Anwesenheit dort. Etwas ganz tief in mir fühlte sich grundwohl und heil. Zarte Birken wurzeln hier kräftig auf den blanken Steinen und schlingen ihre Wurzelläufe zielstrebig und sicher in die Erde unter den Felsen oder durch Felsspalten hindurch.

Von jedem Ort aus, in den wir durch einen der zahllosen Gänge durch Schluchten, durch Tunnel oder Spalten unverhofft gelangten, öffneten sich wieder sternförmig viele neue mögliche Wege. Jeder einzelne von ihnen mutete gleichermaßen interessant und verlockend an. Einmal gelangten wir so auf eine größere, kreisförmige Öffnung mit neun Ein- oder Abgängen. In der Mitte steht dort eine mächtige, große Buche, ein echter Wächterbaum. Es ist offensichtlich, dass dies der Hauptversammlungsort der Allbringe und Alben ist! Ich war so ergriffen von der Schönheit dieses Orts, dass ich augenblicklich in ein nicht menschliches Zeitempfinden rutschte. In diesem Augenblick war die Ewigkeit in meinem Herzen. Das menschliche Zeitmaß, das mir ohnehin schwerfällt zu begreifen und anzuwenden, war mit einem Mal völlig ausgeschaltet. Wie wohltuend! Von da an geschah nun etwas Sonderbares: Nach einer Weile des Staunens und Bewunderns nahmen wir einen der neun Ausgänge und folgten immer dem spannendsten, reizvollsten Weg, der uns gerade am neugierigsten machte. Mein Mann, der einen absolut treffsicheren Orientierungssinn hat, hatte auf einmal keine klare Wahrnehmung mehr von den Wegen und Richtungen, die wir gegangen waren, und in welche Richtungen wir hätten gehen müssen, um denselben Weg wieder zurückzufinden. Sein Orts- und Richtungssinn war wie ausgeknipst. Dass dies so einfach mit ihm geschehen konnte, stellte ihn selbst vor ein Rätsel, dessen Antwort ihm im nächsten Augenblick aber sofort klar wurde: Wir waren schließlich im Allbringenreich! Und Allbringe haben ihren Spaß daran, uns den menschlichen Orientierungssinn auszuschalten!

Ich spürte die klare Anwesenheit von Wichteln. Ich musste so viel lachen auf unseren Wegen. Eine kindliche Entdeckerfreude an unerwarteten neuen Wegen und deren unbekannten neuen Zielen wurde frei. Ich hatte auf einmal eine ganz klare Orientierung, allerdings keine menschliche! Ich merkte auf einmal, dass ich von jedem Ort in diesem Felsenlabyrinth jenen Versammlungsort wiederfinden würde, wenn ich mich auf ihn konzentrierte. Weil ich selbst einmal dort gewesen und mit meinem Miterleben ganz dort eingetaucht bin und mich wirklich mit diesem Ort verbunden habe, konnte ich nun jederzeit zu ihm Kontakt aufnehmen. Die Geister des Ortes riefen mich genau in seine Richtung. So standen wir alsbald ein zweites Mal an jenem wundervollen Ort!

Dieses Bewusstsein, durch den Kontakt zu einem Ort zu eben diesem sicher geführt zu werden, haben an diesem Tag die Allbringe in mir geweckt und mir damit ein riesiges Geschenk gemacht!

Wir schenkten dem Ort und den Allbringen dort unseren Spruch, den Spruch, den uns der Erzengel Michael als Morgenspruch und zur Eröffnung unserer Gruppenzusammenkünfte in Arbeitsrunden geschenkt hatte. Dann führten wir für den Ort zwei Gayatouch-Übungen durch, die wir bei Marko Pogacnik gelernt hatten.

Auf einmal wendete sich uns der Allerich, den ich schon die ganze Zeit uns gegenüber bemerkt hatte, mit großer Begeisterung zu. (Alleriche, nur noch einmal des Verständnisses wegen, sind Allbringe, die zwischen dem König ihres Volkes, dem Alberich, und dem Volk selbst stehen und eine vertrauensvolle Position in der Ausführung von königlichen Anweisungen innehaben! Sie sind so etwas wie »Lenker« für ihr Volk, die Allbringen und Almen, und stehen ihrerseits unter Anweisung des Alberichs, des Königs, in dessen Vertrauen sie stehen und dem gegenüber sie auch eine Beraterfunktion einnehmen.) An diesem Allerich war etwas anders als an den Wesen, denen ich bisher auf unserer Reise im Elbsandsteingebirge begegnet war: er war sehr wach und zeigte sich uns gegenüber äußerst interessiert! Bisher wirke dieses Land auf mich zwar elementar völlig in Takt; also sehr bewohnt und beseelt, aber die Wesen, die es bewohnten und beseelten, waren den Menschen gegenüber abgewandt und auch uns gegenüber nicht von sich aus eigenem Antrieb entgegenkommend. Die Trolle waren eine Ausnahme, aber diese meldeten sich aus der Ferne zu uns, als wir auf ihrem Paarungsplatz standen, sie waren nicht wirklich direkt anwesend, und jener Allerich war jetzt eine Ausnahme. Er war sehr präsent und in seiner Anwesenheit äußerst wach und mitteilsam. Aus seinen Äugelein funkelte es geradezu vor sprühender Lebendigkeit und wachem Interesse an uns Menschenbesuchern. Er wusste sofort, dass ich ihn sehe, und freute sich unglaublich über meine Begrüßung. In seinen Augen konnte ich sehen, dass er diesen Moment innerlich zu einem Fest machte, und als wir jetzt auch noch unseren Herzensspruch des Erzengels Michael hier sprachen und ihn miteinbezogen und ihn auch in die anschließenden Übungen mitnahmen, sprudelte ihm die Begeisterung aus jeder Pore! Er schaute immer wieder mit regem Interesse auf meinen Mann und spürte seine Verwandtschaft. Er trug eine rote Filzkappe schräg und keck, ähnlich einer französischen Baskenmütze, mit einem funkelnden Edelstein auf der einen Seite. Sie war einmal ein besonderes Geschenk an ihn gewesen und zeichnete ihn aus.

Der Allerich gab eine Impulswelle seiner Begeisterung in die Erde und die Felsen weiter zu seinem Volk, in dem ich es rasseln und scheppern hörte. Es war dies der Moment unserer Verabschiedung. Ich nickte ihm noch einmal zu, bedeutete ihm unsere Verbindung und meine Dankbarkeit hierfür und ließ ihn meinen Wunsch spüren, verbunden zu bleiben.

Beim Weg hinaus schlug ich bewusst einen Weg durch ein anderes der Tore ein als jenes, durch das wir hineingekommen waren. Und wieder: Dieser Weg führte uns noch einmal in einen neuen Randbereich des Felsenlabyrinths. Langsam kehrte unsere menschliche Orientierung zurück. Mein Mann übernahm nun wieder die Führung mit seinem untrüglichen Orientierungssinn, und wir waren bald wieder auf dem Wanderweg, auf dem wir gekommen waren. Der Rückweg schien wie im Flug vor sich zu gehen. Auch das konnten wir uns nicht erklären!

In der Nacht darauf schlief ich gut und fest. Es war in der Tat die einzige Nacht auf jener Reise, wo ich durchschlief und mein Schlaf wirklich erholsam war. Ich träumte von unserem Allerich. Gegen Morgen verriet er mir seinen Namen. Ich werde ihn hier nur den »Wächter Allerich« nennen, denn er war in der Tat dort an jenem Ort, wo wir ihm begegneten, als Wächter aufgestellt worden. Als Wächter hatte er die Aufgabe nach Menschen auszuhalten, welche die Möglichkeit haben, eine Verbindung vom Menschenreich zum Allbringenreich aufzubauen! Es war ein guter Ort dafür, denn es kommen viele Kinder hierher, die von Grund her hierfür prädestiniert sind, oder diese Verbindung oft intuitiv leben, ohne sie bewusst wahrzunehmen.

Am nächsten Morgen des vierten Tages unseres Aufenthalts im Elbsandsteingebirge umfing mich eine seltsame Traurigkeit. In diese Traurigkeit mischten sich Enttäuschung, Wut und Resignation. Ich war verwundert über diese Seelenregung, wurde ich doch am Vortag durch die Begegnung mit den Trollen und unserem Wächter Allerich so sehr beschenkt! Aber gerade durch diese beiden Begegnungen und die damit verbundenen Erlebnisse wurde mir etwas klar: Ich erlebte, wie sich alle Elementarwesen hier und letztendlich auch die Zwischenreichwesen, die sich mir gegenüber äußerten, dies nur durch mein ausdrückliches Bitten taten. Ich vermisste die offene Zuwendung ihrerseits und die Neugierde, die ich von ihrer Seite aus von zu Hause gewohnt war. Hier spürte ich Wesen auf, die überhaupt nicht an den Menschen interessiert zu sein schienen, obgleich mir doch gesagt wurde von den Allfeen am Lilienstein, dass sie die Menschen »studieren« sollten! Das passte mit dem Erlebten überhaupt nicht zusammen. Was ich spürte, war, dass sich hier die noch sehr starke Elementare Welt völlig vom Menschenreich abgekapselt hat, ohne Tor- und Türschlitze auch nur ein winziges bisschen offenzuhalten! Mir wurde klar, dass die Wut, die ich spürte, die Enttäuschung und die Resignation zum Teil tatsächlich von diesen Wesen zu mir rüber schwappte: Auch sie waren irgendwann einmal vom Menschen enttäuscht worden. Sie empfinden ihn derzeit als dumpf und haben von sich aus kein Interesse daran, mit den Menschen ihrer unmittelbaren Umgebung in den Austausch zu treten. Diese Orte haben eine Dornröschenhecke wachsen lassen zwischen unserer Menschenwelt und den Elementaren Welten!

Nach den Erlebnissen dieser weinigen Tage im Elbsandsteingebirge wurde mir Folgendes klar: Tempel der Transformation und des Menschen, wie die Brimham Rocks und die Externsteine welche sind, haben wir hier nicht gefunden! Wohl aber dienten die einzelnen Stationen der Felsenregionen zur Ausbildung der Elementarwesen und der Zwischenreichwesen in Tätigkeiten, die für sie in der Begleitung des Menschen auf seinem Weg zur Ich-Geburt notwendig sein würden bzw. notwendig waren. Jede Felsenstation war ein besonderer Ausbildungsort, an dem es für die Elementarwesen und die Zwischenreichwesen um ein ganz bestimmtes Thema ging. Es war ein Schulungsort, der dazu diente, Fähigkeiten und Fertigkeiten zu erlangen, dem Menschen weiterhin zur Seite zu stehen auf seinem Entwicklungsweg durch die »Götterdämmerung«, wie diese Zeit in der Edda genannt wird. Es ist für den Menschen der Weg durch die Einsamkeit, durch die schmerzhafte Trennung von den bis zur atlantischen Zeit für ihn erfahrbaren parallelen Welten und seinen Brüdern und Schwestern dort. Es ist der Weg des Herausfallens aus dem All-Eins-Sein hin zu seiner Individuation. Diese Anleitung der Elementarwesen und Zwischenreichwesen, die nun lernen sollten, den Menschen weiterhin zu begleiten durch diese schwere Zeit, spüre ich stark von Engelwesen angeleitet und Odin, der ebenfalls als Engelwesen weiterwirkt, spüre ich mitten unter ihnen! Nur so kann der gemeinsame Weg von Elementarwesen, Zwischenreichwesen, Menschenwesen und Engelwesen bewusst wiederaufgenommen werden nach dieser Prüfungs- und Reifezeit des Menschen!

Weil es hier um die Begleitung des Menschen geht, kommen in diesem Gebiet auch die hohen Tiergeistwesen vor. Tiere sind treue und wahrhaftige Begleiter des Menschen. Auch sie lernten in der nachatlantischen Zeit eine neue Sicht auf den Menschen und eine andere Begegnungsform für ihn. Ihre Präsenz wurde für mich sehr stark an der Felsendreiheit Gohrisch (=Go-Hirsch, bedeutend Führerhirsch), Papststein und Kleinhennersdorferstein deutlich. Auf allen drei Felsenanhöhen herrschte ein unsagbarer Frieden. Tiere sollen lernen ihre Angst loszulassen. Diese Schulung setzt sich bis heute noch fort.

Diese Felsformationen waren keine Orte, die der Mensch betreten hat. Es waren wirklich Orte, welche als Schulungsorte für die Elementarwesen und die Zwischenreichwesen geschaffen wurden. Nur in Randbereiche hatte der Mensch

Zutritt. Es waren also keine Tempel, keine heiligen Bereiche, die der Mensch mitgestaltete und in der es auch um seinen Erkenntnisweg ging, so wie in den Brimham Rocks und den Externsteinen.

Neben der Druckwirkung für die Steig- und Fließkraft des Wassers, die von diesen massiven Felsformationen ausgeht, wie wir schon am ersten Tag hier von den Riesen des Pfaffensteins erfahren hatten, gibt es noch eine zweite Wirkung, die dauerhaft mit diesen Steinen installiert wurde: die große Wärmewirkung für das ganze umliegende Tal. Von diesen Steinen geht ein ungeheurer Wärmeäther aus und setzt diese Landschaft in ein ganz eigenes Klima. Dies hat es in der Vergangenheit noch mehr so getan, denn es herrschten damals viel kältere Temperaturen. Um dieses Land fruchtbar zu machen und zu halten, brauchten die Menschen die Wärme.

Diese und ähnliche Erkenntnisse und Gedanken rasten mir durch Kopf und Herz während ich versuchte, aus meinem Unwohlsein heraus zu finden. Als sich dann noch einer unserer heimischen erweiterten Familie meldete, ein Schwellenhüter, der ehemals aus dem Albenreich stammte, und ich mich endlich meinem Mann darüber mitteilte, hatte er eine befreiende Lösung: wir fahren einfach schon etwas früher wieder Richtung Westen, also Richtung Heimat, und nehmen auf der Rückfahrt noch den Brocken im Harz mit und den Dörnberg! Das war die Lösung! Nun war uns klar, dass wir den Wächter Allerich noch einmal besuchen wollten, bevor wir diesen Ort verließen.

Unser Besuch bei ihm dann am nächsten Morgen, bevor wir wieder abfuhren, war knapp aber herzlich. Er hatte eine Alma mitgebracht, die nun auch aus ihrem Dämmerdasein aufgewacht war, und diese wiederum hatte einen kleinen, jungen Allbring dabei, der nicht ihr eigener Sohn war, dessen sie sich aber angenommen hatte, denn er war auch aufgewacht! Zu dieser Morgenzeit, als wir dort auf ihrem Versammlungsplatz ankamen, waren schon viele andere Menschen unterwegs, Familien mit Kindern. Es gefiel uns, zu sehen, wie sich der Allerich, die Alma und der kleine, junge Allbring sehr an den Kindern freuten und zu ihnen Kontakt aufnahmen.

Der Brocken:
Ein Erlebnis zum Strahlenschutz vor Hochfrequenzfeldern

Den Brocken erlebte ich wie ein Sonnengeflecht. Dieser Berg hat wirklich zu vielen weiteren markanten Punkten in der näheren und weiteren ihn umgebenden Landschaft strahlenförmig Verbindungen, die sowohl über den Luftraum als auch über den Erdraum laufen. Er ist ein Verteiler und Empfänger von Botschaften. Es ist also logisch, nicht nur wegen seiner markanten Größe, dass auf ihm wieder Mal so ein für mich fürchterliches Teil von Sendemast steht. Diese Sendemasten im Handyzeitalter beeinflussen mich so dermaßen in meiner eigenen Frequenz, dass ich es schmerzhaft in meinem Herzen spüre! So war mein Anstieg auf den Brocken mit Schwierigkeiten verbunden! Das schwere Störfeld wuchs unangenehm an und schnürte mir den Atem ein. Da geschah etwas für mich Unerwartetes und Ungekanntes, das mir eine neue Einsicht in den Strahlenschutz bescherte: Oben angekommen am Brocken traten wir auf einmal in eine große Menschenmasse. Die meisten Menschen dort oben, wandern nicht hoch, so wie wir es an jenem Tag taten, sondern fahren einfach mit der Brockenbahn hinauf. So kam es, dass wir so plötzlich inmitten dieser Menschenmenge standen. Auf einmal war meine Beklemmung enorm gemildert! Meine Herzbeschwerden und meine Atemnot unter dem massiven Einfluss der Hochfrequenzfelder ließen deutlich nach. Anscheinend erschuf die sich in ständiger Bewegung befindende Menschenmasse ein eigenes Schutzfeld um sich herum! Die Bedingungen dafür waren offensichtlich eine gewisse Dichte von Menschen, und dass diese Menschen in ständiger Bewegung sein mussten!

Sofort wurde mir klar, warum die Menschen in einer Großstadt mit so vielen dauereingeschalteten Handys und anderen dortigen für den Menschen unverträglichen Frequenzfeldern, überhaupt noch leben können! Mir wurde auch klar, warum ich mich im Unterricht in der Schule in meinem Kunstraum noch am wohlsten fühle vor allen anderen Unterrichtssituationen. Ungeachtet der Tatsache, dass ich die Schülerinnen und Schüler natürlich vor jedem Unterricht auffordere, ihre Handys auszuschalten und sie dies auch vor meinen Augen durchführen lasse, nehme ich wahr, dass einige dann doch wieder dieses Gebot später umgehen. Die Tatsache, dass mir dies in meinem Kunstraum nicht körperlich unangenehm wird, liegt nicht nur daran, dass ich dort meine eigene Atmosphäre geschaffen habe, sondern vor allem daran, dass sich dort die Schülerinnen und Schüler frei bewegen beim Arbeiten. Sie malen und zeichnen an Staffeleien und die Arbeitsvorgänge brauchen eine ständige Beweglichkeit und ein Herumgehen im Raum.

Die »Verteilerfontänen«

Dämmerungsgespräch vom 01.01.2018

In einer feinstofflichen Betrachtung zeigen sich mir in der Landschaft an bestimmten Örtlichkeiten Lichtsäulen. Diese Lichtsäulen gibt es an vielen Stellen auf der Erde. Sie gehen durch alle Schichten der Erde, bis ins Erdinnere und bis hoch hinauf in den Äther. Oben öffnen sich diese Lichtsäulen wie Springbrunnen und verteilen ihr Licht in die Landschaft und sprühen Funken aus wie Goldsamen. Diese Lichtfontänen haben die Aufgabe, alle Reiche mit einander zu verbinden: die Reiche der Äußeren Erde: der Menschen, Elementarwesen und einiger Zwischenreichler, die Reiche der Mittleren Erde: des Volkes der Mittleren Erde, weiterer Elementarwesen sowie der Zwischenreichswesen der Allbringe, sowie die Reiche der Inneren Erde, wo die Drachen beheimatet sind. Über diese Lichtfontänen haben alle Wesen der Reiche eine Möglichkeit, ihre Nachrichten und Fragen in die anderen Reiche zu schicken und Einzelwesen oder Gruppen haben die Möglichkeit zu »Gleichgesinnten« Kontakt aufzunehmen! Diese Verteilerfontänen bestehen oft an alten Orten, wo sie von Menschen und Bewohnern der anderen Reiche gepflegt wurden! Ein Ort unserer unmittelbaren Umgebung, wo dies der Fall ist, ist Stiepel (Bochum), dort, wo die alte Dorfkirche steht, durch ihren Hügel und die unmittelbare Umgebung. Dies ist ein Beispiel einer sehr mächtigen Verteilerfontäne. Kleinere solcher Fontänen waren die alten Dorfbrunnen. Wenn man neue Lichtfontänen als Verteiler bilden möchte, eignen sich auch Quellen sehr dafür- Man kann sogar Funkmasten dafür nutzen und sie durch unsere Aufmerksamkeit zeitweise dafür »mitnutzen« und gewissermaßen dafür »umprogrammieren«!

Auf diese Weise haben zwei Freunde, mein Mann und ich am Neujahrstag 2018 den Spruch, den wir für das neue Jahr geschenkt bekommen haben, über den Funkmasten auf dem Kaisberg bei Hagen über die Ruhr und ins weite Umland geschickt. Möge er allen, die ihn nutzen wollen, dienen, ein neues Jahr zu begrüßen und auch wann immer sie es für nötig halten, den Friedensimpuls zu stärken:

Frieden breite deine Flügel aus
und singe dein heilendes Lied
spreche deinen Segen
und erwarte deine Erfüllung
in der Menschen Herzen
durch des Menschen Tat
mit der Menschen Geiste
in Verbundenheit all unserer Reiche
Ja, so ist es

Ich entscheide mich für den Frieden
und singe mein heilendes Lied
Ich spreche meinen Segen
und erwarte seine Erfüllung
in meinem Herzen
durch meine Tat
mit meinem Geiste
in Verbundenheit all unserer Reiche
Ja, so ist es

Morgendämmerung in Küstennähe, Süd-England, 2016

Ein volles Jahr liegt hier nun in seinen Begegnungen, Mittteilungen und Erkenntnissen vor uns, zu dem die Raunächte die Keimzelle waren. Ihr Raum, der das
zauberhafte Tor öffnet in ungeahnte und doch vertraute Welten, hat alles vorbereitet: die Begegnungen mit den so zahlreichen Freunden, Brüdern und Schwestern aus den Elementaren Reichen, den Zwischenreichen und den Sternenwelten, sowie ihre Mitteilungen und die Erkenntnisse, die daraus erwachsen sind.
Dies alles konnte nur in Begleitung der Engel geschehen und ihrer weisen Führung, ihrer Ermutigung, tapfer weiter zu gehen!

DANKE

Für diesen Schulungsweg, für diesen Freudeweg

Von Herzen!

Der Abendspruch des Erzengels Michael, Engel des Herzensmuts

Für die Menschen

Dies sei mein Bekenntnis:

ich will erkennen meinen Weg
ich will erfühlen mein Leben
ich will erahnen mein Schicksal
im Weltenwalten
im Seelengestalten
ich ergreife mit Willen die Tat
die befreit und erhält die Liebe

so sei es

Ich mache in diesem Buch keine Heilversprechen. Ich gebe hier die Botschaft der Engel weiter und tue dies, so gut ich es vermag, und mit der Gewissheit, dass jeder mit dem hier Gesagten in eigener Verantwortung und eigener Praxis ins Handeln kommt.

Eine Bitte

Ich bitte darum, den Strichcode auf der Buchrückseite zu überkleben. Wenn ich Strichcodes allgemein mit der Innenfläche meiner Hand wahrnehme, dann zieht von dort aus eine Beklemmung in meinen Körper, die sich bis zu Schmerz und Atemnot steigern kann. Von diesem derzeitigem Zahlungssystem möchte ich mich daher ausdrücklich distanzieren.

Zur Erstveröffentlichung der Engelsiegelblumen:

Ich weise darauf hin, dass die in diesem Buch veröffentlichten Engelsiegelblumen bereits in einer vorangehenden Erstveröffentlichung in den Raunächten 2017 und 2018 im Eigendruck des atelier-2´s in Form eines Kartensets veröffentlicht wurden, bei denen jedes Bild ganzseitig auf einer Karte in den Maßen von ca. 14,5x14,5 cm gezeigt wird und auf der Rückseite das dazu gehörige Mantra des Engels. Darüber hinaus sind in dem Kartenset ebenfalls die Botschaften der Engel enthalten sowie die Texte: „Die Engelsiegel und die Mantren", und Auszüge aus den hier veröffentlichten Texten zu den „Raunächten". Einige Engelsiegelblumen der Erzengel wurden bereits in einer Gesamtausgabe aller bis dahin von mir gemalten und geschriebenen Bilder und Mantren im Jahr 2012 erstmalig veröffentlicht. Die beiden Publikationen, die ich hier nenne, sind unter folgenden Titeln seit dem über das atelier-2 zu beziehen:

Engelsiegel und die Mantren der Engel
- Tore zu einer aktiven Kommunikation und Arbeit mit den Engeln -

Die Erzengel
- Ihre Engelsiegelblumen und Mantren -
- Tore zu einer aktiven Kommunikation und Arbeit mit den Engeln

Ines Siri Trost

Ines Siri Trost ist freischaffende Künstlerin, Kunst- und Englischlehrerin und Engelbeauftragte. Sie wurde 1967 in Berlin geboren und wird seit einigen Jahren durch das ICA International Contemporary Artists, New York, vertreten. Sie lebt mit ihrer Familie in Wetter an der Ruhr. Ihr Haupt arbeits- und Schaffensraum ist das atelier-2, mit eigener Artothek, einem Ausstellungs-, Seminar- und Beratungsraum. Ihre tägliche Arbeit basiert auf einer aktiven Kommunikation und Arbeit mit den Engeln, den Wesen der Natur und der Zwischenreiche.

Künstlerischer Ansatz

»Als Künstlerin geht es mir darum, anhand von Kunst meine Kommunikation und Arbeit mit der geistigen Welt zu sensibilisieren und sichtbar zu machen. Mein Genre ist also neben der klassischen Bezeichnung ›Malerei‹, ebenso die ›Sichtbarmachung für feinstoffliche Prozesse‹. Malerei ist für mich ein Schulungsweg, meine Meditation, mein Gebet, mein Übungsfeld im feinstofflichen Wahrnehmen und Ausdrücken. Ich habe anhand künstlerischer Prozesse gelernt, feinstoffliche Schwingungsfelder wahrzunehmen und diese zu malen. So entstehen ›geistige Piktogramme‹, oder einfach ›Schwingungsbilder‹, wie ich sie nenne, Bilder von Kraftfeldern und -räumen, Engeln, Menschen und Elementarwesen. Die Arbeit mit den Engeln hat sich in den letzten acht Jahren als stabiles, mich dauerhaft begleitendes Arbeitsfeld entwickelt. Sie findet ihre Anwendung und Ausformung durch direkte Begegnung mit Menschen und Gruppen und den Engeln selbst.«

www.atelier-2.net

Buchtipp!

Die Blumen der Engel

Botschaften des Herzens in Bild und Wort

»Es ist uns Menschen einmal geläufig gewesen, die Präsenz der Engel im luftigen Bereich des Himmels anzusiedeln. Später, durch die Invasion des Verstandesdenkens, sind sie immer weiter in imaginative Räume gerutscht. Dabei sind Engel zu oft Gefangene der oberflächlichen religiösen Gedankengänge geworden. Steht ein wesentlicher Wandel in der Beziehung des Menschen zu der Engelwelt bevor? Es gibt neuerdings einige inspirative Ansätze in dieser Richtung.

Der Ansatz von Ines Siri Trost ist in diesem Sinne der wachen Aufmerksamkeit wert. Hier wird durch eine kreative Komposition von Malerei, Engelsbotschaften und Gebet ein neuer Zugang zu der Präsenz der Engel erschaffen. Was ich besonders wertschätze, ist ihre kreative Fähigkeit, der subtilen Anwesenheit der Engel in der irdischen Bewusstseinssphäre einen Körper zu verschaffen. Es handelt sich natürlich um einen subtilen Körper, der durch das Gesamtkunstwerk dieses Buches entstanden ist. So ermöglichen die farbreichen Engelsiegel kombiniert mit dem Wissen, empfangen unmittelbar von einzelnen Mitgliedern der Engelsschar, unterstützt durch das entsprechende Mantra-Gebet, dem Menschen, den erhabenen Bewohnern des parallelen Weltraumes in der Augenhöhe zu begegnen. Das ist gleichzeitig schon der Ansatz zum Austausch und weiter zur Gemeinschaft mit der Engelswelt.

In diesem Sinne sehe ich das Kunstwerk von Ines Siri Trost als ein Tor, durch das die persönliche Mitarbeit mit dem Engelsbewusstsein eine abtastbare Form gewinnen kann. Es wird wohl in dieser Zeitepoche, und zukünftig, die Möglichkeit dargeboten, den Engeln auf Erden zu begegnen. Dazu ist es nötig die richtigen Schritte einzuleiten. Die Engelsiegel sind ein ausgezeichneter Einstieg hierzu.«

Marko Pogačnik, Šempas, am 10. Oktober 2014

Spirit Rainbow Verlag
1. Aufl. 2016, EUR 24,80 [D]
ISBN: 978-3-940700-75-9

Buchtipp!

Die Monatsprüche
des Michaelischen Schulungsweges

und die Festeszeiten in Begleitung der Engel durch das Jahr

»Es wurde lange vorbereitet, dass nun Inhalte des Michaelischen Schulungswegs den Menschen offenbar werden dürfen. In diesem zweiten Buch geht es nun um ein bewusstes Miterleben und Reifen unserer Seele im Jahreskreislauf in Begleitung der Engel, welche auf bestimmte Schöpfungsthemen aufmerksam machen und diese Schöpferkräfte in uns selber wecken. Ein unendlicher Schatz tut sich in ihren Botschaften vor uns auf. In ihren praktischen Übungsanweisungen liegen tiefe Weisheiten, das Leben in einer immerwährenden Entwicklung sich entfalten zu lassen. Das Arbeiten mit Worten, die zu direkter Gestaltung werden in Form von Sprüchen, die gleichzeitig Manifestation, Gebet, Fürbitte und tiefer Dank sind, drückt eine Ebene des menschlichen Bewusstseins aus, das ins Schöpfertum eingetreten ist in tiefer Hingabe und aller Verantwortung innerhalb des göttlichen Plans.

Neben dem oben genannten werden folgende Themen und Arbeitsimpulse damit in dem Buch erstmalig veröffentlicht: die menschliche Seele, Seelenanteilsrückholung, Ich und Selbst, ein Überblick der Festeszeiten in alten und aktuellen Zusammenhängen.«

Ines Siri Trost, Mai 2017

Spirit Rainbow Verlag
1. Aufl. 2017, EUR 26,80 [D]
ISBN: 978-3-940700-79-7